여성의 대의

GISÈLE HALIMI
La cause des femmes

여성의 대의

지젤 알리미
이재형 옮김

안티레스

| 일러두기 |

- 한국어판 출판권 계약을 체결한 프랑스 원서 판본은 저자의 추가 서문 "오해의 시대(Le Temps des malentendus)"와 주석 및 부록을 포함한 갈리마르 출판사(Éditions Gallimard)의 1992년 개정증보판이며, 이를 바탕으로 번역하고 편집했다.

- 옮긴이 해설은 〈르몽드(Le Monde)〉 2020년 7월 28일자 기사 "여성 대의의 열정적 수호자 지젤 알리미 타계(Gisèle Halimi, défenseuse passionnée de la cause des femmes, est morte)"와 각종 언론 기사, 일라나 나바로(Ilana Navaro) 감독의 다큐멘터리 〈말썽꾸러기 지젤 알리미(Gisèle Halimi, la fauteuse de troubles)〉 및 〈위키피디아(Wikipédia)〉 문서 자료를 참조해 썼다.

- 지은이 주는 미주로, 옮긴이 주는 각주로 편집했다.

여성으로 태어나는 것이 아니다.
여성으로 만들어지는 것이다.

• 시몬 드 보부아르 •

페미니즘을 초월한 페미니스트

2020년 7월 28일, 20세기 가장 위대한 페미니스트가 세상을 떠났다. 알제리 독립 전쟁에서 민족해방전선(FLN) 활동가들을 변호하고, 낙태 합법화와 성폭행 범죄화를 위해 지칠 줄 모르고 싸워온 지젤 알리미가 93세의 나이로 영면에 들었다. 자신의 아흔세 번째 생일 다음 날이었다.

그녀는 반식민지주의 인권 변호사이자 페미니즘 운동의 주역이었다. 프랑스의 법이 낙태를 금지하고 성폭행을 범죄로 인정하지 않던 시대에 지젤 알리미는 법정에서, 특히 1972년 보비니 재판(낙태 합법화)과 1978년 액상프로방스 재판(성폭행 범죄화)에서 역사적인 승리를 거뒀다.

그녀는 어떻게 페미니즘의 아이콘이 됐을까? 그녀는 어떻게 반식민주의 투쟁에서 싸울 무기를 단련할 수 있었을까?

1927년 7월 27일, 당시 프랑스 식민지였던 튀니지 튀니스의 라굴레트(La Goulette)라는 마을에서 제이자 지젤 엘리즈 타이에브(Zeiza Gisèle Élise Taïeb)라는 아이가 태어났을 때, 그녀의 부모는 딸의 탄생을 반기지 않았다. 아버지 에두아르(Édouard)는 딸이 태어난 게 너무나 섭섭한 나머지 보름이 지나고서야 지인들에게 딸의 출생을 인정했다.

지젤 알리미는 남아선호사상이 뼛속 깊이 박혀 있는 분위기 속에서 여성에게 채워진 족쇄를 끊고자 부단히 저항했다. 어릴 적부터 그녀는 딸이 남자 식구들의 시중을 들고 집안일을 도맡아 해야 한다는 의무를 거부했다. 열세 살 때는 단식투쟁 끝에 설거지나 집안일을 하지 않아도 된다는 허락을 받아냈다. 그날 그녀는 일기장에 "오늘은 내가 처음으로 약간의 자유를 쟁취한 날이다"라고 썼다.

열여섯 살 때는 "여자는 최대한 빨리 결혼해야 한다"며 부모가 정한 남자와 혼인하라는 어머니의 요구를 단칼에 거절했다. 그녀는 딸을 공부시킬 생각도, 돈도 없던 부모에게 한 푼도 의지하지 않은 채 장학금과 무료 도서관 등 가능한 모든 수단을 활용해 학업을 이어갔다. 그리고 열일곱 살 때 그녀는 부모의 반대와 회유를 무릅쓰고 꿈에 그리던 프랑스로 건너가, 파리대학교 장학생으로 밤에는 미군 부대 전화교환원 일을 하면서 법학과 철학을 공부한 뒤 1949년 변호사로 임용됐다.

튀니지로 돌아온 그녀는 1953년, 이후 모크닌 재판으로 불린 정치 재판에서 튀니지 독립운동가들을 변호했다. 알제리 독립 전쟁(1954~1962) 때는 장 폴 사르트르(Jean Paul Sartre), 시몬 드 보부아르

(Simone de Beauvoir) 등 프랑스 지식인들과 함께 알제리 독립을 지지하고 재판에 회부된 민족해방전선 활동가들을 변호했다. 이때 자밀라 부파차(Djamila Boupacha)와의 운명적인 만남이 이뤄졌다. 지젤 알리미는 이 책에서 자밀라 부파차 사건에 관해 자세히 다루지 않지만, 그녀의 페미니즘 투쟁에 큰 영향을 미친 사건이므로 간략하게나마 살펴보자.

1960년 2월 10일, 알제리 민족해방전선의 일원으로 프랑스군에 맞서 싸우던 스물두 살 여성 자밀라 부파차가 알제(Algiers)의 한 식당에 폭탄을 설치한 혐의로 체포된다(1959년 9월 27일에 그녀가 설치한 폭탄은 프랑스군이 발견해 뇌관을 제거함으로써 폭발하지는 않았다). 그녀는 영장도 없이 불법으로 체포됐고, 정식 수감시설이 아닌 프랑스군 막사로 끌려가 한 달 동안 군인들에게 모진 고문과 성폭행을 당한다.

1960년 3월 어느 날, 부파차의 오빠가 지젤 알리미에게 이 사실을 알렸고, 그녀는 즉시 이 사건의 변호를 맡는다. 1960년 5월 17일, 지젤 알리미와의 면회에서 자밀라 부파차는 이렇게 진술했다.

"그들이 제 질 속에 칫솔 손잡이를 집어넣고 맥주병을 밀어 넣었어요. 끔찍하게 고통스러웠어요. 저를 이상한 자세로 묶은 뒤 병의 목 부분을 집어넣은 거예요. 저는 이틀 동안 울부짖다가 의식을 잃었어요."

지젤 알리미에게 상황을 전해 들은 시몬 드 보부아르는 1960년 6월 2일자 〈르몽드(Le Monde)〉 칼럼 "자밀라 부파차를 위하여(Pour Djamila Boupacha)"를 통해 다음과 같이 폭로했다.

여성의 대의

"군인들은 그녀의 가슴, 다리, 사타구니, 성기, 얼굴에 테이프로 전극을 붙였다. 이들은 전기고문을 가하면서 주먹질을 하고 그녀의 얼굴을 담뱃불로 지졌다. 그런 뒤 욕조 위에 거꾸로 매달아 물고문했다."

이 사건은 프랑스 전역에 커다란 파문을 불러일으켰다. 수많은 지식인이 나서서 '자밀라 부파차 지원위원회'를 결성해 여론을 결집하자 1960년 12월 알제 법원은 사건을 프랑스로 이첩했다. 지젤 알리미는 프랑스 국방부 장관과 알제리 주재 프랑스군 총사령관을 직권 남용 혐의로 고소했다.

1961년 6월 28일, 자밀라 부파차는 지젤 알리미의 논리적이고 설득력 있는 변론에도 불구하고 사형을 선고받았다. 그러나 다행스럽게도 1962년 3월 18일 알제리 독립을 인정하는 에비앙(Évian) 협정이 체결됨으로써 4월 21일 석방됐다.

이때부터 지젤 알리미는 여성의 대의를 위해 투쟁하고 법정에서 변론을 펼치는 페미니스트로서 명성을 얻기 시작했다. 1971년 4월 5일, 자신들도 낙태한 경험이 있다고 시인하며 피임과 낙태의 적법한 권리를 요구한 당대 여성 저명인사 343인의 공동 선언문이 〈르누벨옵세르바퇴르(Le Nouvel Observateur)〉에 실렸고, 지젤 알리미도 이 명단에 이름을 올렸다. 그해 지젤 알리미는 시몬 드 보부아르와 함께 〈여성의 대의를 선택하다(Choisir la cause des femmes)〉 협회를 설립해, 억압받고 소외당하는 수많은 여성을 조직적으로 지원하면서 페미니즘 투쟁을 본격화했다. 그녀는 이 책에서 이렇게 말하고 있다.

"우리는 낙태의 권리를 위해 싸우는 십자군이 아니다. 어머니가 되는 일이 여성 스스로 선택하는 권리가 되도록 싸우는 것이다."

지젤 알리미를 설명할 때 빼놓을 수 없는 사건이 보비니(Bobigny) 재판이다. 1972년 10월과 11월에 파리 근교의 보비니라는 도시에서 열린 이 재판은 프랑스는 물론 전세계적으로 엄청난 파장을 일으켰고, 프랑스에서 자발적 임신중단(낙태)이 형사 처분을 받지 않도록 하는 데 결정적 영향을 미쳤다. 이 재판에서 지젤 알리미가 변호한 피고인은 모두 다섯 명이었다. 같은 학교 남학생의 성폭행으로 임신해 어쩔 수 없이 낙태 수술을 받은 열여섯 살 고등학생 마리-클레르(Marie-Claire), 그리고 딸이 낙태 수술을 받도록 한 어머니 미셸 슈발리에(Michèle Chevalier)와 그녀를 도운 세 사람의 여성이 이들이었다. 미성년자인 마리-클레르는 불법 낙태 혐의로, 네 명의 여성은 불법 낙태 공모 및 시술 혐의로 기소됐다.

파리지하철공사 말단 노동자로 힘겹게 세 딸을 키우던 미혼모 미셸 슈발리에는 마리-클레르에게 자초지종을 듣고 딸아이가 출산을 원치 않는다고 하자 산부인과를 찾아간다. 하지만 의사가 불법으로 낙태 시술을 해주는 대신 그 대가로 그녀의 석 달 치 월급에 해당하는 수술비를 요구하자 미셸 슈발리에는 직장동료인 뤼세트 뒤부세(Lucette Duboucheix)와 르네 소세(Renée Sausset)에게 사정을 털어놓는다. 이들의 주선으로 마리-클레르는 낙태 시술을 할 줄 아는 일반인 미슐랭 방뷔크(Michelin Bambuk)에게 불법 낙태 수술을 받는다. 그러나 출혈이

여성의 대의

심해져 사경을 헤매게 됐고, 결국 병원에서 응급 치료를 받아 목숨을 구한다.

그런데 얼마 후 마리-클레르를 성폭행한 남학생이 자동차 절도 혐의로 체포됐고, 그 과정에서 마리-클레르의 불법 낙태를 경찰에 밀고한다. 그렇게 마리-클레르와 네 사람은 기소된다. 이들은 지푸라기 잡는 심정으로 〈선택〉 협회에 도움을 구했다. 지젤 알리미는 자신들을 변호해달라는 이들의 요청을 즉시 받아들였다.

지젤 알리미와 〈선택〉 협회는 이 어려운 재판에서 승리하기 위해 기소된 여성들의 동의를 얻어 낙태 재판을 정치 재판으로 변모시킨다. 1920년의 낙태금지법 자체를 문제 삼아 그 부당성을 부각하는 전략이었다. 당시 부유한 프랑스 여성들은 낙태가 합법인 스위스나 영국으로 건너가 좋은 환경에서 낙태 수술을 받았고 범죄자도 되지 않았지만, 빈곤 여성들은 열악한 환경에서 형사 처분을 감수하며 불법으로 수술을 받아야 했다.

지젤 알리미는 사회 저명인사들을 찾아 법정 증언을 부탁하며 착실히 재판을 준비했고, 이와 더불어 여론전에도 총력을 기울였다. 〈선택〉 협회는 조직적으로 시위를 주도하면서 시민들에게 전단을 배포했다. 시위 확산을 우려한 정부가 강경 진압을 지시하자 시위대가 경찰에게 폭행을 당하는 지경에 이르렀다. 이 모습을 취재한 주요 언론들이 대대적으로 보도했다. 이로써 보비니 재판은 사회적 사건으로 확장됐다.

1972년 10월 11일 먼저 열린 재판에서 마리-클레르는 자발적 낙태가 아니라는 판결 이유로 무죄를 선고받았다. 지젤 알리미는 "판례의 관점에서 보면 새롭고 용기 있는 판결이지만 한편으로는 매우 모호한 판결"이라면서, "마리-클레르는 자발적으로 낙태를 한 것"이며 "자발적 낙태에 무죄가 선고돼야 했다"고 아쉬워했다. 마리-클레르는 법정에서 당당히 이렇게 증언했었다.

"저는 고등학생이에요. 제 나이 때는 아이를 가질 수 있다는 생각 자체를 안 하고 아이를 갖고 싶어 하지도 않아요."

네 사람의 여성에 대한 재판은 1972년 11월 8일에 열렸다. 법정에는 과학자 장 로스탕(Jean Rostand), 자크 모노(Jacques Monod), 프랑수아 자코브(François Jacob), 영화배우 델핀 세이리그(Delphine Seyrig), 프랑수아즈 파비앙(Françoise Fabian), 정치인 미셸 로카르(Michel Rocard), 작가이자 정치인 에메 세제르(Aimé Césaire)와 문필가 시몬 드 보부아르와 같은 수많은 저명인사가 참석해 지젤 알리미와 피고인들에게 힘을 보탰다.

증인으로 나선 의사이자 독실한 가톨릭 신자이기도 한 폴 밀리에즈(Paul Milliez) 교수는 "그런 상황에서는 다른 해결책이 없었을 것"이라며, "가톨릭 신자들이 왜 모든 프랑스 국민에게 우리의 도덕성을 강요하는지 모르겠다"고 말했다. 시몬 드 보부아르는 "여성에게 임신과 출산을 장려하는 목적은 여성을 가정에 붙잡아두고 집안일을 시키기 위한 것"이라고 목소리를 높였다. 피고인 증언대에 오른 미셸 슈발리에

여성의 대의

는 판사 앞에서 당당히 외쳤다.

"재판장님, 저는 죄가 없습니다! 죄가 있는 것은 재판장님의 그 법입니다!"

재판 결과 미셸 슈발리에는 500프랑 벌금형에 집행유예 선고받았으나, 피고측의 항소에 검찰이 항소심 설정을 하지 않아 시효 만료로 집행되지 않았다. 사실상 무죄선고를 받은 셈이었다. 뤼세트 뒤부세와 르네 소세는 "마리-클레르와 직접 관련되지 않았기 때문에" 공범이 아니라는 명목으로 석방됐으며, 미슐랭 방뷔크는 안타깝게도 낙태 시술 당사자라는 이유로 징역 1년을 받았지만 집행유예 1년이 적용돼 수감되지는 않았다.

보비니 재판은 이후 보건부 장관 시몬 베유(Simone Veil)가 발의해 1975년 1월 17일 가결되고 공포된 '베유법', 즉 '자발적 임신중단에 관한 법률'로 향하는 거대한 전환점이 됐다.

1980년 12월 23일 발효된 '성폭행 및 사회 도덕을 저해하는 행위에 관한 법률' 또한 지젤 알리미의 공로였다. 1974년 8월 21일, 프랑스 남부 마르세유(Marseille) 인근의 바위로 둘러싸인 작은 만에서 스물네 살 안느 통글레(Anne Tonglet)와 열아홉 살 아라셀리 카스텔라노(Araceli Castellano) 두 명의 여성이 캠핑하다가 남성 세 명에게 집단 성폭행을 당했다. 가해자인 세 남성은 합의에 따른 성관계였다며 성폭행 사실을 부인했다. 액상프로방스(Aix-en-Provence)에서 열린 이 재판에서 지젤 알리미는 피해 여성들을 변호했고, 이를 계기로 성폭행이 엄연한 범죄로 법률에 명시되도록 하기 위한 페미니스트들의 새로운 투쟁이 시작됐다. 재판은 무려 3년 동안 이어졌다. 1977년 5월 29일, 그녀는 TV 인터뷰에서 사람들을 향해 이렇게 호소했다.

"성폭력을 당한 여성은 깨진 그릇이 됩니다. 산산이 조각나는 것입니다. 다시는 예전의 그녀로 돌아갈 수 없습니다."

재판이 진행되는 동안 그녀는 무뢰배로부터 온갖 모욕을 당했고 심지어 뺨을 맞기도 했다. 그녀가 지나갈 때 침을 뱉는 건 예삿일이었다. 그렇지만 1978년 5월 3일 최종 공판에서 주동자 한 명에게는 징역 6년, 나머지 두 명에게는 징역 4년의 실형이 선고됐다. 성폭행이 범죄로 판결되는 판례가 생기는 순간이었다.

지젤 알리미는 정치인으로도 활동했다. 1965년부터 그녀가 지지했던 프랑수아 미테랑(François Mitterrand)이 1981년 대선에서 제21대 프랑스 대통령에 당선됐다. 그러자 그녀는 정치에 참여하고 싶다는 욕구를 갖게 됐고, 같은 해 시행된 총선에 사회당 소속으로 출마해 하원의원으로 선출됐다. 1984년까지 국회에서 활동하는 동안 그녀는 선거 여성 할당제를 법제화하고자 노력했다. 이때 미테랑 대통령이 미온적 태도를 보이자 실망감에 그를 '마키아벨리주의자'라고 비판했다.

그녀는 성소수자 인권 문제에도 관심을 기울였고, "여성의 몸을 판매하는 것은 말도 안 되는 소리"라고 일갈하면서 매춘 및 대리모 합법화를 격렬히 반대했다. 1985년에서 1986년에는 유네스코(UNESCO) 프랑스 대사로, 1989년에는 유엔(UN) 프랑스 대표단 특별 고문으로 활동하면서 여성과 남성의 정치 평등을 실현코자 애썼다. 1998년에는 국제금융관세연대(ATTAC)를 공동 설립하고 반신자유주의 운동에 동참했다. 2006년 독일 월드컵에서 아르테미스(Artemis)라는 이름의 매춘시설을 운영키로 하자 앙겔라 메르켈(Angela Merkel) 총리를 향해 결단을 촉구했다.

지젤 알리미는 평생을 여성의 대의를 외치고 페미니즘을 옹호하다가 갖은 모욕과 살해 위협까지 받았지만, 그녀가 세상을 떠났다는 사실이 알려지자 수많은 사람이 조의를 표하고 찬사를 보냈다. 모든 프랑스 언론은 그녀의 사회 참여와 열린 정신, 페미니즘 운동에서 이룬 업적을 높이 평가했다. 프랑스 하원은 묵념에 이은 박수갈채로 그녀를 애도했다. 에마뉘엘 마크롱(Emmanuel Macron) 대통령은 국가 차원의 경의를 표했다. 철학자 마릴린 마에소(Marylin Maeso)는 "총체적이며 고집스러울 정도로 일관성 있는 그녀의 페미니즘은 모든 페미니즘을 초월한 페미니즘"이라고 표현했다.

그녀가 타계한 직후 페르-라세즈(Père-Lachaise) 묘지에 안치된 유해를 팡테옹(Pantheon) 국립묘지로 이장해야 한다는 청원이 이곳저곳에서 이어졌다. 그중 한 청원은 "여성을 위해, 성소수자를 위해, 반식민주의를 위해 평생을 바친 위대한 여성에게 어울리는 경의를 바쳐야 한다"고 강조했다. 또 다른 청원은 "이 위대한 여성이 남긴 자취를 우리 마음에 영원히 새겨야 한다"고 역설했다.

그녀는 2019년 8월, 생애 마지막이 될 〈르몽드〉와 인터뷰에서 늙지 않는 비결이 무엇이냐는 질문을 받자 "사회 문제에 참여하는 것"이라고 답하면서 이렇게 말했다.

"나는 정의가 아닌 것을 참을 수 없어요. 이것으로 내 일생을 요약할 수 있습니다."

차례

오해의 시대

 어느 정도 합의는 된 것 같다. 그동안 여성들이 거둔 기본적인 성취가 여기저기에서 열거된다. 신문에서도, TV에서도, 정치 집회에서도, 여론 조사에서도, 어느 날 밤 친구들끼리 모여 쿠스쿠스(couscous)●를 먹을 때에도.

 페미니즘. 말할 수 없었던 것들을 말하기 위해 이보다 더 다양한 어휘를 사용해야 하는 이데올로기가 있을까? 이처럼 수많은 오해를 낳고, 오해를 설명하다가 다른 오해를 낳는 담론이 또 있을까? 페미니즘이란 무엇일까? 하나일까, 둘일까, 아니면 무수히 많은 주의와 주장의 집합일까?

 페미니즘은 존재하는 것일까? 앞으로도 존재할 수 있을까? 페미니

● | 밀가루를 비벼 좁쌀 모양으로 만든 알갱이에 고기나 채소 스튜를 곁들여 먹는 요리.

즘은 과연 무엇을 하려는 것일까? 그 무엇을 달성하면 페미니즘은 사라지는 것일까?

여성들은 얻어냈다. 요구를 관철한 것이다. 1981년의 좌파가 해냈다. 그러나 낙태 자유화를 위해 앞장서서 법안을 통과시킨 쪽은 지금의 우파라는 사실을 기억할 필요가 있다. 엄연한 사실이다. 직업평등은 어떤가? 성폭행 금지법은? 싸움은 여성이 했는데 공은 정당들이 가로챘다. 그리고 자신들이 힘들여 얻어냈다고 자랑스럽게 떠벌린다.

게다가 여성 혐오는 우파든 좌파든 어디에나 있다. 말은 호의적으로 잘한다. 그중에는 돈 후안(Don Juan) 같은 자들도 있다. 이런 자들은 시대착오적인 자신의 '탕드르 지도(Carte du Tendre)'●를 잃고 불안해한다. 그들은 여성을 위하는 척 동정하는 척하면서 남성의 입지가 약해질까 봐 두려워한다.

"페미니즘 때문에 많은 것을 잃게 될 것입니다."

"남자들을 두렵게 만들어서 얻는 이득이 무엇이죠?"

"여성의 고립을 자초할 뿐입니다."

"남자들이 잘하면 됩니다."

대대로 물려받은 지표가 더이상 통용되지 않으리라는 불안, 여성이

● | 마들렌 드 스퀴데리(Madeleine de Scudéry, 1607~1701)의 소설 《클레리(Clélie)》에 등장하는 가상의 지도. '사랑의 지도'로도 부른다. '사랑' 마을은 존중, 인정, 호의의 강을 따라갈 수도 있고, 올바름, 아량, 관대함, 정대함, 존중, 선의 마을들을 지나서도 갈 수 있다. 하지만 경솔함, 무시, 무관심, 망각 마을을 지나서는 절대로 갈 수 없다.

자신을 비춰주던 확대경을 치워버리면 실제로 크기가 작아지리라는 강박, 모든 힘을 잃고 패배자가 되리라는 두려움… 점점 더 견디기 힘든 상황으로 치닫는다.

요컨대 우리는 모두 큰 오해 속에서 살고 있는 것이다.

과거의 역사와 현재를 연결하지 못한 데 따른 오해다. 거대한 억압의 역사를 인식하지 못해서 생긴 오해다. 다시 한번, 페미니즘이란 무엇일까? 평범한 휴머니스트 관점에서 볼 때 필연적으로 일어나는 노예 반란이나 독립 전쟁 같은 것일까?

우리 세대에게 여성으로 태어난다는 것은 죽을 때까지 온갖 차별을 당할 인류의 절반이 된다는 의미였다. 여성으로 태어났다는 단 한 가지 이유로 말이다. 여성이 된다는 것은 열등감과 무책임이 주어진다는 뜻이었다. 교육, 노동, 정치는 물론 섹스, 결혼, 언어에서도 여성에게는 낮은 지위가 부여됐다. 여성은 종속과 불평등의 관계로 남성과 연결됐고 사회와도 연결됐다. 이 본래의 차별에 인종, 피부색, 계급 차별이 덧붙여졌다(물론 이 차별은 남성에게도 있다).

그런데 일부 여성들은 자신의 경험과 성찰을 통해 이 사실을 인식했다. 여성들이 모여서 대화를 하다 보면 불의, 불공평, 불합리 등 직장과 가정에서 당한 모욕에 관한 이야기가 모두의 입에서 쏟아져 나온다. 사람들은 여성 A가 수치스러워 마음속 깊이 묻어둬야만 했던 일을, 여성으로서 정체성 자체가 부정당했다고 느낀 일을 그저 그녀의 '사생활'이라고 불렀다. 여성 B도 같은 길을 걸었다. 여성 C도 마찬가지였다. 각자 조금씩 차이는 있지만 모든 여성이 동일한 상황을 겪었다. 이렇게 가정, 사무실, 공장에서 똑같이 이상한 시나리오가 똑같이 이상한 규칙에 따라 똑같이 전개됐다. 하지만 그들은, 남성들은 너무나 달랐다.

결론이 드러나고 있었다. 여성 각자의 개인적 문제가 아니었다. 사회·문화와 경제 법칙에 상응하는 여성 전체의 문제였다. 이제 여성은 그것을 '억압'이라고 부르기 시작했다. 오래도록 내려온 암묵적 순응과 합의를 깨고 더는 소외를 내면화하지 않기로 했다. 싸우기로 결심했다. 만나고, 경험을 나누고, 거부할 수 없는 방법을 찾아냄으로써, 인류 역사상 가장 거대하고 가장 오래된 종속 관계를 뿌리째 드러내기로 결정했다.

성서는 가장 오래되고 명료한 여성 억압의 출처다. 성서는 태초부터 여성을 혹독하게 다뤘다. 관능적이고 독립적인 릴리트(Lilith)보다 원죄를 유발한 어리석은 이브(Ève)를 선호한 성서는 여성을 남성의 소유물로 만들었다. 이브는 아담(Adam)의 갈비뼈로 창조됐다.[1]

잘못된 시작이었다.

이브는 뱀의 꼬임에 넘어가 천국보다 사과를 좋아하게 되었다. 그 뒤로 종속은 이브의 운명이 됐다. 모든 종속이 여성의 운명이 된 것이다.

테르툴리아누스(Tertullianus)●가 '악마의 문'이라 일컫은 여성의 성기
는 오직 생식용으로 존재할 뿐이다. 여성의 역할은 분리의 세계를 받
아들이고 영속시키는 것으로 제한됐다. 여성은 본래가 어리석은 데다
살면서 더 어리석어지므로 사회에 참여할 수 없다. 게임은 이미 끝나
있었다. 인간이 창조될 때부터.

릴리트는 아담처럼 신이 직접 만든 피조물로서 아담에게 뼈나 살을
조금도 빚지지 않았다. 그녀는 남녀가 함께 부부관계를 이끌어가야 한
다고 주장했다. 특히 섹스할 때 아담이 남성 상위만 고집하는 것을 부
당하게 여겼다. 그러나 아담은 여성 상위를 거부했고 그녀는 그리스도
교 역사에서 지워졌다. 더 정확히 말하면 쓰레기통에 던져졌다.

릴리트 퇴장.

그리고 이브는, 모든 이브는 각자 주방과 아이들 주위에서 혼자 분주
히 움직이다 보니 무지몽매해져서 판단력과 감성 심지어 인간으로서
존엄성까지 잃게 됐다. 여성의 위치는 남성사회에 의해 좌우됐으며,
되도록 상처를 적게 받고자 애쓰다가 결국 억압에 동의하는 약자의 유
일한 무기를 사용하게 됐다. 여성들은 침묵 속에서 억압자가 내미는
꽃을, 집의 요정과 가정의 영혼에 대한 찬가를 받아들였다. 여성은 정
념, 본능, 직관의 존재로 규정됐다. 창조적 지성, 과학적 정신, 사업가

● | 카르타고 출신의 고대 로마 법률가이자 문필가(160~220). 195년 그리스도교로 개종한 뒤 가톨릭 신학
자가 됐다. "불합리하기 때문에 나는 믿는다"라는 말로 유명하다.

여성의 대의

적 기질, 권력을 향한 욕구는 남성의 것이었다.

그리하여 여성은 아예 처음부터 아무런 통찰력을 발휘할 수 없게 됐다. 그러자 여성들은 체념했다. 상처를 덜 받는 쪽을 택했다. 암묵적으로 남성들에게 동의했다. 여성은 자신들의 운명이 거대한 억압을 영속시키는 규칙에서 벗어나지 못하리라는 사실을 발견했다. 할 수 있는 게 아무것도 없음을, 인류의 절반이 모두 움직이지 않는 이상 억압은 사라지지 않으리라는 사실을 알게 됐다.

하지만 그런 동의는 무효다. 권력, 필요, 조작, 사기에 의한 강제 동의다. 무서워서, 두려워서, 힘들어서 어쩔 수 없이 해준 동의다. 여성이 처한 상황과 현실이 신화를 재현하고 전달하면서 객관적 동의로 변질한 것이다.

1960년대에 들어 이 진실을 깨닫게 된 여성들은 공동전선을 형성했다. 억압적 사회 시스템이 낙태, 구타, 성폭행과 같은 '폭력'으로 표출되든, 친절이나 유혹을 빙자한 '회유'로 나타나든, 여성을 철저히 외면하는 '소외'로 표현되든 간에 더이상 동의해서는 안 됐다. 이런 태도는 여성이 여성 스스로 부여한 새로운 엄격함에서 비롯됐다.

그로부터 다양한 목표와 수단을 가진 현대 페미니즘이 탄생했다. 각각의 여성 집단은 자신들의 비전에 이 같은 다양성을 반영했다. 어떤 집단은 평등주의적 개혁을 통해 사회에서 여성의 조건을 개선하고자 했고, 어떤 집단은 여성만이 할 수 있는 사회 변화 프로젝트가 있기에 개혁은 그 자체로 목적이 될 수 없다고 설명했다. 또 어떤 집단은 남성과의 관계를 일절 부정하면서 이 세계 자체를 철폐해야 한다고 주장했다. 이들 급진주의 페미니스트는 사회 통합보다 전복을 원했다. 이들은 평등주의적 요구를 거부하고 두 가지 계획을 세웠다. 하나는 남성 사회를 대체할 평행사회를 만드는 것이고, 하나는 성차별의 바다에서 여성만이 연대하는 일종의 섬을 구축하는 것이다. 어쨌든 이 모든 여성 집단은 여성의 정체성을 인정하라고 요구한다. 다시 말해 여성으로서 존엄성을 인정하라는 것이다.

프로이트주의자들은 여성이 일으킨 이 거대한 물결에서 자신들의 선험적 주장을 확인했다. 페니스에 대한 욕망의 발현이라는 것이다. 그러자 뤼스 이리가레(Luce Irigaray)●는 "여성에게 부족한 것, 이 남성의 세계에서 여성들이 구하려는 것은 페니스나 대체물이 아니라 정체성"이라고 반박했다.[2]

페미니스트들은 모든 수단을 동원한다. 도발, 도전, 입법, 시위, 거부 그리고 무엇보다도 유머. 여성의 매우 오래된 세속적 좌절감으로 태어난 유머는 새로운 단어와 슬로건을 통해 자신을 표현한다. 더욱이 가장 중요한 사실 한 가지를 확실히 밝히고 넘어가야겠다. 페미니즘 투쟁은 결코 폭력을 사용하지 않는다는 것이다. 20세기에 일어난 위대한 혁명, 어쩌면 우리 세계의 뿌리를 문제 삼았다는 점에서 가장 위대한 혁명이 테러와 처형으로 더럽혀지지 않은 채 꿋꿋하게 그리고 시적

● | 벨기에의 페미니스트, 철학자, 언어학자, 정신분석학자(1930~).

여성의 대의

으로 이뤄졌다는 사실은 아무리 강조해도 지나치지 않다.

"페미니즘이란 무엇인가?"는 한마디로 답할 수 있는 질문이 아니지만, 우선 우리가 그것을 통해 무엇을 획득했는지 살필 필요가 있다.

프랑스를 비롯한 세계 여성들에게 1970년에서 1983년까지 10년이 조금 넘는 기간은, 겉으로는 기존 일상이 되풀이되는 듯 보였지만 실제로는 정복의 시대였다. 프랑스의 페미니스트들은 자신을 종속시켜 온 거대한 장벽을 하나씩 차례로 무너뜨렸다.

우리는 본질적 자유, 자기 몸을 자기 뜻대로 할 수 있는 자유를 쟁취했다. 우리는 출산을 할지 말지 선택할 권리(이 권리가 없으면 자유는 눈속임에 불과하다)가 법이 되도록 만들었다. 나아가 임신을 할지 말지 선택할 권리도 획득했다. 모두 투쟁의 결과물이다. 불합리한 성, 생명, 죽음에 대한 거대하고 복잡하고 장기적인 투쟁이었다.

여성의 대의에 공감하고 지지하는 종교인, 문필가, 과학자, 철학자, 법학자, 의사, 정치인 등이 우리의 투쟁에 동참했다. 이 강렬한 시대를 살면서 여성들은 분명히 여성으로서 정체성을 추구하고 다른 여성들과 서로 깊은 유대를 형성했을 것이다. 억압되고 왜곡되고 조작된 세월을 바로 세우자 남성 문화가 어머니와 딸을 경쟁자로 만들기 전 서로 간에 사랑만 존재했던 태고의 새벽으로 돌아가는 것 같았다.[3]

되살아난 여성 연대로부터 여성은 자신과 남성을 새로운 시각에서 바라볼 수 있게 됐다. 남성은 여성이 대단한 특권(출산 능력)을 가졌다는 이유로 이 오랜 신비를 순전히 자연주의적인 과정으로 만들었다. 그것은 여성에게 형벌이었다. 마치 가축처럼 여성은 출산을 원할 수도, 막을 수도, 피할 수도 없었다. 유대-그리스도교 문화는 고대인들이 신성과 동일시했던 힘을 여성의 생물학적 숙명으로, 여성을 완전히 굴종시키는 운명으로 정의했다. 산업화 이전의 모든 가부장주의는 여성이 자립적이고 책임감 있는 주체라는 사실을 인정하지 않았다. 삶의 주체로 인정받지 못하면서 여성의 정체성도 크게 훼손됐다.

종교, 제도, 정치 권력, 성, 언어를 모두 포함하는 가장 넓은 의미에서 문화는 '남성 헤게모니'로 특징지을 수 있다. 그 옛날 여성과 자연을 동일시했던 종교는 남성(아버지)인 신을 찬양했고, 여성은 사악한 힘을 가졌다며 비난했다. 여성들은 자기 자신의 몸속에 감금당했다. 낙태와 피임의 권리를 쟁취하기까지.

출산을 선택할 수 있게 됨으로써 여성은 가축에서 인간이 됐다. 그리고 자연적 의무라는 오랜 강박을 떨쳐버리자 여성은 비로소 자신의 성과 마주했다. 쾌락의 원천인 자신의 몸을 발견했다. 그동안 남성은 여성의 쾌락에 대해 잘도 떠들어댔다. 미처 끄집어내지 못한 진정한 쾌락이 몸속 어딘가에 잠재해 있다고 묘사했다. 그러나 그것은 남성들 자신의 욕망과 충동이 그려낸 상상의 산물이다. 우리 여성들은 언제나 섹스를 상대적인 것, 남성을 위해 봉사하는 것으로 인식했다. 남성(그의 쾌락)에, 나라(인구)에, 조국(전쟁)에, 종교와 문화(일부일처 결혼)에 봉사하기 위한 것이었다.

정체성을 되찾기 위한 투쟁 속에서 여성은 성폭행에 맞서 싸우게 됐다. 낙태 및 피임의 권리와 마찬가지로 자신의 성적 욕망(또는 무욕)과 결정에 대한 권리는 남성의 약탈적인 문화와 연결됐다. 역사에서 남성은 언제 어디서나, 전쟁할 때마다, 십자군 원정 때마다, 명분이 무엇이었든 간에 여성을 성폭행했다. 여성은 전리품이었다. 약탈의 대상이었다.

이제 '부부관계의 의무'라는 명목으로 눈감아주던 남편의 성폭행은 사법적으로 범죄가 됐다. 성별에 상관없이 동성 간의 성폭행도 법에 따라 처벌받는다.[4] 여성의 대의는 여성만을 위한 것이 아니다. 다른 모든 영역에서처럼 이 영역에서도 여성의 대의는 인류 일반의 대의를 객관적으로 발전시켰다. 피해자가 여성이든 남성이든 누구든 간에 이 법은 성폭력을 방지하는 바리케이드 역할을 할 것이다.

페미니즘은 스펙트럼을 넓혀 가정, 직장, 사회, 정치 등 모든 삶의 영역에서 평등을 요구함으로써 문화적 사고방식을 변화시키고자 노력하며, 여성과 남성이 같은 정체성을 갖는 부분을 존중하려고 애쓴다. 직업평등도 그런 부분이다. 남성과 여성이 다르지 않다. 그래서 우리는 이 또한 법안을 만들어 국회에서 가결시켰다.[5] 그렇지만 만족스러운 승리는 아니었다. 정식 규정이 아닌 권고안으로 채택됐기에 관련 여성의 98%는 조정 절차를 밟지 못했다(20개 기업만 이 법을 채택했다). 지금도 여전히 남성은 여성보다 평균 35% 더 많은 임금을 받는데, 이는 여전히 받아들일 수 없는 격차다.

한편으로 얼마 전 국회는 성희롱을 처벌하는 내용의 수정법안을 가결했지만, 이 법은 처벌 수위가 약해서 고용주와 상급자들이 여성을 억압하고 그들의 존엄성을 해치는 것을 막기 어려워 보인다.[6] 여성 단체가 여성 노동자들을 대신하거나 그들과 함께 재판에 참여할 수 있는 권리를 아직 확보하지 못했기 때문에 더욱 그렇다.

헌법과 법률은 실생활에서 성 불평등이 인간관계를 지배하지 못하게 만드는 데 실패했다. 정치 권력이 남성 전유물이 되는 것도 막지 못했다.

정치 권력이 국민의 대표자들에게 위임된다는 구실로 민주주의를 평등하다고 규정하면, 국민이 인류의 두 주요 부류인 남성 시민과 여성 시민으로 구성된다는 사실을 망각하게 된다. 남성 시민이 곧 시민이 되는 것이다. 많은 지식인이 말과 글로써 남성과 여성은 평등하다 강조하지만, 현실 세계에서는 엄연히 차별이 있기 때문에 그 괴리가 더 크게 느껴진다.

사실을 확인하고, 개탄하고, 포기한다. 그러고는 사태를 이렇게 만든 범인으로 사고방식을 지목하고 비판한다. 물론 현재로서는 법이 효

여성의 대의

과적이다. 그러나 법으로 사고방식 자체를 송두리째 바꿀 수는 없다. 실제로 이런 시도를 많이 했고, 이기기도 했지만, 모두 반쪽짜리 승리였다. 인정하지 않을 수 없다. 그러니 인류의 사고방식이 바뀌기를 조용히 기다리는 수밖에…. 다시 출발선에 서야 하는가? 그런 다음에는 무력감의 재발견?

하지만 진짜 문제가 되는 것은 민주주의의 바로 그 의미다. 본질적으로 각각의 개인이 동등한 권한을 갖고 사회 건설에 참여할 수 있어야만 민주주의 사회라고 할 수 있다. 엄격한 의미의 정치체제에서 각 개인은 자신의 사회가 맞게 될 미래를 각각 자기 수준의 권력에서 결정해야 한다. 그런데 보편주의는 개별 원칙을 추상화하면 성평등 민주주의의 모든 요구에 부응할 수 있다고 바라본다. 그러나 엘리자베트 슬레드지에프스키(Elisabeth Sledziewski)●가 훌륭하게 증명해 보였듯 이 담론은 여성을 거부하는 동시에 부정한다.[7] 왜냐하면 사회적 존재의 현실을 구분된 성별 속에서 고려하지 않기 때문이다. 보편주의 관점에서 평등한 정체성은 각 개인이 어떤 특수성을 갖고 있느냐와는 상관없이 모든 개인을 동일시하는 평등이다. 여기에는 성별이 없다. 엄밀히 말하면 오직 남성만이 남는다. 시민은 곧 남성이기 때문이다. 이는 왜곡된 평등이다. 흔히 말하는 평등 정책은 진정한 민주주의 사회의 기초가 될 수 없다. 민주주의 사회에서는 모든 개인의 평등이 실현되면

● | 프랑스의 정치철학자(1950~). 여성 정체성을 주제로 많은 책을 썼다.

서도 개인의 정체성은 유지돼야 한다. 각 개인에는 남성도 있어야 하고 여성도 있어야 한다. 그렇지만 보편주의의 개인 개념에서 여성은 투명 인간 같은 존재다.

'인간과 시민의 권리 선언(Déclaration des droits de l'Homme et du Citoyen)'에 남성과 여성이 모두 포함돼 있다고 생각해서는 안 된다. 역사는 이미 여성들에게 정치적 권리 부여를 거부함으로써 이 권리에 여성은 포함되지 않는다는 사실을 분명히 강조했다.[8] 한편 우리는 보편적이기를 바라는 추상화('인간'이라고 하면 마치 '남성'과 '여성' 모두를 지칭하는 것처럼 보인다)가 중립적이지 않고 결국 남성이 모델임을 알고 있다. 더욱이 권리의 보편주의를 주장하는 것은 성차별이 존재한다는 사실을 부정하는 셈이다. 법과 현실이 일치해야만 남녀가 완벽하게 평등해지는 것이다. 따라서 보편주의는 기만적인 보편성으로 이어질 뿐이다. 여성을 개인(남성)과 융합한다는 명목으로 여성을 흡수해버린 가짜 휴머니즘은 현대 민주주의의 가장 무시무시한 함정이다.

여성과 남성 나아가 성소수자 각각의 권리가 작용하는 민주주의 개념을 재정의해야 한다. 당연히 외국인 혐오자들, 인종차별주의자들, 성차별주의자들이 인간의 신체적 차이에서 누군가는 우월하고 누군가는 열등하다는 결론을 도출하지 못하도록 해야 한다. 사회 내에서 각각의 사회를 건설할 수 있는 권리를 부여해야 한다. 아직 우리 사회는 혼합사회가 아니다. 오직 남성이라는 단일 모델을 기반으로 형성돼 있다. 사회 계획도 여전히 남성적이다.

산업사회의 '이상'은 남성이 정치 권력을 독점하도록 만들었다.[9] 그리고 일부 예외적인 여성 참여가 이런 관행의 알리바이로 작용함으로써 성차별을 교묘히 강화한다. 이를 혁파하는 보다 적극적인 정책이 필요하다.

이 같은 상황을 극복하기 위해 우리는 끊임없이 헌법 수호를 내세우나, 관행을 깨뜨리기가 쉽지 않다. 관행이 남성으로 기울어 있기에, 동등한 권리를 창출할 수 있는 수단을 마련하지 못하는 이상 남성의 권리는 여성의 권리가 되지 못할 것이다. 여성의 선거권과 피선거권이 반세기 전에 발효됐지만,[10] 결과적으로 선출된 의회에 여성들이 거의 없다면 이 권리가 도대체 무슨 소용이 있겠는가?[11]

선거 여성 할당제는 헌법과 법률에 전혀 어긋나지 않는다. 위선과 불평등을 거부하고, 보편주의적 법률이 선언한 평등을 인류의 두 절반에 확대하자고 제안하기 때문이다.[12] 하늘의 절반을 짊어지고 있는 여성을 전체 범주로 통합시키는 게 평등이 아니다. 여성과 남성은 각각의 범주다. 이를 하나로 묶는 것은 두 성의 존재를 부인하는 터무니없는 처사다. 그 어떤 범주도 남녀 성별 분류처럼 독특한 특성을 갖지는 못한다. 일테면 노동자도 언젠가 고용주가 될 수 있으며, 빈자도 부자가 될 수 있다(사회적·경제적 범주). 물론 그 반대도 가능하다. 젊은이는 늙은이가 된다(연령 범주). 처음에 어떤 범주에 속했다가도 시간이 지나면서 또 다른 범주에 속할 수도 있는 것이다. 그런데 인종이나 민족처럼 성별은 바뀌지 않는다. 늘 인류의 반쪽을 차지하고 있으며 반대 규칙이 작동할 수 없다. 이렇듯 남성과 여성이라는 범주는 다른 범주와는 다르다.

정치 권력은 이 차이를 인정하면서 발전해야 한다. 이것이 진정한 평등의 기반이다. 평등을 추구하는 사회에서 정의는 빈곤, 노년, 장애 등의 문제를 해소할 실질적 조치를 촉진한다. 예컨대 모든 사회적 권리는 노동자가 경제적 지배관계(고용주는 관계를 이용해 노동자를 억압할 수 있다)에서 벗어나게 하려는 의지의 산물이다. 일찍이 앙리 라코르데르(Henri Lacordaire)●는 이렇게 말했다.

"강자와 약자 사이에서 자유는 억압하고 법은 해방시킨다."

결국 우리에게는 법이 필요하다. 약육강식의 법칙을 옹호하는 자연주의자들이나, 인간은 누구나 선하다고 믿는 사람들은 제외하자. 대부분 사람은 사회가 법, 제도, 규칙으로 움직인다는 사실을 인정한다. 특권을 없애고, 지배관계를 무력화하고, 평등한 사회를 만들기 위해서는, 요컨대 혼돈의 원시 상태에서 권리와 의무가 있는 인간 상태로 발전하기 위해서는 법이 개입해야 한다. 법은 한 사회가 더 나은 문명과 도덕적 진보를 향해 나아가도록 해준다. 인간의 권리는 자연에 대한

● | 프랑스의 성직자, 신학자, 웅변가, 저널리스트, 정치 활동가(1802~1861). 도미니크 수도회를 재건했고 자유주의 가톨릭을 제창했다.

여성의 대의

경탄할 만한 저항에서 비롯됐다.[13]

　개인에 대한 존중이라는 개념은 인간을 동물과 확실히 구분 짓게 한다. 종의 생존과 통제를 위한 오래된 법칙에서 벗어나 이 길을 선택하는 것은 일종의 도박이라고 할 수 있다. 그렇더라도 인간의 지성과 자유의지는 자연적인 생물학적 질서보다 우월하므로 이 도박에서 이길 수 있을 것이다. 개인 존중 개념은 윤리적 기준을 만들어 인간의 삶에 의미와 독창성을 불어넣는다. 인간에게 위엄을 부여하는 것이다. 우리는 노동의 권리, 낙태의 권리, 성폭행당하지 않을 권리 등 인간의 권리를 확보했다. 그렇다면 여성을 위한 더 공정하고 평등한 민주주의에 대한 권리도 획득할 수 있지 않을까?

　이 권리를 쟁취할 가장 효과적인 방법은 법에 따라 민주주의 의사결정 및 심의 기관이 성평등 원칙을 받아들이게 하는 것이다. 여성의 평등한 참여라는 원칙이 실패로 끝났는데도 왜 법은 남녀가 정치 권력을 강제로라도 공유하도록 조처하지 않는가? 여기서 강제란 '정의'와 '도덕'으로 정당화된다. 이것이 여성 할당제 원칙의 의미와 범위다.

　노동시장에서 많은 여성이 일하고 있으며, 선진국의 경우 전체 노동력의 약 44%를 차지한다.[14] 그렇지만 일하는 부부 사이에서 아이가 태어나면 부모 중 한 사람의 사회적·경제적 통합은 이뤄질 수 없게 된다.

부모 중 누구겠는가? 바로 떠오르지 않는가? 어머니다. 아내다. 어머니(아내)는 가사노동에 치여 하루를 보낸다. 신경 쓸 일이 한둘이 아니다. 제대로 못 했다는 생각이 들면 죄의식까지 겹쳐, 안 그래도 불안정한 심리적 균형이 심하게 요동친다.

이 부당하면서도 견고한 관습에는 종교, 문화, 조상들의 이야기, 남편의 권위, 이웃집 여자의 일상, 행복한 가정(남자는 돈 벌고 여자는 살림하는)에 대한 신화가 뒤섞여 있다. 이 신화는 복합적이고 강압적인 에피소드의 혼합물이다. 어린이집에, 이웃에, 베이비시터에게 아이를 '버리고' 공장이나 사무실로 가는 여성은 결국 거울에 비친 타인의 시선을 읽게 된다. 그녀는 이기주의자, 못된 어머니, 자연 질서를 거스르는 여자, 괴물 같은 존재가 된다.

모성은 단순한 본능이 아니다. 사회, 문화, 역사가 만든 미덕이다. 거부하지 못하는 강력한 문화적 조건이 여성에게 어머니가 되는 행복을 기다리게 만든다. 완전하고 완벽한 여성이 되려면 자신의 생물학적 운명을 받아들이고 그 운명에 따라 끝까지 살아야 한다고 가르친다.

간호사가 산모에게 갓난아이를 데려오면 아이는 엄마의 젖가슴을 알아보고 허겁지겁 달려든다. 그러면 산모의 젖가슴은 본능적 사랑으로 전율한다. 갓난아이가 같은 병원에서 같은 날 출산한 다른 여성의 아이인데 간호사의 실수로 바뀌었고, 산모는 이 사실을 모른다고 가정해보자. 그래도 어머니는 행복하고 황홀해하며 아이에게 젖을 먹일 것이다. 어머니와 아버지 그리고 거룩한 가족은 그녀가 낳은 아이에게 느끼는 것과 똑같은 감정을 뒤바뀐 아이에게 느끼면서 행복해할 것이다.

　물론 모성은 존재한다. 나도 모성을 느꼈다. 아이를 세 명 낳으면서 느꼈다. 나는 내 출산과 육아 경험을 깊이 성찰하고, 문화적 외양을 넘어서고자 한 다른 여성들의 말에 귀 기울이고 나서, 모성은 다름 아닌 문화적 환경의 무게와 자연적 도덕성의 결합으로 이뤄져 있다는 사실을 깨닫게 됐다. 게다가 모성도 사랑처럼 우발적인 상황에서 생기기도 한다. 좋은 감정으로만 구성되는 것도 아니다. 환희, 열정, 충만뿐 아니라 갈등, 후회, 거부의 감정도 모성을 이룬다. 하지만 여러 진지한 연구 결과에도 불구하고 이 주제는 여전히 금기시되고, 광범위한 순응주의에 밀려 충분히 표현되지 못하고 있는 실정이다.[15]

　내가 볼 때 동물에 대한 관찰(논쟁의 여지가 있는)을 토대로 인간 여성의 모성을 유도하는 것은 경멸적인 행동이다. 여성의 지성과 자유의지는 동물성으로부터 분리하지 못한다고 가정하는 것이기 때문이다. 이런 신화를 전달받고 전달해야 하는 젊은 여성은 모성을 간직하는 동시에 경제적으로 독립(고소득층은 제외)하려고 애쓰다가 이내 낙담과 우울함에 빠지고 말 것이다.

　생식을 한 사람은 둘(남성과 여성)인데, 왜 육아나 집안일은 공평하게 분담하지 않는단 말인가?[16] 공평의 의미가 다르게 쓰여왔기 때문이다. 전통적으로 내려온 역할분담이 곧 공평을 의미했기 때문이다. 그러나 그 시절에는 그랬을지 모르나 이제는 아니다. 이것이 모두 옛날이야기라는 사실을 이제는 누구나 안다. 세상은 변했고 변하고 있다. 변화가 어머니(여성)의 해방과만 관련 있다는 생각은 잘못이다. '남자답게'라는 가면을 벗지 못해 가정의 일상에서 멀리 떨어져 있을 수밖에 없던 남성도 세상의 변화 속에서 다른 기준을 발견해야 한다. 아버지로서, 남자로서 느끼는 정체성의 다른 기준도 발견할 수 있을 것이다. 이미 그것을 발견한 남성들도 많아 보인다. 다만 남성 쪽에서도 남성 중심의 사회가 남성을 꼼짝하지 못하게 하고 있어서 교착 상태에 빠진 것이다. 그들은 가정의 일상에서 자신이 하지 않아도 되는 '전통적 특권'이 자신의 감정, 공감, 부드러움을 빼앗아갔다는 사실을 깨달은 남성이다.[17]

변화가 남성 정체성에 위기를 가져오는 게 아니라, 남성 정체성의 또 다른 디자인으로 이끈다는 사실도 발견할 수 있을 것이다. 역할을 서로 교환하는 부모는 부부끼리도 가깝고 지식과도 가깝다. 부드럽고도 강력한 연대가 가족을 결속시킨다. 특히 이런 변화는 다른 변화를 연쇄적으로 불러일으킨다. 아이가 요람에 있을 때부터 두 사람이 함께 번갈아 아이를 키우면 자녀교육의 본질을 바꿈으로써 미래의 또 다른 어른을 만들 수 있다. 마르가레트 미체리히(Margarete Mitscherlich)*는 이렇게 썼다.

"아이의 성은 생물학적 성이나 외부의 성적 특성이 아닌, 양육방식과 주변 사람들의 태도에 따라 결정된다. 어떤 아이는 성적 자기결정

---

* | 독일의 페미니스트 정신분석학자(1917~2012).

여성의 대의

이 18개월에 이뤄지고, 어떤 아이는 3세 때 마무리된다."[18]

아이의 감수성과 성향을 유도하거나 왜곡시키는 환경이 사라지면 새로운 남성과 여성이 등장하게 된다. "이래야 남자고 이래야 여자"라는 도식은 통용되지 않는다. 여성성과 남성성이 사라지는 게 아니다. 불필요하고 소모적인 싸움이 사라지는 것이다. 아직 갈 길이 멀지만, 이 같은 징후는 지금부터도 찾을 수 있다.[19] 역할을 교환하는 부모는 부부 어느 한쪽(대부분 어머니)이 아이를 도맡아 양육한 부모와는 다른 식으로 행동한다. 이로써 고정관념의 족쇄는 깨진다. 이렇게 차별이 없는 사회가 형성되면 다른 문화에도 지렛대가 될 것이다.

우리 〈여성의 대의를 선택하다(Choisir la cause des femmes)〉(이하 〈선택〉) 협회는 이와 관련한 법안도 만들어 전반적인 사회 분위기를 조성하고자 노력했다. 이 법안은 약 30만 쌍의 부부만을 대상으로 하기에 파급력이 크다고 할 수는 없었지만, 실험적 측면에서 기대할 만한 의미가 있었다.[20] 좋은 법으로 인정받는다면 남성과 여성의 관계 및 부모와 자식 간의 관계를 크게 바꿀 수 있을 것이다. 하지만 모든 정치적 약속이 그렇듯 약속은 지켜지지 않았다.[21]

정치인들은 "아직 사회적 신뢰가 부족하다"고 얼버무리고 만다. 그러면 우리 페미니스트들은 "신뢰가 아닌 우선순위의 문제"라고 반박한다. 우선순위에서 늘 밀리기 때문이다. 다른 사회 정책도 마찬가지다. 신뢰가 부족하고 중요하지 않은 사안은 없다. 정치적 이해관계 속에서 배제되고 제외될 뿐이다. 정부는 핵잠수함 무장에 막대한 예산을 쏟아부었다. 우주 전쟁에 천문학적 규모의 예산을 투입하기도 했다. 핵시설로 파괴된 환경, 정책 결정자들의 부주의로 오염된 대기, 타르 때문에 시커멓게 변한 바다… 이런 것들이야말로 우선순위를 잘못 선택한 예다.

오늘날 페미니즘도 우선순위를 변경해야 한다. 그리고 또 다른 역할 분담과 또 다른 환경, 무엇보다 또 다른 민주주의가 미래의 희망이라고 사람들을 설득해야 할 것이다.

그동안 이룬 성취는 그 수혜자가 계속해서 믿고 이용할 수 있는 것일까? 승리한 전투는 이미 승리를 거둔 것이니 어제의 페미니스트들이 활동한 페이지로 봉인될까?

나는 그렇게 생각하지 않는다. 오히려 나는 여전히 확실한 성취를 이루지 못했기 때문에 전투는 계속되고 서로 얽히면서 더욱 확장된다고 생각한다. 물론 과거의 승리는 유의미하다. 하지만 과거에 이룬 성취를 잃지 않도록 끊임없이 경계하는 태도가 내일 정복할 새로운 공간을 열어주리라고 믿는다.

여성이 스스로 임신과 출산을 결정할 권리는 지난 사반세기 동안 펼쳐온 페미니즘 운동의 비문을 새기기 위함이 아니다. 저 멀리 흘러간 강물이어서는 안 된다. 더욱이 투쟁이 끝난 것도 아니다. 임신을 여성이 계획하고, 예측하고, 거부할 수 있게 해주는 자유의 수단인 피임은 여전히 정치적 술책의 대상이다. 경구 피임약은 예전에는 암을 유발한다느니, 체중이 는다느니, 머리가 빠진다느니 하는 이유로 비난받았고, 이제는 의료 수가에서 제외돼 환급받지 못할 위험에 처해 있다. 현재 분위기라면 적어도 보건부가 공식적으로 나열한 일부 피임약은 여성들이 약값을 계속 부담하게 될 것이다.[22]

오랜 투쟁 끝에 자유화된 낙태도 〈그들이 살게 합시다-SOS 미래의 어머니들(Laissez-les-vivre-SOS futures mères)〉을 비롯한 낙태 반대 단체들로부터 거센 공격을 받고 있다.[23] 우파는 1986년 내각을 장악하자 몇 가지 정책을 수정하려고 시도했다. 그들이 생각할 때 가장 시급한 사안은 사회보장제도가 더는 '자발적 임신중단(Interruption Volontaire de Grossesse, IVG)' 비용을 환급하지 않도록 재정법을 개정하는 것이었다.[24] 이는 여성을 향한 정면공격이나 다름없었다. 정치적이든 아니든, 나이가 많든 적든, 모든 여성이 마치 조건반사에 의한 것처럼 거리로 뛰어나갔다. 그러자 당황한 정부는 한걸음 물러섰다. 정부 개정안은 하원의 의사 일정에서 사라졌다. 그러나 일부 국회의원들[25]은 하원 조사위원회 요청을 가장해 낙태를 허용하는 새로운 절차에 대한 조사를 구실로 RU-486[26]과 그 사용에 이의를 제기했다.

그렇다. 전략을 바꾼 것이다. 즉, 낙태를 쉽게 해주는 모든 의학적 실험이나 발견에 여성이 접근할 수 없게 하는 쪽으로 방향을 선회한 것이다. 여성들이 자신의 기본 권리를 지키려고 하자 그에 대한 응분의 대가(이 단어의 모든 의미에서)를 치르게 하려는 것이다.

기회를 노리고 있던 개혁 반대주의자들이 결국 행동에 나섰다. 여기서 '행동'이란 '폭력'을 뜻한다. 테러리스트들이 자발적 임신중단이 이뤄지는(합법적으로) 모든 병원을 포위했다. 이들은 닥치는 대로 시험관을 깨뜨리고, 의료설비를 고장 내고, 책상과 탁자를 부수면서 광란에 빠졌다. 이들은 낙태의 권리가 악마의 권리라고 소리치면서 비정상적으로 분노했다. 이 권리를 상징하는 것들은 모조리 파괴했다. 이를 지켜본 국민은 매우 놀랐지만, 정부는 미온적인 반응을 보였다. 감시와 통제는 이뤄지지 않았다. 법은 힘을 발휘하지 못했다. 1988년 다시 정권을 잡은 사회당도 이 같은 개혁 반대주의자들이 프랑스에서 활개치도록 방치하고 있다. 〈선택〉 협회는 이의를 제기했다.[27] 다른 사람들 역시 항의했다.

다시 질문을 던져보자. 페미니즘은 무엇을 위해 존재할까? 페미니즘은 어제 쟁취한 권리가 오늘의 테러에 굴복하지 않도록 만들 것이다. 모든 남성 시민과 여성 시민이 타인을 억압하지 않고 자유로운 선택을 할 수 있도록 만들 것이다. 페미니즘은 민주주의가 진정한 의미를 되찾도록 만들 것이다. 페미니즘은 모두가 서로를 존중하고 공화국의 정치와 종교가 분리되도록 만들 것이다.

마틴 스코세이지(Martin Scorsese) 감독의 영화 〈그리스도 최후의 유혹(The Last Temptation Of Christ)〉을 상영한 영화관에 불을 지르던 테러리스트들을 떠올려보라.[28] 앞서 병원을 습격한 테러리스트들과 마

여성의 대의

치 샴쌍둥이처럼 닮았다는 생각이 들지 않는가? 이들은 저 멀리 미국에서 벌어진 사태를 그대로 따라 했다. 미국은 '평등권 수정안'이 실패로 돌아가자 '낙태 반대' 시위대를 동원했다. 로널드 레이건(Ronald Reagan)과 조지 H. W. 부시(George H. W. Bush) 대통령은 청교도주의와 도덕적 질서로의 복귀라는 기치 아래 선거운동을 벌였다. 테러리스트들이 활개칠 수 있었던 배경에는 판례를 이용해 낙태의 권리를 제한하는 한편 미국 내 36개 주에서 사형 집행을 허용한 대법원이 있었다.

법은 그 어떤 여성에게도 낙태를 강요하지 않는다는 사실을 기억할 필요가 있다. 법은 낙태를 허용하는 것으로 만족할 뿐이다. 천국을 믿는 여성이든 믿지 않는 여성이든 간에 완전히 자유롭게, 자신의 양심에 따라 선택하면 되는 것이다.

그러나 법과 양심이라는 단어는 여전히 충돌한다. 여성의 자유를 이야기할 때 그렇고, 혼란한 정치 격변이 덧붙여질 때 특히 그렇다.

스탈린식 사회주의는 무너졌고, 소비에트 공화국들은 연방을 떠났으며, 위성 국가들은 마치 역사의 태풍으로 파괴된 요새처럼 소련에 충성하기를 거부했다. 나라마다 조금씩 차이는 있지만 폴란드, 헝가리, 체코슬로바키아, 루마니아는 혁명의 아버지 마르크스와 스탈린을 버리고 서구 경제의 진미를 맛보고 싶어 했다. 독일은 이중 언어를 폐지했다. 서독과 동독은 적이었으나 통합했다.

그러나 동시에 여성들은 어려움을 맞이했다. 폴란드의 경우, 낙태 반대론자이자 교황 요한 바오로 2세(Johannes Paul II)의 지지를 얻은[29] 레흐 바웬사(Lech Walesa) 대통령이 1957년의 자유주의적 법을 폐지하려는 모든 발의에 힘을 실어주고 있다.[30] 구서독의 본(Bonn) 연방법은 태아가 기형이거나 임신부의 생명이 위험할 때 등 치료 목적에서만 낙태를 허용했다. 반면 되레 자유주의적인 구동독의 1972년법은 여성이 원하기만 해도 낙태를 허용했다. 통일 독일에서 타협안을 곧 찾을 테지만 그동안에는 현상이 유지될 것이다.[31]

앞으로 어찌 될지 지켜볼 것이다. 원점으로 돌아가든, 유예하든 간에 어쨌든 페미니스트들은 이 단절의 세계에서 어떻게 연대해야 하는지 배웠다.

현재까지 여성들이 이룬 성취에는 "상시적 위협을 조심할 것"이라는 꼬리표가 붙어 있다. 그래서 오늘날의 페미니즘은 '경계' 기능을 내포한다. 하지만 페미니즘을 이 역할로 축소하면 안 된다. 내일을 위한 존재 이유를 망각하는 일이다.

이 책의 초판 결론 부분에서 나는 세상의 새로운 변화 동력을 자극할 책임은 여성에게 있으며, 투쟁의 동력은 여성 자신이라고 썼다. 그렇다면 동력을 어떻게 자극할 수 있을까? 페미니즘 투쟁이 나아가야 할 올바른 방향을 정하기 위해서는 여성이 이룬 성취, 언뜻 조각난 것처럼 보이는 퍼즐을 참을성 있게 맞춰야 한다. 그리고 여성의 뿌리를 찾아야 한다. 이 뿌리가 낡은 세계의 뿌리를 감싸고 뒤흔든다. 가부장 문화의 산물인 인간관계의 구조도 뒤엎어 새롭게 만든다.

페미니즘이 여성 스스로 극복할 수 있도록 도울 것이다. 자신의 정체성에 대한 처음의 불확실성을 제거하도록 해줄 것이다. 여성으로서 역할에 갇혀 있는 여성은 자신들의 억압자 역시 남성으로서 역할에 갇혀 있다는 사실을 이해하지 못한다. 여성은 스스로 해방함으로써 동시에 남성을 해방한다. 나아가 여성은 남성과 동등한 위치에서 역사에 참여함으로써 다른 역사를 만들어낸다. 한 성이 다른 성을 지배하는 관계는 소멸하며, 역할은 서로를 자유롭게 오고간다.

이것이 페미니즘 혁명이다. 폭력과 증오가 없는 조용한 혁명이다. 언론에서 슈퍼우먼은 힘들다느니, 페미니스트는 속으로 외롭다느니, 이미 남자들이 여자들 앞에서 기를 못 편다느니 아무리 떠들어도 이 혁명은 계속될 것이다. 오늘날 왜 페미니즘일까? 페미니즘이 휴머니즘이기 때문이다. 페미니즘이 인류를 자유롭게 하기 때문이다.

페미니즘은 이제 막 기나긴 여정을 시작했을 뿐이다.

페미니즘은 20년 후, 50년 후, 100년 후, 인류의 삶을 송두리째 바꿔놓을 것이다.

감금당한 여성

나는 설득하고자 이 책을 썼다. 민주주의에서 법을 만들고 폐기하는 임무를 맡은 남성들과 여성들을 설득하려고 이 책을 쓴 것이다. 긴급한 상황이었다. 1973년, 프랑스. 낙태 수술을 받기 위해 영국이나 스위스 병원에 가고 싶어도 그럴 수 없는 가난한 여성들은 결국 불임이 되고 패혈증을 앓고 심지어 죽기까지 했다. 1920년법(구형법 제317조, 낙태금지법)은 억압적인 데다 시대착오적이어서 이들은 몰래 불법 낙태 수술을 받아야 했다. 그리고 이 때문에 심각한 상황을 맞곤 했다. 이들 대부분은 죄책감에 시달렸고, 침묵했으며, 수치심을 느꼈다.

보비니(Bobigny) 재판. 피고들은 원고가 됐다. '정치적' 재판의 전통에 따라 이 여성 피고인들은 너무나도 자연스럽게 강한 정신력을 갖추게 됐고 결국 모든 여성을 대변하게 됐다. 이들은 여성이 자신의 몸을 자기 뜻대로 하고, 아이를 낳을지 낳지 않을지를 선택하는 최소한의 자유를 달라고 요구했다. 법정에 선 미셸 슈발리에(Michèle Chevalier)와 그녀의 동료들은 판사와 방청객뿐 아니라 모든 남성과 여성에게, 여론에, 프랑스 전체에 호소했다. 우리를 육체적·정신적으로 망가뜨린 법이 갈기갈기 찢어졌다. 그때까지만 해도 별다른 관심을 보이지 않았던 정당들이 부산하게 움직이기 시작했다. 국회는 이 법을 개정하는 작업에 착수했다. 개정된 법안은 좌파가 전폭적인 지지를 보내준 덕분에 가결될 수 있었다. 시몬 베유(Simone Veil)가 발의해 1975년 1월 17일 공포된 이른바 '베유법'을 실제로 적용하기란 결코 쉬운 일이 아니었다. 그런데도 이 법은 여성들이 거둔 중요한 승리라고 할 수 있다. 바로 이날, 여성을 옥죄던 가장 거대한 자물쇠가 깨부숴진 것이다.

그런데 그 이후에는? 그리고 지금은?

여성이 육체적으로 자유로워지기 위한 투쟁은 명백히 필요한 일이다. 그러나 이 싸움을 최후의 목표로 정한 것은 잘못이다. 왜냐하면 이 싸움은 수많은 단계 중 하나에 불과하며 빙산의 일각이다. 비단 여기에서 이겼더라도 일, 교육, 경제적 독립, 정치 활동의 통합 등을 위해 계속해서 싸워야 한다.

즉시 어려움이 나타났다. 우리가 벌이는 투쟁은 말하자면 '발등에 떨어진 불'은 아니었다. 많은 여성은 그것이 중요하지 않고 부차적이며 하찮다고까지 여겼다. 우리는 설명해야만 했고, 설명은 언제나 되풀이됐다. 우선은 우리의 투쟁이 여러 분야에 걸쳐 있고 내용이 다양했기에 분석과 종합이 필요했다. 나아가 개혁하고 또 개혁하는 것이 우리의 전략일 수밖에 없었다. 우리 〈선택〉의 페미니스트들은 여성 없이는 근본적인 사회 변화가 일어날 수 없다고 주장한다. 그러면 누군가는 이렇게 반박할지 모른다.

"그래서 어떻게 해야 하는데?"

나는 이 같은 반박에 "개혁을 계속하는 것이 이따금 등장하는 개혁주의를 저지할 수 있는 가장 좋은 방법"이라고 대답할 것이다. 자유 경제와 가부장 문화를 가진 나라의 여성에 대한 개혁은 장기간에 걸쳐 혁명적으로 이뤄진다고도 대답할 것이다. 나는 왜 여성이 처한 상황을 빙산에 비유하려는가? 모든 것이 뒤섞이고, 부딪히고, 걸려 찢기고, 결국 뒤틀리기 때문이다. 그리하여 볼 수도 없고 표현할 수도 없게 된다. 문화, 창조, 가족, 사랑, 인간 등의 뿌리가 물에 잠겨버렸다. 이 많은 근본적인 관계가 가려져 있는 것이다.

그리고 앞으로 내가 어렸을 적 여자가 해야 할 일에 대해 배울 때 일어난 몇 가지 사건에 관해 이야기하는 것은, 내가 가는 길이 힘들고 복잡해 보일 수 있을지는 몰라도 결국 그 길이 나를 여성들의 공동투쟁으로 이끌어간다는 사실을 다른 여성들 특히 그중에서도 가장 취약한 여성들에게 말하고 싶어서다. 의식이 깨어나면 약점이 강점이 된다고 말하고 싶어서다. 이 의식의 힘으로부터 성숙한 여성이 돼야 한다고 말하고 싶어서다.

나는 이 책 《여성의 대의》가 피임과 낙태를 넘어 우리의 육체적 자유에 완전한 의미를 부여하기를 바란다. 말하자면 이 책은 우리를 감금한 감옥을 폭파해 유폐 상태에서 벗어나게 하려는 것이다. 우리는 가정에 얽매이고, 직장에서 착취당하고, 정치적 결정에서 소외되고, 성을 부정당한다. 우리의 조건은 사회문화와 대중매체에 의해 결정된다. 우리는 누구인가? '감금당한 여성'이다.

'주부'라는 단어는 모든 의미에서 갇혀 있다. 내키지 않아도 반복 작업을 해야 하며 현실 세계로 통하는 문은 닫혀 있다. 결정이 내려지는 세계, 경제와 정치와 창조의 세계, 요컨대 남성의 세계로는 나아갈 수 없다. 여성의 세계는 일종의 '게토(ghetto)'●다. 이 세계에서의 활동은 '비생산적인 것'으로 규정된다. 게다가 자본주의의 이름으로, 경제학의 이름으로, 가정에 갇힌 여성이 힘들게 일하는 세탁, 요리, 다림질, 청소 등의 노동시간은 국민총생산에 포함되지도 않는다. 따라서 여성의 이 눈에 보이지 않는 노동은 이자벨 라르기아(Isabel Larguia)◎가 강조했듯이 "여성의 부차적인 성적 특징" 같은 것이다. 경제학적으로 말하자면 이 노동은 '부가가치'를 창출하지 않는다. 가사노동은 임금을 받지 않기 때문에 시장에서 가격이 형성되지 않는다. 그러므로 교환가치

● | 중세 이후 유럽 각 지역에서 유대인을 강제 격리하고자 설정한 유대인 거주 지역으로, 오늘날에는 소수민족이 모여 사는 빈민가를 일컫는다.

◎ | 쿠바의 페미니스트 사회학자(1932~1997).

의 대상이 아니다.

이 같은 주장에 반박의 여지가 없다고 보는가? 나는 그렇게 생각하지 않는다. 일찍이 카를 마르크스(Karl Marx)도 임금이 임금노동자의 노동력에 대한 대가가 아니라, 단지 노동력의 재생산에 대한 대가라는 사실을 보여줬다. 가사노동은 노동력을 구성하는 중요한 요소 가운데 하나다. 그러니 재주꾼 아내를 유급 가사노동자로 바꿔라. 그러면 여성이 가정에서 해내는 엄청난 양의 일은 본래의 가치를 되찾아 시장에 편입될 것이다.

오해하지는 말자. 그렇다고 우리가 여성의 가사노동 대가를 내라고 요구하는 것은 아니다. '주부 급여'든, '특별 수당'이나 '단일 수당'이든, 아니면 다른 이름으로 불리든 간에, 가사노동에 대한 보수는 마치 함정에 빠지듯 계략에 걸려들 수 있는 조치다. 이런 조치는 이른바 '남성적인 일(대체로 고상하다고 여기는)'과 '여성적인 일(하찮아 보이고 당연하다 여기기에 눈에 띄지도 않는)'을 확실히 구분 짓는 행위다. 이는 받아들일 수 없다. 내 말은 여성의 가사노동을 동일 선상에서 인식하라는 얘기다. 여성이 엄청나게 많은 양의 가사노동(프랑스의 경우 1주일에 80~90시간)을 하는데도 아무런 경제적 의미가 없다면, 그것이야말로 여성에 대한 착취가 자본주의적일뿐 아니라 가부장적이기도 하다는 증거일 것이다.

그렇다면 집 밖에서 일하는 여성들은 공정하고 평등한 조건에서 일하는가? 유감스럽게도 아니다. 여성은 프랑스 전체 경제활동 인구의

38.4%(830만 명)를 차지하지만 고용 차별, 경력 저평가, 직업교육 부족 등의 또 다른 감금을 당한다. "동일 노동, 동일 임금"이라고? 1957년 로마 조약을 엄숙히 선포했고 1972년 12월 22일 법을 제정했는데도 이 규정은 철저히 무시됐다. 여성과 남성이 똑같은 능력과 생산성으로 똑같은 업무를 수행하더라도 받는 임금에서 차이가 난다. 여성은 자신들의 남성 동료보다 평균 33% 적은 임금을 받는다.

여성은 위기 상황에 더 취약하다. 실업자 대다수는 여성이다. 노동 피라미드에서 여성은 아랫부분을 담당한다. 여성이 하는 일은 책임도 없고 결정권도 없고 보수도 적다.[1] 경제 단계에 더 높이 올라가면 갈수록 노동 피라미드는 남성화된다. 이 피라미드 꼭대기에는 '오직' 남성들만 있다.[2]

최저임금 생활자 세 사람 중 두 사람이 여성이다. 이것은 우연인가 아니면 경제적 상황 때문인가? 사회적 장치가 마련돼 있지 않아서, 남성들의 사고방식이 가사노동의 교환 가능성을 거부해서, 결국 여성이 남성보다 훨씬 더 많은 가사노동을 하게 된 이 불공평한 현상은 과연 누구 때문인가? 그리고 집에 있을지 아니면 밖에서 일할지를 선택하는 게 한낱 환상에 불과하다면 과연 누구를 비난해야 하는가?

가장 먼저 우리는 이 개탄스러운 경제 및 사회 정책을 비난해야 한다. 그러나 남성들의 편견과 여성들의 조건화 또한 비난받아야 한다. 저녁이 되면 여성이 마치 종교의식을 치르듯 엄숙하면서도 다정하게 낮 동안 밖에서 일하느라 녹초가 된 위대한 영웅의 슬리퍼를 가져오는

'집의 요정'● 신화는, 그 기반이 되는 이데올로기만큼이나 강력한 이미지에서 탄생했다. 사물도 각자 제자리에 있고, 남성과 여성도 각자 자기가 있어야 할 자리에 있으면, 이 오래된 세계는 설사 균열이 생긴들 굳건히 지켜질 것이라는 이미지 말이다. 남성은 생산하고 여성은 생식한다. 하지만 일찍이 쥘 게드(Jules Guesde)◎는 이 같은 주장을 반박했다.

> 여성의 자리는 이제 가정에도 있고 다른 곳에도 있다. 남성의 자리처럼 여성의 자리도 그녀가 일하기를 원하고 일을 할 수 있는 곳이라면 어디에나 있는 것이다. 남성 역시 그의 성에 어울리는 기능을 가졌다. 그는 남편이자 아버지이지만, 그렇다고 해서 의사나 예술가, 손이나 머리를 쓰는 노동자가 될 수 없는 것은 아니다. 설사 여성이 아내와 어머니(아내도 아니고 어머니도 아닌 여성들에 대해서는 논외로 하자)가 되기를 주변 사람들이 바란다고 할지라도, 그녀가 남성처럼 자신에게 어울리는 모습을 하고 사회에 나타나지 못할 이유가 어디 있단 말인가?"[3]

여성의 다른 모든 종속은 '경제적' 종속에서 비롯된다. 예를 하나 들어보자. 다름 아닌 '매 맞는 여성들'의 사례다. 매 맞는 여성들의 문제

● | 세심하게 집안 살림하는 여성을 일컫는다.
◎ | 프랑스의 사회주의자로 '게드주의'라는 집산주의 이론의 창시자(1845~1922).

여성의 대의

는 지금도 발생하고 있으며 언론에서도 빈번하게 다룬다. 남성적이고 파시스트적인 행동에서 비롯되는 이 고질적 전염병의 원인은 무엇인가? 남편이나 연인에게 두들겨 맞은 여성이 왜 자신을 폭행한 남성 곁에 계속 머물러 있는 것인가? 이 여성들이 남성에게 습관적인 구타를 당하는 이유는 마조히즘적 성향을 제외하고는 오직 한 가지, 바로 '돈' 때문이다.

경제적 독립 이전에 일자리도 없고 집도 없는데 어디로 간단 말인가? 설령 떠나기로 결심하더라도 지금 당장 먹이고 재우고 입혀야 하는 아이들은 어찌한단 말인가? 생각만 해도 가슴이 답답해진다. 나는 남녀의 성적·감정적 관계가 복잡하다는 점을 절대로 과소평가하지 않는다. 마찬가지로 우리 여성 중 일부가 투사로서 가진 신념을 과대평가하지도 않는다. 나는 매 맞는 여성들에게 이렇게 말할 뿐이다.

"경제적으로 독립하세요. 그리고 짐을 싸서 아이들과 함께 떠나세요."

무엇보다 중요한 것은 자신의 정신과 육체를 온전히 간직하는 일이다. 자기를 때린 짐승 같은 남자는 경멸해도 자기 자신은 경멸하지 말아야 한다. 자신을 계속해서 사랑해야 한다. 아직 나이도 어리고 교육도 못 받고 일할 용기도 없는 여성들은… 그렇다, 우리 모두 도와줘야한다. 달리 무슨 방법이 있는가? 하지만 너무 오래도록 도와서는 안된다. 일방적 도움이 궁극적인 해결책은 아니다.

나는 착취사회에서 노동을 신성시할 생각이 전혀 없다. 그러나 나는 여성들이 노동 현장에서 실제로 당하는 부당한 처우에 항의하고 투쟁함으로써 변화를 주도할 수 있다고 믿는다. 그리고 여성의 요구는 양적인 것을 질적인 것으로 전환할 수 있다. 경제력을 확보하면 새로운 관계를 만들어낼 수 있다.

일부 사회주의 계획에서는 남성이 지워졌다. 반면 남성과 함께 작동하는 엔진이자 날개라고 할 수 있는 여성은 모든 사람의 기억에서 잊혔다. 이런 망각이 그간의 과오, 타락, 배신에 대한 설명이 될 수도 있다. 여성들의 부재는 우리가 벌여야 할 투쟁을 큰 어려움에 빠뜨릴 것이다.

그런데 왜 여성들은 정치에 영향을 미치려고 하지 않는 것인가? 왜 부당한 법을 철폐하려고 하지 않는 것인가? 왜 필요한 혁신을 하려고 하지 않는 것인가? 민주주의 국가는 투표를 통해 국민의 대표를 선출하고 국민의 대표로 선출된다. 국민의 반이 여성인데 왜 영원한 속박에서 벗어나려고 애쓰지 않는 것인가? 대답은 간단하다. 왜냐하면 정치에서 여성은 실제로 배척 대상이기 때문이다.

물론 정치인들은 여성의 투표용지를 탐내고, 많은 여성이 정치 및 노조 활동을 한다. 그렇지만 여성 국회의원의 비율은 얼마나 되는가? 겨우 1.6%에 불과하다. 프랑스는 유럽 국가 가운데 여성의 의회 참여율이 가장 낮은 부끄러운 기록을 보유하고 있다.[4] 이사회, 정무직, 결정 기구 등에는 여성들이 몇 명이나 있는가? 새삼스레 상기할 필요조차 없을 정도로 너무 적다. 그러니 차라리 우리 여성에게 주어진 사실상

여성의 대의

의 하위 시민권이 어떤 메커니즘을 가졌는지 이해하려고 해보자.

우선 선거법을 따져보자. 나는 무기명 투표제도가 여성들의 저조한 의회 참여에 부분적으로 책임이 있다고 생각한다. 비례대표제만이 유권자들의 목소리를 반영할 수 있다. 그리고 여성들은 비례대표제를 통해 더 많이 선출될 수 있을 것이다.[5]

하지만 선거방식이 모든 것을 설명하지는 않는다. 사고방식, 특히 정치적 신조를 뒤늦게 표명하는 좌파 남성들의 사고방식이 있다. 이들은 사회의 경제적 토대인 하부구조와 정신적 수단인 상부구조의 관계에 대해 제대로 배우고 이해하지 못했다. 그런데 아무도 이 오래된 교훈을 우리에게 말해주지 않는다. 이데올로기가 사회적 현실을 바탕으로 형성된다는 논리가 사실이더라도, 그것이 사회적 현실을 마치 사진처럼 정확히 재현하는 것은 아니다. 우리 여성들이 남성들과 관계 맺는 과정을 단순화하는 것은 어리석으며, 최악의 경우 잘못된 믿음을 형성한다. 사고방식의 고착화는 그 원인과 결과를 볼 때 매우 중요한 현상이다. 가장 투명하고 가장 좋은 의도를 띤 정치 노선도 잘못된 이데올로기로 인해 왜곡될 수 있다. 사고방식의 '주관적 무게'는 자율적 요인으로 작용하지만, 그저 경제적 구조가 초래하는 결과로만 영향을 미치는 것은 아니다. 이 무게는 같은 사회계급, 예컨대 착취당하는 사람들의 사회계급 내에서도 "여성은 프롤레타리아 중의 프롤레타리아"라고 설명한다. 부부의 가사노동 분담은 여전히 희망 사항으로만 남아 있으며, '분담'이라는 개념을 만들어낸 남성의 선동적인 위선이라고도 말한다. 이 같은 상황은 관련 법이 없기 때문에 모든 사회 모든 계층에서 현실이다.[6] 우리 정부는 아이가 태어났을 경우 어머니나 아버지 둘 중 한 사람에게 육아휴직을 주자는 프랑수아즈 지루(Françoise Giroud)의 제안을 거부했다.[7] 어쩌면 그들은 자신들 남성의 체면이 깎인다고 생각했을지도 모른다.

'아버지는 남자야. 남자는 일을 하지 아이를 돌보지 않아.'

주변 사람들에게 물어보라. 그들 대부분은 이렇게 말한다.

"여성 장관들? 여성 국회의원들이 의사당 반원형 회의실의 절반을 차지한다고? 그래… 하지만…."

그리고 그들은 주장한다. 여성들은 준비가 되어 있지 않다. 막중한 책임을 감당할 능력이 없다. 남성들은 기업, 정당, 노동조합 등에서 여성의 권위를 인정하지 않을 것이다. 그러나 이 같은 주장은 "만약 베트남이나 알제리인들에게 통치 능력이 있었다면 진즉에 독립했을 것"이라는 프랑스 식민주의자들의 말과 다를 바 없다. 이들은 식민지 전쟁이 식민지 주민의 이익을 위해, 그들이 더 잘 살도록 돕고자 벌인 일이라는 억지 주장을 편다.

역설적이게도 모든 억압은 그것에 희생당하는 이들의 암묵적 동의를 수반한다. 한편으로는 억압에 대해 희생자들이 불안감을 덜 느끼려

여성의 대의

고 해서일 것이고, 또 한편으로는 참고 견디면서 스스로 격려하기 위해서일 것이다. 여성을 가둬놓고자 종교, 철학, 문학, 대중매체가 동원됐다. 유대−그리스도교 문화의 금기는 우리 여성을 성적으로 감금하는 데 크게 이바지했으며, 이 성적 감금이야말로 여성들을 옴짝달싹 못 하게 만든 가장 두려운 방식이었다.

일찍이 여성의 성기는 함정으로 묘사됐다. 테르툴리아누스는 '악마의 문'이라고까지 표현했다. 남성의 욕망을 가차 없이 이 함정으로 이끈다는 것이다. 이들에게 여성의 성기는 일차원적이다. 종을 번식시키는 것 말고는 존재 이유가 없다. 그렇다면 여성의 욕망은? 여성의 쾌락은? 여성의 욕망과 쾌락은 교계제도와《성서》에서 인정받지 못했고 종국에는 유죄판결을 받았다. 여성의 사랑은 생식 기능으로부터 분리되지 않았다. 여성이 자신의 몸 그리고 다른 몸에 행복하게 접근할 수 있는 권리, 쾌락과 성적 자율성을 누릴 수 있는 권리를 부정하기 위해서였다.[8]

범죄와 다름없는 이 위선은 여성이 자기 몸을 자기 마음대로 할 수 있는 권리, 원하지 않는 임신을 방지(피임)하거나 중단(낙태)할 수 있는 권리를 1975년 1월 17일 법이 제정될 때까지 금지했다.《성서》에서 여성은 오롯이 처녀나 어머니일 때만 찬양받았다. 여성이 처녀인 동시에 어머니가 될 수 있다면 무엇이 문제이겠는가? 더욱이《성서》는 여성의 운명을 다음과 같은 간략한 문장으로 미리 정해놓았다.

그리고 여자에게는 이렇게 말씀하셨다. "너는 아기를 낳을 때 몹시 고생하리라. 고생하지 않고는 아기를 낳지 못하리라. 남편을 마음대로 주무르고 싶겠지만, 도리어 남편의 손아귀에 들리라."[9]

이 구절 때문에 여성의 사랑이 왜곡되기 시작한 것인가? 그렇게 단정할 수는 없을 것이다. 왜냐하면 여성을 이런 식으로 규정한 출처는 이 밖에도 많으며, 여성의 성을 억압한 수단도 다양했기 때문이다.

여성의 영혼은 어떤가? 여성이 영혼을 갖고 있기는 했는가? 다행히 그렇다. 하지만 간신히 영혼을 갖게 됐다. 325년 그 유명한 니케아 공의회에서 이 문제에 관한 의견이 분분했다. 그래도 어쨌든 여성도 하느님의 창조물로 결론 났다. 그렇지만 여성의 영혼은 남성과 같은 본질을 갖고 있지 않다고 했다. 성 바울과 성 아우구스티누스는 "남성의 비정상적 형태"인 여성의 영성은 "시궁창 속에서 철벅거릴 것"이라고 단언했다.

이 구분을 일반화하고 구체화하기 위해서는 종교적 의미를 제거해야 했다. 그래서 자연에 도움을 청했다. 자연은 증명할 수도 없고 설명할 수도 없다. 그냥 있을 뿐이다. 자연은 그저 존재하면서 여성의 생물학적 구조와 생리 및 정신 현상을 남성과 근본적으로 다른, 즉 열등한 것으로 결정지었다. 불평등의 원인인 여성의 '자연적' 차이는 재능과 자질 탓으로 위장됐다. 이렇게 자연은 여성에게는 모성본능, 직관력, 감수성을 부여했고 남성에게는 남근적 특징인 힘, 지성, 공격성을 내려줬다. 남근은 승리를 거뒀다고 의기양양했다.

플라톤이나 아리스토텔레스처럼 남녀의 자연적 능력을 동등하게 분배하려는 고대 그리스 철학자들의 노력이 있었지만, 여전히 부족했다. "여성은 여전히 모든 면에서 남성보다 약한 존재"로 남았다.[10]

오세아니아의 멜라네시아(Melanesia)로 건너가 그곳 원주민과 함께 생활한 미국의 문화인류학자 마거릿 미드(Margaret Mead)는 매일 같이 놀라움을 경험했다. 남성과 여성이 각각 본성에 따라 타고난 행동을 한다는 생각은 잘못으로 드러났다.

과연 미드는 챔블리족(Chambuli)의 생활을 관찰하고 어떤 사실을 확인했을까? 짧게 자른 머리, 날카로운 눈, 단단해 보이는 발… 이 여성들은 바다로 나가서 물고기를 잡고, 부족을 관리하고, 함께 모여 생존과 안전에 필요한 결정을 내렸다. 요컨대 챔블리족 공동체의 정치와 사회를 이끌어나갔다. 화장하고 온갖 장신구를 몸에 걸친 남성들은 모여앉아 수다를 떨었다. 이들은 선정적인 자세를 취하면서 여성의 관심을 받고자 애썼다. 여성을 유혹하기 위해 춤추고 노래했다. 노골적으로 추파를 던졌다.

만일 양극단이 뒤바뀔 수 있다면, 여성의 본성이 남성의 것이 되고 남성의 본성이 여성의 것이 된다면, 다시 말해 후천적인 사회문화적 경험이 남녀의 '차이'를 만들어낸 것이라면, 본성을 내세운 그간의 주장을 어떻게 받아들여야 하는가?

본성(자연)을 표준, 정의, 선, 조화의 동의어로 만드는 것은 잘못된 일이다. 부자 대 빈자, 강자 대 약자, 진보 대 퇴보가 인간에게 관대하지 않은 본성(자연)의 영역에 속하는가? 모든 수준에서 적용되는 정글의 법칙일 뿐인가?

억압받는 이들은 오직 스스로 힘으로만 해방될 수 있다는 게 사실이라면, 여성들은 왜 얼른 일어나 "그만해!"라고 소리치지 않는 것인가? 도대체 무엇을 기다리는가? 인류의 절반이 나머지 절반에 예속된 상황을 받아들이고 있는 이유는 무엇인가? 우리 여성은 어떻게, 어떤 모순 때문에 스스로 얽매는 사슬의 전동 벨트를 만드는가? 이런 현상은 고전적 법칙, 즉 지배자의 이데올로기와 피지배자의 이데올로기가 벌이는 변증법에 반응하지만, 그보다 훨씬 더 복잡하다.

여성은 여러 가지 형태로 감금돼 있다. 그중에서도 가장 위험하고, 가장 광범위하며, 가장 은밀한 감금은 '문화적' 감금이다. 프로이트는 종교적 감금을 이야기한 뒤 이 문화적 감금에 관해 말했다(또는 종교적 감금과 문화적 감금을 동시에 이야기했다). 전적으로 남성의 관점에서 쓴 그의 정신분석학 담론은 여성이 처한 상황을 '자연'과 '운명'이라는 용어로 설명한다. 그는 약혼자 마르타(Martha)에게 이렇게 썼다.

여성이 남성처럼 평생 투쟁에 몸을 던지기를 바라는 것은 비난받아 마땅

한 생각이오. 나는 남성이 사회적 지위를 확보하기 훨씬 전부터 자연이 아름다움, 매력, 부드러움 같은 단어로 여성의 운명을 결정지었기 때문에 모든 입법과 교육 개혁은 실패로 끝나리라고 믿소. 여성의 운명은 지금의 모습으로 머물러 있어야 하오. 젊을 때는 매력적이고 사랑스러운 여자여야 하고, 중년이 되면 사랑받는 아내여야 하오.[11]

여성에게 페니스가 없기 때문이라는 것이다. 프로이트에 따르면 여성은 페니스를 갖고 싶어 한다. 모든 것은 여기에서 비롯된다. 그래서 여성은 아이에 대한 욕망 그리고(또는) 아버지의 남근에 대한 욕망으로 보상한다. 가부장 문화는 이 소중한 오이디푸스 콤플렉스로 설명된다. 그런데 이 같은 주장은 점점 더 심각하게 반박당하고 있다. 뉴기니(New Guinea)의 모계사회 연구에 몰두했던 문화인류학자 말리노프스키(Malinowski)는 프로이트가 내린 결론의 타당성에 반론을 제기했다. 요컨대 그는 가부장제가 로마법의 유산이고, 유대−그리스도교의 도덕이며, 부르주아(bourgeois) 경제의 소산이라고 주장했다. 오이디푸스 콤플렉스에 무엇이 더 남아 있단 말인가? 사회적·문화적 결과일 뿐이다.[12]

한편으로 문화 때문에 감금이 세분되고 순환 고리가 완성됐다. 출산(성적 감금) 여성은 운명●을 완수해야 하는 장소(가정 감금)에서 자신을

● | 아내와 어머니로서의 운명.

아내와 어머니로 받아들여야 한다. 일하는 여성이나 정치하는 여성은 '정상적인' 위치에 있지 않은 것으로 간주된다. 사회는 이런 선택을 한 여성에게 벌을 준다. 노동자로서 지위에서 차별받고, 정당과 노동조합의 책임자로서 부적합하다고 차별받는다(노동 및 정치 감금).

여성, 특히 사회적·문화적 환경에 더욱 취약한 전업주부는 자녀를 교육할 때 스스로 소외하는 패턴을 되풀이할 것이다. "아들아, 남자가 돼야 한다", "딸아, 인형 챙겨야지" 하고 말함으로써 사회적·문화적 분리를 영속화한다.

아울러 지배하는 남성과 지배당하는 여성의 관계에 복잡성을 부여하고자 문학은 여성들에게 마치 후광처럼 빛을 발하는 신화를 만들었다. 기사도적 사랑을 찬양하는 시인과 초현실주의자들은 꿈에서나 등장할 법한 비현실적이고 가까이할 수 없는 여성을 노래했다. 물론 몇몇 시인은 여성을 현실 세계와 의식 그리고 여성 자신으로부터 단절시키려는 것을 목표로 삼지는 않았다. 그렇지만 여성들은 이 속임수에 넘어가 완전한 의존상태에 놓였다. 그들의 상상력에 의해 '여신'이 된 여성들은 자신도 알아차리지 못하는 사이에 시적 대상이 됐다. 이 여신의 창조자들이 발휘하는 재능이나 서정과는 상관없이 여성은 '아름다운' 감금의 위험에서 벗어나지 못했다. 사실주의 문학의 거장으로 불리는 발자크(Balzac)는 이렇게 말했다.

"여자는 노예다. 왕좌에 오르는 법을 알아야 한다."

이는 의심할 여지 없이 방법의 문제다. 그리고 효율성의 문제다. 억압당해 인격이 둘로 나뉜 여성은 스스로 반란을 일으키는 데 어려움을 겪을 것이다.

여성은 여전히 여왕, 뮤즈(Muse), 조언자인가? 여전히 타자이자 상대적이고 보완적인 존재인가? 여성의 역할은 창조자의 불안을 진정시키고, 축축하게 젖은 창백한 이마를 식혀주고, 이따금 시들어가는 그의 남성성을 보강해주는 것인가?

또 다른 운명을 위해 옷을 차려입은 여성들은 이 극단적이고도 강력한 이미지에 부딪힌다. 우리 여성은 평범하게 살 권리도, 실수를 저지를 수 있는 권리도 갖지 못한다. 우리 자신의 삶을 살아갈 권리를 갖지 못하는 것이다.

여성은 문화의 주체인가? 여성은 창조할 수 있는 능력을 갖췄는가? 당연하게도 과거에 여성들은 글을 쓰고 그림을 그렸으며, 지금도 마찬가지다. 그런데 남성 창작자들에 대해 알려주는 비평가, 언론, 출판사, 투자자는 그 본질이 남성적이었다. 여성 창작자들의 역사는 모호해졌고 은폐됐다.

그러나 여성이 자신들의 모차르트, 스탕달, 아인슈타인, 피카소를 갖지 못했다는 주장은 논리적이고 불가피해 보인다. 노예, 식민지의 피지배자, 프롤레타리아트도 마찬가지다. 지배자(점령자)의 언어인 프랑스어로 작품활동을 한 카텝 야신(Kateb Yacine)●이나 에메 세제르 (Aimé Césaire)◎ 등만 예외로 남아 있다. 이들의 언어 선택(또는 비선택)이 아무런 의도 없이 이뤄졌다고 생각하는 사람은 없을 것이다.

다른 피지배자들과 마찬가지로 여성들은 지식을 얻고 싶었지만 거부당했다. 지식을 쌓아서 힘을 가지려고 했으나 그러지 못한 것이다. 프랑스 여성들은 이미 1789년 국왕에게 보낸 청원서에서 "남성에게 전적으로 의존하지 않도록 더 나은 교육을 받게 해달라"고 요구했다. 그 이후로 읽는 법을 배웠지만 남녀 간의 격차는 여전히 컸다. 1960년에서 1970년까지 전세계 문맹자 수는 여성이 4,000만 명 증가한 반면 남성은 800만 명 늘었다.[13]

창작이 놀이이고 자유라면, 억압이 어떻게 창조적 담론에 유리할 수 있겠는가? 주요한 사회적·경제적 현상을 이끄는 이들은 아직도 소수 지배 계급과 남성이다. 여성에게 역사는 하나의 이야기에 지나지 않거나 남성이 만드는 역사에 불과하다. 더욱이 여성에게 역사는 부차적이다. 그렇게 돼왔다.

파리 코뮌 바리케이드에서 여성들은 이미 정치적 성숙과 창의적 정신 그리고 드높은 용기를 보여준 바 있다. 하지만 엘리자베트 디미트리에프(Elisabeth Dimitriev)도, 루이즈 미셸(Louise Michel)도, 오르탕스

● | 알제리 출신의 작가(1929~1989).
◎ | 마르티니크 출신의 작가(1913~2008).

여성의 대의

다비드(Hortense David)●도 여성의 완전한 권리, 일테면 투표할 수 있는 권리를 가진 시민이 될 수 있다고 남성들을 설득하지 못했다.

어떤 이상한 이론(물론 남성적 이론)은 여성이 아이를 낳을 수 있는 힘에 의해 생명과 직접 연결돼 있다고 주장한다. 이 이론에 따르면 여성의 리듬은 우주의 심오한 리듬과 자연스럽게 동기화한다. 따라서 여성은 우주와 비밀스러우면서도 독특한 조화를 이룬다는 것이다. 그러면서 생식하는 여성은 승화하거나 전복할 수 없는데 어떻게 창조활동을 할 수 있느냐고 묻는다.

이에 대해 나는 생식(임신 및 출산)은 지금 이 순간에도 세계의 절반이 체험하는 순전히 생리적인 현상이라고 대답할 것이다. 그리고 일부 여성은 이 생식을 할지 말지를 자유롭게 결정함으로써 한계에 갇히지 않을 수 있다고 대답할 것이다. 한 가지 더, 시몬 드 보부아르와 코냑 상(Prix Cognacq)◎ 사이에는 조르주 상드(George Sand)와 세비네(Sévigné) 그리고 콜레트(Colette)를 위한 자리가 있었다고 대답할 것이다.

하지만 이런 이상한 이론 따위는 중요하지 않다. 수 세기 동안 남성들이 주도권을 잡다 보니 여성들은 침묵하든지 아니면 최악의 경우 모방해야 했다. 창조는 권력이다. 그러므로 우리 여성은 권력을 잡거나 여성의 창조력을 만들어내야 할 것이다. 억압된 가치에서 미래의 가치

● | 파리 코뮌의 주요 여성 인물 세 사람.
◎ | 자녀가 최소 다섯 명 이상인 가족에게 주는 상.

가 분출하도록 해야 한다. 그 가치를 '페미니튀드(féminitude, 여성 고유의 특성)'라고 부를 수 있을 것이다. '네그리튀드(négritude, 흑인적 특성)'가 그랬듯이 잃어버린 정체성을 회복해야 한다. 우리는 여성이며, 같은 의식이 우리 안에서 몸을 웅크리고 있다. 우리는 우리의 깊은 곳으로 내려간다. 우리는 너무나도 오랫동안 잘려져 있던 우리의 뿌리를 되찾는다. 축제가 벌어진다. 재회가 이뤄진다. 함성을 내지른다. 노래를 부른다. 도가니가 거품을 내며 끓어오른다. 새롭고 놀라운 언어, 이미지, 세상이 펼쳐진다.

벌써 내일이 될 것이다. 우리는 승리했고, 우상 파괴의 차원을 넘어섰다. 우리는 예상한다. 우리의 어깨가 샴페인 색보다 강청색을 더 자주 띠게 된 뒤로, 우리가 벌거벗은 채 우리의 체험을 이야기하게 된 뒤로, 우리는 우리가 살았던 것처럼 우리 여성의 언어로 이 세계를 보여줄 것이다.[14] 바로 이것이 모두를 위한 페미니즘이 될 것이다.

제1장

나의 삶[1]

에두아르(Édouard)가 수화기를 들자 상대방이 소리쳤다.

"득녀하셨다면서요? 축하합니다!"

그러자 에두아르가 대답했다.

"감사합니다."

"세상에, 따님이라니. 얼마나 귀여울까! 다시 한번 축하드려요!"

에두아르가 같은 말을 되풀이했다.

"감사합니다."

그러고는 수화기를 내려놓았다. 내 아버지 에두아르는 보름 동안 누가 전화해 부인께서 출산했느냐고 물을 때마다 눈썹 하나 까딱하지 않고 이렇게 대답했다.

"아직이요. 곧 낳을 겁니다. 아직 안 낳았어요."

그 보름 동안 아버지는 생각했단다.

'딸이 태어나다니, 나는 운도 지지리 없어.'

그렇게 보름이 지나자 그는 어쨌든 장남이 있으니 체면은 유지한 셈이라고 스스로 설득하기에 이르렀다. 그래서 마침내 솔직하게 털어놓았다.

"아, 예. 아내가 아이를 낳았습니다. 딸이에요."

그 딸이 바로 나다.

그렇게 내 모험은 시작됐다.

아주 어렸을 때 나는 내가 태어났을 때 이야기를 들었다. 마치 애도의 종소리처럼 울리던 전화 끊을 때의 그 찰카닥 소리, 그 긴장된 "감사합니다"라는 말이 지금도 들리는 듯하다. 그 소리는 오랫동안 내 뇌리에서 사라지지 않았고, 지금도 남아 있다. 그 소리는 여자로 태어났다며 나를 저주했다. 죽음과 동시에 출발을 알리는 외침처럼. 나는 이미 어렸을 때부터 마음속으로 반항했던 것 같다. 매우 거칠고 격렬한 반항이었다. 나아가 내가 살면서 줄곧 겪게 될 차별에 저항하고자 반드시 해야만 했던 반항이었다. 나는 남성을 위해 존재하는 세상에서 사는 여성이었다.

여성의 대의

기억을 거슬러 올라가면 내 어린 시절의 모든 것, 내가 받은 교육, 내가 공부한 학문, 내게 허용되거나 금지된 모든 것은, 내가 한낱 여자로 태어났을 뿐이라는 사실을 끊임없이 상기시켰다. 나와 내 여동생은 남자 형제들과는 다르게 키워졌다.

우리가 받은 교육은 이 가혹한 분리의 결과였다.

"너는 여자야. 그러니 요리와 집안 살림하는 법을 배워야 해. 그리고 최대한 빨리 결혼해야 해. 쟤는 남자야. 그러니 공부를 해야 해. 무슨 수를 써서라도 공부시킬 거야. 공부해서 나중에 큰돈을 벌어야 해."

남자의 결혼은 개인적인 문제였다. 반면 여자의 결혼은 부모의 일이었다. 말하자면 당사자와 상관없는 일이었다. 부모님은 우리에게 여자의 탄생은 엄청난 책임을 의미한다고 설명했다. 당연히 그 책임을 감당해야 한다. 그리고 그 책임을 최대한 빨리 남편에게 떠넘겨야 한다.

어머니는 악착같이, 어쩌면 무의식중에 이런 분열을 유지했던 것 같다. 꼭 자기가 겪은 일이 되풀이되기를 바라는 것처럼 말이다. 아버지도 어머니와 다를 바 없었다. 하지만 어머니에 비하면 좀 더 중립적이고 객관적이었다.

교육의 희생자인 어머니는 열다섯 살도 안 된 나이에 결혼해야만 했다. 그리고 열여섯 살에 첫 아이를 낳았다. 어린 나이에 출산으로 정신적 상처를 입었겠지만, 어머니는 아이를 낳았다는 사실을 자랑스러워했다. 마치 순교자처럼 그 상처를 자랑스럽게 여겼다. 그런데 어릴 적부터 억압받고, 존재를 부정당하고, 대가족의 가장이던 외할아버지의 엄격한 권위에 복종하고, 남편이자 내 아버지의 권위에 복종하던 어머니 자신도 결국 다른 사람을 억압하기 시작했다.

열여섯 살 때 내가 결혼을 거부하자 어머니는 이렇게 말했다.

"네 나이 때 나는 아이가 있었어."

어머니는 나를 통해서 당신의 삶을 되살리고 싶어 했다. 자신의 삶을 정당화하려는 것처럼. 나는 이런 행동방식을 아주 잘 이해한다. 뭔가를 바꾸려고 애쓰기보다는 그냥 내버려두는 것이 충돌을 덜 일으킨다. 오늘날 우리가 안고 있는 문제의 존재를 인정하고 싶지 않은 여성들과 비슷하다. 문제를 인정할 경우 결단을 내려야 한다. 그러나 자신들에게 예정된 운명을 피해갈 수도 있을 것이다. 모르고 사는 게 차라리 마음 편할 수도 있다.

<hr/>

부모님은 딸이 없고 아들만 있는 가족을 이상적이라고 여겼다. 내가 태어날 무렵 이미 아들이 있던 부모님에게 누군가 바라는 것이 무엇이냐고 물었다면 분명히 이렇게 대답했을 것이다.

"아들 하나 더 있었으면 해요."

아들이 둘 생기면 그다음에는?

"셋째 아들이 생기면 좋겠어요."

어쨌든 우리 집에는 원래 자식이 다섯 명 있었다. 나보다 두 살 많은 오빠, 나, 그리고 내 눈앞에서 끔찍한 화상을 입고 죽은 남동생. 그때 동생은 두 살이었고 나는 네 살이었다. 그 아래로 또 여동생과 남동생이 있다. 어릴 때 우리는 가난하게 자랐다. 부모님 두 분 모두 공부를 마치지 못했고 물려받은 땅도 없었다. 아버지는 심부름꾼으로 일했다. 당시에 신발 살 돈이 없었다는 이야기를 어릴 때부터 귀가 닳도록 들었다. 아버지는 맨발로 뛰어다니며 심부름을 했다. 하지만 아버지는 거기에 그치지 않고 독학으로 독하게 공부해 비서로 일하게 됐고 이후 법률사무소 서기가 됐다. 아버지는 사람들이 흔히 하는 말로 '인물'이었다. 아버지가 내게 깊은 영향을 미쳤다는 것은 분명 사실이다. 나는 아버지를 보며 수도 없이 감탄했고 지금도 감탄한다.[2]

그렇지만 우리 집은 여전히 돈이 별로 없었다. 그나마 가진 돈으로 급한 불부터 꺼야 했다. 그리고 급한 불은 무조건 늘 장남이었다. 장남에게는 가문의 이름과 명예를 후세에 전하고, 가족을 가난에서 벗어나게 할 의무가 있었다. 가난은 죄악이기 때문이다. 지금도 부모님은 내가 가난한 어린 시절을 보냈다고 하면 언짢은 표정을 짓는다. 내 어린 시절의 가난을 이야기해서는 안 된다. 그저 잊어야 한다.

부모님은 당신들이 이전에는 전혀 꿈꾸지 못했던 직업을 장남이 갖게 되기를 바랐다. 오빠는 변호사가 돼야 했다. 부모님이 생각하기에 변호사는 가난을 물리치고, 바라는 것을 이루고, 특히 '명예'를 되찾게 해줄 직업이었다.

나는 가난이 빛과 햇볕 속에 잠겨 있던 튀니지에서의 어린 시절을 슬픈 기억으로 간직하지 않는다. 더위와 바다가 내 일상에 뒤섞여 있었다. 나는 부두 방파제 사이로 배가 드나드는 곳에서 남자아이들과 수영했다. 남자아이들과 어울리려면 수영할 줄 알아야 했고 배짱이 있어야 했다. 아버지 말대로 조금은 '불량스럽기까지' 해야 했다. 나는 축구도 했다. 수영이나 축구는 별다른 장비도 필요 없고 돈도 들지 않는다. 가르칠 필요도 없다. 우리는 알몸으로 헤엄쳤고 맨발로 공을 찼다. 아주 어렸을 때부터 이미.

어느 정도 나이가 될 때까지 나는 오빠와 오빠 친구들과 같이 놀았다. 여자아이는 나뿐이었고, 부모님은 막연히 불안해했다. 하지만 놀지 말라고 하지는 않았다. 절대로 의심치 않는 신성한 규칙에 따라 우리 집안의 명예를 지키는 오빠와 함께하기 때문이었다. 명예롭지 못한 행동은 여자만 한다고 굳이 덧붙일 필요는 없었다.

그런데 결코 깨져서는 안 되는 원칙도 있었다. 지금도 분명히 기억한다. 날이 어두워진 뒤에는 절대로 집밖에 나갈 수 없었다. 밤이 되면 악이 횡행하고 쉽게 악마의 먹잇감이 된다는 것이었다. 따라서 우리가 즐겁게 뛰어놀 수 있는 시간은 계절에 따라 달라졌다. 어스름 황혼은 어김없이 찾아와 우리를 좌절케 했다. 그럴 때마다 우리는 호되게 야단맞을 일이 두려워 전속력으로 집을 향해 뛰어갔다. 부모님은 우리를 엄하게 키웠다.

또 다른 기억을 되짚어보면 아들과 딸의 차이가 한층 더 분명하게 느껴진다. 내가 일고여덟 살 정도일 때 어머니는 우리 딸들에게 바닥을 닦게 했다(튀니지 집은 바닥에 마루가 아닌 타일이 깔려 있었다). 이 일을 우리보다 나이도 많고 훨씬 힘이 센 오빠에게 시킨다는 것은 있을 수 없는 일이었다. 나는 바닥 청소뿐 아니라 정리정돈도 하고 설거지도 해야 했다. 남자들은 집에서 손 하나 까딱하지 않았다. 어머니와 우리는 남자들 시중을 들기 위해 집에 있는 것이었다.

학교 교육이 어느 정도 중요해지기 시작할 무렵부터 나는 차별이라는 개념을 이해하게 됐다. 오빠는 초등학교를 졸업하고 나서도 공부를 계속하는 것으로 정해졌다. 부모님은 장남이 중학교 졸업장을 받을 수 있도록 온 가족이 허리띠를 졸라매자고 결정했다. 그동안 나는 스스로 커나갔다. 그러나 아무도 내게 관심을 보이지 않았다. 오빠는 중학교에 들어갔지만 성적이 좋지는 못했다. 방과 후에도 남아 공부하는 벌도 자주 받았다. 그러던 어느 날 속임수를 쓰다가 들통났다. 아버지가 성적표에 서명해야 하는데 자기가 해버린 것이다. 그런 와중에도 나는 계속해서 내 갈 길을 갔다. 학교에서 나는 우등생이었다. 하지만 누구도 내게 묻지 않았다. 부모님은 내가 우등생이라는 사실도 모르고 있었다.

나는 수업료를 내야 다닐 수 있는 중학교에 들어가면 부모님 도움에 의존해서는 안 된다는 사실을 이미 열 살 때 깨달았다. 심지어 꽤 비쌌다. 그래서 여기저기 알아봤다. 그 결과 특정 사회적 범주에 속한 학생만 받을 수 있는 장학금제도가 있다는 사실을 알게 됐다. 특정 사회적 범주란 다름 아닌 가난한 학생이었고, 나는 이 범주에 속해 있었다. 그렇다고 무조건 주는 것은 아니었다. 입학시험에서 상당히 높은 점수를 받아야 했다. 그래도 마침내 시험에 합격했다. 그것도 1등이었다. 그런데 가장 높은 성적으로 시험을 통과했지만 아무도 그 사실을 알지 못했다. 결국 내 입으로 말했다.

"저 1등 했어요."

오빠가 수학 과목 꼴찌를 해서 부모님 신경이 잔뜩 곤두서 있을 때였다. 오빠는 남자였고, 오빠의 미래가 부모님 최대 관심사였다. 집안 분위기가 숨이 막힐 정도였다. 모든 관심은 오빠에게 쏠려 있었다. 그때 내 이야기를 듣기는 했는지 모르겠다. 나는 알아서 공부하고 알아서 방법을 찾아내야 했다. 고등학교에서도 계속 좋은 성적을 내고 대학에도 합격하고 나서야 부모님은 이렇게 말했다.

"나쁘지 않네. 어쩌면 지젤이 좀 특별한지도 모르겠어."

그러나 어디까지나 나중 일이고, 내가 중학교에 다닐 때만 해도 부모님은 내게 아무런 관심을 두지 않았다.

이후 결혼에 관한 결정을 내려야 할 순간이 찾아왔다. 결혼하게 되면 공부를 그만둬야 한다는 데는 의심의 여지가 없었다. 당시에 어머니는 나를 돈 많은 석유 무역상과 결혼시키고 싶어 했다. 그는 서른다섯 살이었고 나는 열여섯 살이었다. 그것이 튀니지의 결혼 관습이었다.

나는 결혼하고 싶지 않았다. 계속 공부하고 싶었다. 어머니가 손끝을 이마에 대고 혼잣말을 하던 모습이 생각난다.

"지젤이 하라는 결혼은 안 하고 공부를 하겠다네."

사실 어머니는 내심 이렇게 말하고 싶은 것이었다.

"얘는 참 까다로워. 정말 이상한 애라니까."

부모님은 내가 좀 버티는 척하다가 결국은 결혼하리라고 믿었다.

오빠는 두 번이나 유급했다. 그래서 나는 금방 그를 따라잡았고, 결국 같은 반에서 공부하게 됐다. 이후 오빠는 학교를 그만뒀다. 내 생각에는 퇴학을 당한 것 같았다. 이후 오빠는 레지스탕스에 뛰어들었다.

부모님은 오빠의 실패를 마음속에 담아두기만 하고 내게는 여전히 아무런 이야기도 하지 않았다. 하지만 반대로 그때 부모님은 나의 성공을 뭔지 모를 불길한 징조로 여긴 듯 보였다. 내가 오랫동안 정해진 규칙과 질서를 뒤흔들었으니까 말이다. 아무도 내게 신경 쓰지 않았지만 나는 신중히 한 걸음 한 걸음 내디디며 앞으로 나아갔다. 그러나 나는 명예의 횃불을 넘겨받아야 할 장남을 이겼기에 눈에 안 띄려야 안 띌 수가 없었다.

부모님은 나를 결혼시키려고 더욱 조바심냈다. 정해졌던 절차(내가 결혼한다―공부를 그만둔다―오빠가 집안의 명예를 잇는다)가 다시 진행돼야 했기 때문이다. 부모님은 오빠에게 수학 과외까지 받게 했는데, 우리 집 생활 수준을 고려할 때 엄청난 사건이었다. 우리에게 과외는 생각조차 하지 못하는 어마어마한 호사였다.

몇 년 뒤 나는 아버지가 비서를 맡고 있던 변호사 아들에게 과외 교습을 해줬다. 그때 나는 고등학교 2학년이었다. 수학과 라틴어 과외로 학비를 모으겠다고 계획했다. 프랑스 대학에 진학하기로 했지만, 여전히 나를 도와줄 사람은 없다는 사실을 잘 알고 있었다. 그런 상황은 무척 상징적이었다. 오빠는 돈을 들여 따로 과외를 받는데, 나는 과외 교습을 하면서 일찍이 지식의 힘을 터득하고 있었다.

그런데 이런 내 행동이 나보다 네 살 어린 여동생에게 어떤 가능성을 열어줄지는 알 수 없었다. 어쩌면 내 모습에 대한 반발로 그 가능성이 사라져버릴지도 몰랐다. 부모님은 집안의 장녀인 내가 이렇게 행동하는 갖가지 이유를 찾느라 애썼다. 여자애가 꼭 사내 같다. 성격이 너무 드세다. 말괄량이다. 어떤 집이든 질서를 어지럽히는 자식이 꼭 하나는 있다.

열세 살 때 나는 집안일을 전면 거부했다. 부모님과 한 치의 양보 없이 격렬하게 맞섰다. 바닥에 데굴데굴 굴렀다. 급기야 음식도 입에 대지 않았다. 단식을 시작한 것이었다. 결국 부모님은 포기했다.

"좋아, 그럼 설거지나 집안일은 하지 마라."

이의를 제기하고 저항한 결과로 나는 더는 집안일을 하지 않게 됐다. 그날 나는 일기장에 이렇게 썼다.

"오늘은 내가 처음으로 약간의 자유를 쟁취한 날이다."

부모님은 여동생이 나를 닮게 해서는 안 된다고 여겼다. 그 바람에 동생은 한시도 쉴 틈 없이 바닥을 쓸고, 빨래하고, 설거지하고, 옷을 다려야 했다.

하지만 동생은 나처럼 대놓고 반항하지 못했다. 대신 다른 식으로 저항했다. 몇 년 뒤 어느 날 동생은 떠났다. 아버지뻘 되는 어떤 남자와 함께 집에서 나간 것이다. 동생은 이 이탈리아 남자의 아이를 가졌다. 그리고 몇 년 뒤 그와 결혼했다.

나는 내가 속한 공동체 한가운데서 온갖 부당함에 저항했지만, 동생은 그러지 못했다. 동생이 집을 나갔을 때 나는 이미 알고 있었다. 그것이 실패한 저항이 되리란 것을. 동생은 가부장제에서 도망치기 위해 또 다른 가부장제 속으로 들어갔다. 자신을 온전한 여성으로 인정하지 않는 남성에게로. 동생은 12년이 흐르고 나서야 그 가부장제에서 벗어났다. 동생의 행동은 저항이 아닌 도피였다.

내가 정서적으로 가장 긴밀하게 연결된 가족에 대해 하는 말이 몰인정하고 가혹해 보일 수도 있을 것이다. 그러나 나는 감정을 배제한 채 과거에 무슨 일이 어떻게 일어났는지를 객관적으로 이야기하고자 노력하고 있다. 내가 아버지나 어머니 그리고 오빠와 동생들을 사랑하는 마음은 변함이 없다. 이들을 비난하려는 게 아니다. 다만 안에서부터 밝혀주고 싶을 뿐이다. 나는 가족과 나 자신을 위해 말한다. 우리는 소외돼 있었다고. 지금도 여전히 소외돼 있다고. 나는 이 사실을 끊임없이 알린다. 나는 우리 가족의 명예를 회복하려는 것이다. 나와 내 형제들은 부모님 덕분에 태어났으며, 우리는 모두 가족이라는 공동체의 일원이다. 나는 이 사실을 잊지 않는다.

나는 좋든 싫든 내 길을 가기로 했다. 그 길을 가면서 무엇보다도 읽고 싶고, 배우고 싶고, 알고 싶다는 강한 욕구를 느꼈다. 우리 집에는 아무것도 없었다. 책도 없고 음반도 없었다. 그나마 다행스러운 일은 집이 가난했기 때문에 학교에 다니는 동안에는 교과서를 무료로 빌릴 수 있다는 것이었다. 그것은 엄청난 혜택이었다. 부모님이 나를 위해 교과서를 사줄 리 없었기 때문이다. 이따금 어떤 과목 교과서는 없을 때가 있었는데, 그런 경우에는 내 나름의 방식으로 문제를 해결했다. 친구 집에 가서 그날 수업할 내용을 노트에 베꼈다. 도서관에서 대출을 받기도 했다. 나는 주변 모든 도서관에 등록돼 있었다.

나는 책에 매료돼 한참 동안 어루만지기도 하고 찬찬히 들여다보기도 했다. 눈으로 바라보고, 손으로 만져보고, 코로 냄새를 맡았다. 그런 뒤 책 속에 담겨 있는 비밀을 뽑아냈다. 단어와 문장의 가진 놀라운 힘은 책의 물성, 즉 형태와 촉감 그리고 냄새를 통해 물리적으로 먼저 내게 나타나야 한다고 믿었다. 깊고 푸른 지중해를 헤엄칠 때 불멸의 느낌과 육체적 충만의 느낌이 드는 것처럼 말이다. 이런 느낌은 자연과 조화를 이룰 때 오래도록 지속한다. 책을 물리적으로 느끼고 나면 마치 삼투작용이 일어나듯 그 속의 지식이 내가 자유로울 수 있는 수단으로 흡수됐다.

나는 밤새도록 읽었다. 우리 집은 형제 넷이 같은 방에서 자고 같은 개수대에서 씻어야 했기에 따로 책 읽을 공간은 없었다. 집이 좁고 가족의 생활 리듬에 따라야 했으므로, 나는 밤에 몰래 한쪽 구석에서 책을 읽었다. 아주 작은 전등을 바닥에 설치된 콘센트에 연결했다. 약간은 장인적이고 비밀스럽기까지 한 조명 시스템 덕분에 바닥에 편히 누워 책을 읽을 수 있었다. 대신 부모님이 눈치채지 못하게 조심해야 했다. 만약 알게 되면 몰래 책 읽는 것도 끝이었다.

처음으로 책을 읽었을 때 나는 마음이 무척 편안해지고 단단해지는 느낌을 받았다. 지식의 세계에 첫발을 디딘 것이었다. 나는 이 세계를 통해 자신감을 얻었고, 여성으로 태어난 압도적 무게에 저항할 힘을 이 세계에서 *끄집어냈다.*

나와 여동생은 네 살이라는 나이 차이에도 유일한 여자 형제이기에 격의 없이 지냈다. 우리는 매우 중요한 일을 함께 겪었다. 동생에게 글 읽는 법을 가르쳐주고 학교에 데려다준 사람은 나였다(우리를 학교에 데려갈 사람은 아무도 없었다). 동생을 음악의 세계로 인도한 사람도 나였다. 이전까지 나는 음악을 전혀 몰랐다. 음악을 접할 기회도 없었고 음악에 관해 이야기해주는 사람도 없었다. 그렇지만 중학교에 들어가고 음악에 흥미를 느꼈다. 이를 눈치챈 음악 선생님이 무료로 피아노 연주를 가르쳐주겠다고 제안했다. 나는 꽤 오랫동안 무척 즐겁게 피아노를 배웠다. 그리고 내가 배운 것을 동생에게 가르쳐줬다.

동생과 나는 이렇게 사이가 가까웠다. 그렇지만 내가 공부를 하려고 프랑스로 떠나면서 동생과의 관계가 단절됐다. 나는 열일곱 살이었고, 동생은 이제 열세 살이었다. 동생은 내가 자기를 버리고 떠났다고 생각했다. 내게 보내온 편지가 기억난다. 동생의 관점에서 나는 결국 도망친 셈이었다. 동생은 혼자가 됐고, 충격을 완화하려고 말없이 복종하는 척하면서 반항심을 억눌렀다. 그러다가 자기보다 스물다섯 살이나 많은 그 이탈리아 남자를 만나 사달이 났다. 동생은 그와 함께 부모님에게서 도망쳤다. 아니, 동생은 자신에게서 도망친 것이다. 앞서 설명했듯이 도망이 동생의 문제를 해결해주지는 못했다. 동생과 나의 공동투쟁 가능성은 그렇게 끝나버렸다.

나는 사내아이처럼 살았다. 그러다가 사춘기가 찾아와 모든 것을 혼란에 빠뜨렸다. 내가 무지 속에서 자랐기 때문이다. 사실 나는 여성의 몸에 대한 설명을 아버지, 심지어 어머니에게서도 들어본 적이 없었다. 처음으로 생리를 한 날을 기억한다. 나는 그것이 뭘 의미하는지 전혀 몰랐다. 그저 당황해서 어머니에게 말했다.

"피가 나와요."

여성의 대의

그러자 어머니는 내게 할 말이 있다고 했다. 별로 두렵지는 않았지만 초조한 마음으로 어머니의 설명을 기다렸다. 그러나 나는 곧 어머니에게 또다시 실망만 느꼈다. 어린 딸이 마음을 열고 대화할 수 있는 상대가 자기 어머니 말고 또 있을까? 그런데 어머니는 고작 이렇게 말할 뿐이었다.

"너는 이제 애가 아니라 어른이야. 그러니 결혼할 수 있어."

그리고 경고라도 하듯 덧붙였다.

"이제부터는 지금과는 다르게 행동해야 한다. 사내아이들과 놀면 안 돼. 예전처럼 뛰어다녀서도 안 되고. 조신하게 행동해야 해. 오늘부터 모든 게 달라지는 거야."

내가 궁금한 것들은 하나도 듣지 못했지만, 감히 질문할 엄두가 나지 않았다. 여자는 침묵해야 하고, 얌전히 지내야 하고, 죄책감을 느껴야 한다는 관례만이 있을 뿐이었다. 생리대를 빨 때마다 어머니는 이렇게 말했다.

"조심해야 한다. 누가 알면 안 돼. 생리대 빤다는 얘기 누구한테도 하지 말고."

여자들은 생리대를 밤에 빨아야 했다. 사용한 생리대는 안뜰 한쪽 모퉁이에 보이지 않도록 숨겨놓은 빨래통에 넣어둬야 했다. 혹시라도 누가 보면 낭패였다. 그런 다음 밤이 되면 몰래 빨아서 눈에 띄지 않는 곳에다 널어야 했다. 비밀작전을 수행하는 같기도 했고, 속죄의식을 치르는 것 같기도 했다. 왜 그래야 하는지 설명해주는 사람이 아무도 없었기에 그 일은 더더욱 나를 무겁게 짓눌렀고, 알 수 없는 죄책감에 시달려야 했다. 하지만 나는 내가 무엇 때문에 죄책감을 느껴야 하는지 도무지 이해할 수 없었다.

더욱이 생리를 시작하자 내 삶을 찾아온 이 갑작스러운 변화는 내게 큰 영향을 미쳤다. 이제는 거친 숨을 몰아쉬며 남자아이들과 헤엄칠 수도 없고, 함께 공을 찰 수도 없고, 허물없이 어울려 길거리를 뛰어다닐 수도 없다는 생각이 들었다. 내게는 견뎌낼 수 없는 시련이었다. 어머니는 말했다.

"생리할 때는 수영하면 안 된다."

나는 한동안 어머니 말에 순종했다. 그런데 어느 날 문득 이런 생각이 들었다.

'왜 내가 수영을 하면 안 된다는 거지? 왜 내가 좋아하는 걸 하면 안 되는 거지?'

그래서 그냥 해수욕을 하기로 했다. 물론 부모님에게는 아무 말 하지 않았다. 그러다가 어느 날 내 신발을 벗겨본 어머니가 발바닥에 모래를 발견했다. 나는 두들겨 맞았다.

나는 생리하면 아이를 가질 수 있다는 사실도 알지 못했다. 성교육 차원에서 최소한의 설명도 듣지 못했다. 이 무거운 침묵은 내가 처한 상황을 더 무섭게 만들었다. 나는 아이가 어떻게 태어나는지 알기 위해 혼자 책을 읽으며 배워야 했다. 나는 책으로 얻는 단편적 지식을 짜깁기한 끝에 "육체관계를 맺는다"라는 말이 무슨 의미인지 알게 됐다.

여성의 대의

어머니는 내 생리를 임신과 연관시키지 않았다. 무엇보다도 성관계에 관해서는 언급하지 말아야 했다. 어머니는 내가 아이로서 궁금해할 만한 질문을 던지면 사실대로 대답하지 않고 얼버무리기에 급급했다.

어렸을 때 나는 아버지와 어머니가 함께 침대에 누워 있을 때 두 사람 사이에 긴 베개가 올려져 있는 것을 자주 보곤 했다. 트리스탕과 이죄(Tristan et Yseut)●의 검처럼 가운데 평행하게 놓여 있는 베개가 무슨 이상한 장벽처럼 보였다. 궁금함을 참을 수 없던 나는 결국 어머니에게 베개가 왜 거기에 있는지 물었다.

"네 아버지와 싸워서 그런 거야."

하지만 베개가 그렇게 올려져 있는 일이 되풀이됐고, 나는 어느 날 부모님을 향해 소리 질렀다.

"엄마랑 아빠는 왜 그렇게 자주 싸우는 거예요!"

그 베개는 어머니가 생리 중이라는 표시였다. 생리 기간에는 부부관계를 하지 않는다는 금기를 지키는 용도였다. 이런 방식의 연출, 이와 같은 장치는 남성이 여성에게 주입한 원칙, 즉 여성은 인간의 유일하고 영원한 기준인 남성에 비해 열등하고 불결하고 병적인 존재라는 원칙에서 비롯됐다. 여성은 무슨 일이 있어도 이 원칙을 벗어나지 않아야 했다. 이때는 그나마 가부장제의 위력이 눈에 띌 만큼 완화돼 베개

● | 12세기 중엽 프랑스어로 쓰인 켈트족 전설. 바그너의 오페라 〈트리스탄과 이졸데(Tristan und Isolde)〉로 더 잘 알려져 있다.

만 침대 중간에 올려놓아도 아버지를 어머니의 부정(생리)으로부터 보호해줄 수 있었다. 그러나 내가 기억하기로 할머니는 생리 기간에 아예 할아버지를 가까이하지 못했다. 방 한구석에 허름한 매트를 깔고 불편하게 잠을 취했다. 반면 할아버지는 침대 위에서 팔다리 쭉 펴고 편안히 잤다.

나는 내가 불결하지도 않고 열등하지도 않다고 생각했다. 그런데도 그렇게 취급받았다. 그것이 억압이었고, 나는 억압의 피해자였다. 하지만 사람들이 간과하는 것이 있었다. 피해자라고 해서 반드시 수동적이지는 않다. 나는 나를 짓누르는 억압을 피하지 않았다. 그리고 내가 가야 할 길을 정했다. 나는 기꺼이 억압받는 사람들과 희생자들 편에 서기로 했다. 억압은 내가 저항할 대상이 됐다. 공개적인 투쟁이 된 것이다.

나는 싸우기로 했다. 나만을 위해 싸우지는 않을 것이다. 나와 같은 상황에 있는 모든 사람을 위해 싸울 것이다. 나는 우리가 둘로 나뉜 세계(이런 식의 구분은 도식적이지만 처음 접근할 때는 유용할 수도 있다)에서 살아가고 있다는 사실을 아주 어렸을 때부터 알았다. 한편에는 남을 억압해 거기에서 이익을 챙기는 사람들이 있다. 다른 편에는 모욕당하고 상처받는 희생자들이 있다.

여성의 대의

나는 열 살 때 이미 "이건 불공평해요!"라고 소리치며 항의했다. 부모님이 사사건건 간섭하고 이래라저래라하는 것을 참을 수 없었다.

"시건방진 것 같으니라고!"

아버지가 윽박지르던 그때가 지금도 생각난다. 훗날 내가 변호사가 됐을 때도 아버지는 이렇게 말했다.

"너는 네가 세상 모든 사람의 변호사라도 된다고 생각하는 거냐? 누가 너더러 그 사람을 변호하라고 시키더냐?"

물론 그러라고 시킨 사람은 없었다. 그러나 부당한 일들이 벌어지고 있었다.

"저는 이 불의를 온몸으로 참을 수 없습니다!"

나는 너무 가난해 집세를 낼 수 없던 어느 대가족에게 강제 퇴거 명령을 내린 판사를 향해 이렇게 외쳤다. 법은 세입자가 아니라 집주인을 위해 존재했다. 당시 나는 수습 변호사로서, 이 재판은 처음으로 변론을 맡은 몇 가지 사건 중 하나였다. 나는 분노했다. 의심할 여지 없는 부당한 판결이었다. 나는 소리칠 수밖에 없었다. 내가 법정에서 해서는 안 되는 행동을 하는 바람에 분위기가 어수선해졌다. 하지만 예상을 깨고 항소심에서 지금까지 판례와는 달리 강제 퇴거 명령은 내려지지 않았다.

하나는 확실했던 것 같다. 나는 변호사가 되기로 했다. 다른 일을 하겠다는 생각은 해보지 않았다. 내게 변호사는 어려운 사람들을 지켜주는 일을 하는 사람이었다.

나는 장학생을 선발하는 시험에 좋은 성적으로 합격해서 고등학교에 들어갈 수 있었다. 고등학교에서는 현대 외국어와 고전 언어를 배울 기회가 생겼다. 나는 망설이지 않고 이탈리아어와 라틴어를 선택했다. 라틴어를 배우면 로마법을 이해하는 데 도움이 된다는 사실을 알고 있었다. 로마법은 법의 기원이라고 할 수 있다. 이탈리아어를 고른 까닭은 그 당시 튀니지에 20만 명가량 되는 이탈리아 이주민 집단이 살고 있어서였다. 우리는 이들과 가까이 지냈다. 대부분 노동자 아니면 그보다 더 가난한 사람들이었다. 이들에게는 자신을 변호해줄 사람이 절실히 필요로 했다. 비단 이들뿐 아니라 튀니지인과 식민화된 아랍인 그리고 소외당하는 여성들도 대변인이 필요했다. 그렇다. 여성들도.

전세계 모든 좌파 정당은 프롤레타리아, 하층 계급, 탈식민화 문제에 관심을 두고 있다. 그렇다면 여성은? 그들에게 특별히 여성 문제에 관심을 가질 이유는 없는 것 같다. 그러나 뿌리 깊은 불의와 불평등은 가난보다 여성과 훨씬 더 밀접한 관련이 있다. 모든 분열과 차별, 모든 처벌과 의무는 "너는 여자라서"라는 두 단어로 정당화됐다. "너는 여자라서 이런 장점이 있다"는 말은 들어본 적이 없다. 내가 바라는 일과 그 일을 하려면 어떻게 해야 하는지 알려주는 사람도 없었다.

자신이 남자든 여자든 내 삶은 내가 선택하는 것이다. 자신이 어떤 사람인지 증명하면 되는 것이다. 그런데 "나는 여자다"라는 말은 로마법에서 '카피티스 디미누티오(capitis diminutio)' 즉 '권리 상실'이라고 불리는 것의 전형인 듯 보였다. 모든 권리와 가능성의 상실. 여자인 나는 이류 인간이었다. 거기에 익숙해지는 편이 더 나을 수도 있었다. 어머니는 단호한 어조로 이렇게 충고했다.

"네 할머니도 그렇게 살았고 나도 그래. 너도 그렇게 살 테고. 네가 이 세상을 바꿀 수는 없어."

그렇지만 나는 할머니나 어머니처럼 살기 싫었다. 그러면 어떻게 해야 그들처럼 살지 않을 수 있을까? 당시에는 잘 알 수 없었다. 그때만 해도 아직 내 생각이 명확하지 않았다. 다만 나는 고등학교에 다니면서 나의 미래 직업을 향한, 나의 해방을 향한 중요한 첫걸음을 내디뎠다는 사실은 알고 있었다. 나는 이 선택으로 수천 년 전부터 여성들을 억압한 '결혼'이라는 종속된 운명에서 벗어나려고 했다. 세상을 바꾼다? 그건 아직 내게 요원한 일이었다. 우선 나는 나 자신을 지켜내야 했다. 스스로 보호하는 일은 독립으로부터 시작돼야 했다. 무엇보다 경제적으로 독립해야 했다. 나는 이미 열 살 때부터 독립이 무엇을 의미하는지 이해하고 있었다.

어머니는 일하지 않았다. 밖에서 일하지 않았다는 뜻이다. 어머니는 종일 우리를 돌보고 집안 살림을 하느라 뼈가 빠지도록 일했다. 밤이 되면 이번에는 주판알을 굴리느라 골머리를 싸매야 했다. 늘 돈이 부족했기 때문에 아끼고 또 아껴야 했다.

아버지는 이따금 불같이 화를 내곤 했다. 나는 우리 집 경제 사정이 좋지 않아서 아버지가 화를 내는 것은 아니라는 사실을 알고 있었다. 실제로는 저녁에 아버지 기분이 어떤가에 따라 모든 것이 결정됐다. 기분이 좋으면 큰 문제가 없었다. 어머니는 다음 날 써야 할 돈이 수중에 들어오면 긴장을 풀었다. 하지만 아버지는 기분이 나쁘면 영락없이 어머니에게 시비를 걸었다. 그때마다 어머니는 아버지 기분을 맞춰주려고 입에 발린 말을 하고, 온갖 친절을 베풀고, 갖은 아양을 떨었다. 나는 알았다. 그 모든 것이 어려운 살림을 어떻게라도 꾸려나가기 위해서임을.

그리고 어머니가 '저금'이라고 부르는 돈이 있었는데, 생활비에서 한 푼 두 푼 아껴 모은 것이었다. 살림에 꼭 필요하지는 않은 물건을 사려면 비상금이 있어야 했다. 어머니에게는 이런 성격의 지출이 필요하겠지만, 아버지가 그걸 허락할 리 만무했다. 그래도 아버지는 어머니의 비상금을 분명히 눈치채고 있었을 것이다. 그저 모르는 척했을 뿐이다. 그 정도 융통성은 있어야 남자인 것이다. 가장의 권위를 유지하는 법이다. 아버지에게 그것은 일종의 권력 놀이였다. 아버지는 어머니에게 관용을 발휘했다. 이 놀이로 아버지는 명실상부한 지배자 자리를

어성이 데미

유지했다. 나는 이 같은 시늉, 이 같은 관습, 이 같은 연출 때문에 어머니가 죽을 때까지 독립적 존재가 되지 못했다고 생각한다.

다른 사람이 번 돈을 써야 한다는 것은 여성에게 내려지는 진짜 저주다. 아주 일찍부터 나는 절대로 다른 사람에게 손을 벌리지 않겠다고 다짐했다. 나는 학교에 다니면서 한 번도 부모님 도움을 받지 않았다. 심지어 대학에 들어갈 때도 부모님에게 도와달라고 요청하지 않았다. 부모님을 원망하지도 않았다. 우리 집에는 돈이 없었다. 그러니 당연하게도 부모님은 내게 돈을 줄 수 없었다.

내가 공부하기 위해 프랑스로 가는 것은 작은 혁명이었고 우리 가족을 변화시킬 기회였지만, 석 달 이상 계속된 투쟁이기도 했다.

"젊은 여자애가 혼자 프랑스에 가다니, 말도 안 돼!"

어머니는 하늘을 올려다보며 부르짖었다. 그런데 이상하게도 전쟁 직후 상황이 오히려 내게 도움이 됐다. 이전까지만 하더라도 아무나 원한다고 해서 튀니지 밖으로 나갈 수는 없었다. 중대하고 공식적이며 시급한 사유가 있어야 했다. 어린 여학생의 공부는 그런 사유에 해당하지 않았다. 그래서 부모님은 내가 프랑스에 가려고 이것저것 준비해도 그냥 내버려둔 것이다. 어차피 안 될 테니까. 부모님은 내가 튀니지를 떠날 수 없다고 굳게 믿고 있었다. 나는 튀니스에 있는 프랑스 대사관을 찾아가 같은 말을 되풀이하며 끈질기게 설득했다.

"제발 부탁드려요. 비자 좀 내주세요."

"신청 사유가 무엇입니까?"

"프랑스에서 공부하고 싶어서요."

"급한 일은 아니군요."

"하지만 오빠도 찾으러 가야 해요. 얼마 전에 독일 강제수용소에서 풀려났거든요."

나는 한 달 반 동안 대사관을 하루도 빠짐없이 찾아갔다. 어느덧 대사관에서는 "프랑스에 공부하러 가고 싶어 하는 이상한 여자애"로 소문이 자자해졌다. 그러다가 계속해서 나와 실랑이하는 게 지겨웠는지, 결국 나를 자신들 눈에 안 보이는 곳으로 보내려고 비자를 내줬다.

그런데도 여전히 부모님은 내가 비자 받은 것을 대수롭잖게 여겼다. 비자가 나왔더라도 비행기 좌석을 구하는 건 다른 문제였다. 부모님은 그 사실을 알고 있었다. 이후 직접 겪어보니 그렇게 생각하는 것도 무리가 아니었다. 나는 매일 같이 여행 가방을 들고 공항으로 찾아갔다. 자리를 다 차지해버린 '우선 탑승권자들'을 마음속으로 저주하며 비행기가 뜰 때까지 기다렸다. 내 이름은 끝까지 불리지 않았다. 그러면 나는 굴욕감을 느낀 채 집으로 돌아왔다. 또다시 한 달 반 동안 그렇게 공항에 갔다가 집으로 돌아오기를 반복했다. 그런 내 모습이 너무나 우스꽝스럽다는 기분이 들어서 어느 순간부터는 가족에게 작별인사조차 하지 않고 집을 나섰다. 내 차례가 올 거라고 믿은 사람은 나뿐이었다.

어쨌든 나는 언제까지고 기다릴 생각이었다. 분명히 자리가 생길 터였다. 그러던 어느 날 아버지가 나를 공항까지 데려다줬다. 그런데 그날 드디어 내 이름이 불렸다. 아버지 얼굴이 갑자기 창백해졌다.

"그래도 갈 건 아니지?"

아버지는 여전히 내가 떠난다는 사실을 인정하려고 하지 않았다. 그러나 이제는 현실이었다. 나는 용도 변경한 B-26 머로더(Marauder)의 폭탄 적재소에 마련된 나무 벤치에 앉아 벌써부터 꿈을 꾸고 있었다. 제2차 대전에서 활약한 이 전투폭격기는 민간인을 알제리로 송환함으로써 마지막 임무를 완수했다. 내 눈에는 무척이나 멋져 보였다. 모든 것이 감탄스러웠다. 나는 태어나서 처음으로 가족과 헤어져 비행기를 탔다. 그렇게 난생처음으로, 나의 희망이던 곳, 소외된 식민지의 어린 여성이 꿈에 그렸던 나라 프랑스에 가게 됐다. 도착하는 순간 나는 너무 기쁜 나머지 거의 정신을 차리지 못했다. 이제 나는 나의 자유와 함께 홀로 남겨졌다.

나는 두렵지 않았다. 조금도 두렵지 않았다. 아무것도 두렵지 않았다. 나는 행복과 자유에 취해 있었다. 나는 이제 프랑스에서 공부하게 될 것이다. 그것은 내게 정말로 굉장한 일이었다. 나는 매 순간을 더욱 치열하게 살고자 애썼다. 프랑스에 도착한 첫날에는 '앞으로 나와 내 삶만 있을 뿐'이라는 생각으로 잠을 이루지 못했다.

그러나 어리고, 돈도 (거의) 없고, 살 집도 없는 내가 홀로 살아나간다는 것이 쉬운 일은 아니었다. 다행히도 레지스탕스 활동을 벌이다가 열일곱 살 때 독일 강제수용소로 끌려간 오빠가 프랑스로 송환돼 살고 있었다. 오빠 덕분에 파리의 미군 부대 전화교환원 일을 할 수 있었다. 돌이켜보면 내게 기이한 모험이었다. 미군 부대에서 일하게 되면 영어로 말할 일이 많을 텐데 나는 영어를 한마디도 못 했다. 튀니지에 있을 때 친구들과 미국 라디오 방송 '히트 퍼레이드(Hit Parade)'를 들으려고 주파수를 맞추곤 했다. 그때는 영어 억양이 내 귀에 완전히 낯설게 들리지는 않았다. 하지만 영어로 말하는 것은 전혀 다른 문제였다. 그래서 꼬박 3주 동안 전화교환기 조작법을 익히면서 업무에 필요한 기본적인 영어를 공부했다. 이렇게 해서 나는 파리를 군사작전 주요 무대와 연결해줬다. 말하자면 몽고메리 장군과 아이젠하워 장군을 연결해준 것이다. 정작 유창한 영어 실력은 그리 필요치 않았다. 이쪽에서 저쪽으로 코드만 꽂으면 됐으니까. 그래도 내가 살아가는 현실이 한 편의 소설처럼 느껴졌다.

하지만 나는 공부하러 힘들게 프랑스에 왔다. 그 어떤 시련도 내가 공부를 포기하게 만들 수는 없었다. 나는 전화교환원 일을 야간조로 옮겼다. 밤에 일하는 건 힘들었다. 배전 점검 등 다른 일도 있었다. 그렇더라도 내가 선택한 길이었다. 새로운 삶이 수월하리라고 기대하지 않았다. 나는 삶의 에너지를 내가 선택한 두 가지 길에 모두 쏟아부었다. 팀을 짜서 이틀에서 사흘 밤을 연속해서 근무하고 이틀에서 사흘을 연속으로 쉬었다. 나는 이 휴식 기간에 부지런히 학교 공부를 했다. 학교에 가지 못할 때는 강의 노트를 복사했고 그것으로 열심히 공부했다. 나는 열일곱 살이었다. 나는 다행히 건강했다.

친구를 사귀려고 굳이 노력하지는 않았다. 우선은 나 자신과 내가 발견한 것들에 집중했다. 사교적인 성격도 아니었다. 더욱이 법과대학에 다니는 프랑스인 중에서도 인종차별주의자들이 있다는 사실을 알게 됐다. 나는 튀니지 학교에서 프랑스어와 프랑스 역사를 배웠다. 나는 이 경이로운 자유, 평등, 박애의 조국을 꿈꿨다. 튀니지에서는 이 표어가 식민주의자들에게 짓밟혔다. 그런데 프랑스에 사는 프랑스인마저 이렇다니. 있을 수 없는 일이었다. 생각조차 할 수 없는 일이었다. 나는 도저히 이해할 수 없었다. 도대체 왜 그리고 어떻게 내가 '살르 비코(sale bicot)'●이고 '유팽(youpin)'◎이란 말인가? 나는 친구를 사귀고 싶지 않았다. 그래서 마음의 문을 닫았다.

나는 그들의 모욕적 언사보다 사람을 바라보는 그들의 태도가 더 고통스러웠다. 그토록 선망했던 문화에 대한 사랑이 뿌리째 뽑혀나갔다. 나는 사무치게 외로운 시간을 보냈다. 바로 이때가 내 몸이 튀니지를 가장 그리워한 순간이었다. 내게 태양과 바다는 단지 튀니지의 풍경만을 의미하는 게 아니었다. 태양과 바다는 내 삶에 없어서는 안 될 것들이었다. 태양과 바다는 어머니와 나의 탯줄처럼 유기적으로 나를 나의 기원과 연결해줬다. 나는 이 부재를 결코 극복하지 못했다. 지금도 내

● | 북아프리카 원주민에 대한 경멸적 표현.
◎ | 유대인을 비하하는 표현.

가 이런 이야기를 하면 어떤 사람들은 진지하게 받아들이지 않고 비꼬는 투로 말한다.

"원래 북아프리카 사람들이 그렇잖아. 자기 나라 태양과 바다를 잊지 못하고 그리워하지."

해마다 가을이 찾아오면, 태양과 바다를 마음껏 즐겼던 그 시절로 다시 돌아갈 수 없다는 사실이 내 마음을 무겁게 짓눌렀다. 이곳 파리에서는 손에 닿을 것 같은 태양도 없었고, 온 풍경을 물들이는 빛도 없었고, 금방이라도 초록색과 노란색을 터뜨릴 것 같은 오렌지 나무도 없었다.

코트도 못 입고 양말도 못 신은 채 파리의 차가운 바람을 받았다. 몹시 추웠다. 몸을 잔뜩 웅크려도 온기가 느껴지지 않았다. 잘 먹지도 못했다. 돈은 다 떨어지고, J3 식량배급카드●도 없고, 잠도 제대로 자지 못했다.

결국 나는 병이 났다.

더는 견딜 수 없었다. 다 그만두고 집으로 돌아가야 했다. 부모님은 나를 따뜻하게 맞아주고 사랑으로 보살펴줬다. 나는 나의 뿌리, 나의 기후, 나의 가족을 되찾았다.

나는 튀니지와 재회했다. 그때의 일이 생각난다. 시디부사이드(Sidi Bou Saïd) 시내를 천천히 걷노라니 마치 화려한 축제가 벌어지는 도시

● | 프랑스 정부가 13세에서 21세 사이의 본토 국민에게만 지급했다.

여성의 대의

에 와 있는 듯한 기분이 들었다. 타는 듯 뜨거운 태양, 진홍색 꽃, 바다까지 미로처럼 뻗은 하얀 골목길. 바다는 사랑하는 사람의 살결처럼 부드러웠다. 이것이 예전에는 매일매일 접하다 보니 평범하게 여겼던 튀니지의 진짜 풍경이었다. 어머니의 말처럼 나는 '유배'에서 돌아오고 나서야 빛으로 가득한 이 풍경이 본질적이고 강렬한 생명의 원천이라고 생각하게 됐다.

그럼에도 불구하고 '유배'는 내 '자유'의 조건이었다. 몇 달 동안 휴식을 취하고 나자 나는 스스로 충분히 강해졌다고 느꼈다. 나는 다시 파리로 떠났다.

나는 열아홉 살에 임신했다. 나는 아이를 가진다는 것이 정확히 무엇을 의미하는지 잘 알지 못했다. 나는 아이를 가질 생각이 없었다. 하지만 내 몸이 나를 배반했다. 내 몸은 함정을 파놓고 내가 빠지기를 기다렸다. 정자가 우연히 난자를 만났는데, 나는 그런 일이 일어나도록 내버려뒀단 말인가? 나 자신을 부정하고 싶었다. 나는 왜 생명 탄생을 결정하는 일에 신중하지 못했을까? 사실 나는 그런 생각조차 하지 못했다. 나는 임신이 매우 중대한 일이라는 사실 말고는 아는 게 거의 없었다. 임신은 너무나도 중요한 일이기 때문에 책임 있는 선택이 따라야 한다. 의도하지 않은 임신은 용인할 수 없었다. 그런데 그것은 의도

하지 않은 임신이었다. 그래서 중단해야 했다. 나는 무엇이든 해야 한다고 생각했다.

튀니지의 가족에게 임신 이야기를 한다는 건 말도 안 되는 일이었다. 만약 부모님에게 털어놓으면 아버지는 나를 죽이든지, 자살하든지, 아니면 나를 죽이고 자살하든지 할 것이다. 딸이 결혼도 안 한 상황에서 아이를 가졌다는 건 아버지로서는 상상조차 할 수 없는 일이었다. 도저히 벌어질 수 없는 일인 것이다. 아버지는 이런 일이 일어나리라고 상상조차 하지 않았기 때문에 그에게 이 일은 처음부터 존재하지 않았다. 아니, 존재할 수가 없었다. 그것은 자동차 사고나 돌연사 같은 것이었다. 다른 사람들 일이었다. 침묵 속에서, 완전한 고독 속에서 나는 은밀히 낙태 수술을 하는 곳을 찾았고 결국 한곳을 발견했다. 소식자(消息子, sonde)가 내 자궁 속에 삽입됐다. 정말이지 끔찍하고 가증스러운 기억이었다.

그러고 나는 세균에 감염됐다. 엄청난 고열에 시달렸다. 친구의 친구 덕분에 간신히 응급실에 갈 수 있었다. 모든 일이 순식간에 벌어졌다. 나는 입원했다가 몇 시간 뒤에 퇴원했다. 그러나 그 몇 시간은 내 일생에 가장 혐오스러운 기억으로 남아 있다. 나는 마취도 없이 소파 수술을 받았다.

젊은 의사의 악의 가득한 목소리가 지금도 귀에 들리는 듯하다.

"이제 다시는 아이를 갖지 못하게 될 겁니다."

(결과적으로 틀린 진단이었지만) 그 말을 듣는 순간 나는 숨이 턱 막혔고

마음이 갈가리 찢겨나갔다. 훗날 나는 그 일이 고문이나 다름없었다고 생각했다. 그 의사는 나를 고통스럽게 만들어 파괴하겠다고 작정한 것이었다. 그는 내가 용서를 구하고 "다시는 안 그럴게요"라고 큰 소리로 말하기를 기다렸다. 끔찍하게 아팠다. 그렇지만 참아냈다. 나를 망가뜨리기로 작정한 인간에게 애걸하느니 차라리 죽는 게 낫다고 생각했다.

그들은 내가 임신에 대한 대가를 끝까지 치르게 하려는 듯 보였다. 나는 수술실에서 나와 대기실 한쪽 구석 의자에 한참을 앉아 있었다. 아무도 내게 신경 쓰지 않았다. 내가 얼마나 오래 거기에서 꼼짝 않고 앉아 있었는지는 말할 수 없을 것 같다. 지칠 대로 지쳤고 극도로 우울했다. 힘이 든 것은 통증 때문이기도 했지만, 그들의 고문 때문이기도 했다. 그들은 나를 죄인으로 낙인찍었다. 세상에 둘도 없는 죄인처럼 고문했다. 그러나 결국 나는 일어서서 집으로 돌아갔다. 이번에도 혼자서.

이런 식으로 수술을 받았으니 낙태가 어떻게 트라우마가 되지 않을 수 있었을까? 나는 낙태에서 가장 야만적인 형태의 억압을 발견했고, 바로 그 때문에 낙태 자체보다 훨씬 더 큰 트라우마에 시달렸다. 그들은 내 몸과 마음에 흔적을 남겨놓으려 했다. 내가 남자에게 종속돼 있다는 사실을 상기시키려고. 아이를 낳음으로써 순응하지 않고 도피하려 했으니 벌을 받으라고.

하지만 그건 그들의 이기적인 착각이었다. 내가 받은 고통은 내가 낙태를 선택했기 때문이지 내가 죄를 지었기 때문이 아니다. 나는 후회하지 않았다. 생물학이 내게 덫을 놓았다. 나는 덫을 거부했다. 나는 내 몸과 조화롭게 살고 싶었다. 내 몸이 휘두르는 독재 치하에서 살고 싶지 않았다. 나는 죄책감을 떨쳐버리고 다시 자유로워졌다.

억압적인 그 젊은 의사는 나를 고문해 뼛속 깊이 교훈을 주려고 했지만 실패했다. 이후 나는 내 인생에서 두 번 더 낙태해야 했다. 두 번 모두 두려움도, 망설임도 느끼지 않았다.

사람들이 흔히 '사고'라고 말한 임신은 내게 참을 수 없는 물리적 폭력이었다. 이 물리적 폭력은 나를 안에서부터 갉아먹었지만, 나는 그것에 맞서 아무것도 할 수 없었다. 태아는 내가 원하지 않아도 내 안에서 나를 갉아먹으며 성장했다. 그러고는 짐승의 턱뼈처럼 억센 덫이됐다. 원하지 않는 태아에 대해 '내 안에서 나를 갉아먹는 것'이라고 표현한 것이 너무 과하고 충격적으로 드릴 수 있겠지만, 그것이 솔직한 내 느낌이었다.

첫 번째 낙태를 하고 몇 년 뒤의 일이었는지는 기억나지 않지만, 나는 내가 다시 덫에 걸렸다는 느낌을 받았다. 본능적으로 임신을 거부한 경험이 있는 여성이라면 지금 내가 무슨 말을 하는지 알 것이다. 임신을 거부하겠다는 생각이 너무나 완강해서 그 무엇으로도 막을 수 없었다. 그 누가 아무리 귀엽고 사랑스러운 아기를 떠올리게 해도, 수술의 육체적 고통을 상기시켜도, 불임이나 죽음의 위험을 경고해도, 내 머릿속을 떠도는 건 오직 한 가지 생각뿐이었다.

'아이를 떼야 해.'

세 번째 낙태이자 마지막 낙태는 12년인가 13년 전의 일이었다. 이미 내게는 내가 원해서 낳은 아들이 두 명 있었다. 그동안 나는 페서리(pessary)를 사용해 피임했는데, 사용법을 제대로 지키지 못해 임신이된 것이다. 그래도 열아홉 살 때보다는 형편이 나았다. 산부인과 의사친구 덕분에 파리에 있는 한 병원에 입원할 수 있었다. 그리고 24시간이 지나기 전에 마취하고 수술을 받아 낙태했다. 택시를 타고 집으로돌아올 때 나는 내가 되살아나 다시 나를 찾았다고 느꼈다. 나는 또다시 자유를 경험하고 다시 출발했다. 새로운 삶을 시작했다.

첫 아이 장-이브(Jean-Yves)를 임신한 지 몇 주 지나지 않았을 때부터 나는 내 배 속에 있는 그 애를 '내 아이'라고 불렀다. 내가 바란 아이였고 내가 바란 생명이었다. 내가 아이를 간절히 원하자 '내 아이'는 내마음속에서부터 자라기 시작했고, 나는 '내 아이'를 온 마음을 다해 사랑했다.

나는 가능한 한 더 멀리 가고 싶은 호기심이 생겼다. 이 육체적 성취를 체험하고 싶었다. 그것이 어떻게 이뤄지는지 알고 싶었다. 나는 행복하고 희망적인 시간을 보내고 있었다. 나는 생명을 탄생시키고 싶었다. 나는 엄청난 기쁨 속에서 임신 기간을 보냈다. 나 자신과의 완벽한 조화가 이뤄졌다.

나는 '내 아이'를 애타게 기다렸다. 나는 내 모든 감각을 일깨워 귀를 기울였다. 나와 관계를 맺어가는 이 생명의 소리를 들으려고 애썼다. 새로운 발견이 이어졌다. 나는 일기를 썼다. 발견한 것들을 단 하나라도 잃고 싶지 않았다. 나는 또한 나를 자주 관찰했다. 나의 행동, 나의 감정, 나와 타인의 관계에 일어나는 변화를 놓치기 싫었다.

내 배 속의 이 아이는 관심을 더 기울이고 다정한 말을 더 많이 해주고 싶은 욕구, 즉 보통은 주변 사람들이 부추겨 일부 임신한 여성들에게 정서적 퇴행을 일으키게 하고 일종의 박약 상태로 이끄는 욕구를 내게 전혀 일으키지 않았다. 모성은 누가 유도하는 것이 아니었다.

나는 내가 자발적으로 시작한 이 과정을 통해 앞으로 나아가고 있음을 느꼈다. 나는 이 과정에서 내 싸움을 이끌어갈 추가적인 힘을 얻어낼 수 있었다. 그 어느 것도 나를 멈춰 세울 수 없었다. 나는 나의 모성과 변호사라는 직업이 동시에 수행해야 하는 투쟁이라고 생각했다. 모든 형태의 억압에 맞서는 싸움, 책임을 다하기 위한 싸움이었다. 둘 중 하나만 하라고 내게 강요하는 것은 곧 나의 일부를 제거하는 것과 다름없었다. 나는 어머니도 되고 싶었고 변호사도 되고 싶었다. 그것은 내 선택이고 내 몫이었다. 나는 두 가지 중요한 사명을 동시에, 상호보완해가며 완수하고 싶었다. 하지만 건강에 큰 문제가 생기면 이 일을 해낼 수 없을 터였다.

내가 내린 선택이고 결정이었지만, 임신 초기에는 앞으로 어떻게 해

여성의 대의

야 할지 잘 알 수 없었다. 어떻게 보면 새로운 도전이었다. '견뎌낼 거야', '해내고 말 거야' 하고 마음을 단단히 먹었다. 그런데 내 염려와는 달리 큰 어려움이 없었다. 오히려 그 반대였다. 육체적으로, 정신적으로, 지적으로 더 커진 느낌을 받았다. 내 선택이 내 능력을 배가시킨 것이다.

임신을 경험한 대개의 여성처럼 나도 처음 몇 달 동안은 몸도 불편했고 입덧도 심했고 가벼운 사고도 겪었다. 하지만 나는 그런 것들에 신경 쓰지 않았다. 몸이 불편하든 말든, 구역질이 나든 말든, 사고가 나든 말든, 나는 약속을 취소하지 않았고 법정에 나가기 위해 철저히 준비했다. 임신 8개월인가 9개월쯤에는 몸이 너무 무거워 움직이기 힘들었다. 그리고 튀니스 기온이 40도까지 오를 때는 만삭의 몸에 다른 여성들보다 조금 더 힘들었던 것 같다. 그렇지만 임신 때문에 내 삶이 달라진 것은 아니었다.

아주 또렷하게 기억난다. 당시에 나는 잠을 좀 더 자야 했다. 그리고 원래는 날씨가 선선한 저녁에 활동하기를 좋아했으나 아침에 일하는 습관을 들여야 했다. 그때 나는 재판이 열리기 직전에야 법정에 도착했지만 내가 남자 변호사들과 비교해 열등하다고 느껴본 적은 없었다. 다만 내가 어쨌든 남자들 세계에서 일하고 있었으므로 임신부라는 티를 안 내려고 노력했다. 그곳은 여성이 남성과 평등하지 않은 세계였다. 여성이 임신하면 더더욱 입지가 좁아지고 일하기가 거의 불가능해지는 세계였다. 만일 내가 법원장에게 "임신했으니 불쌍히 여겨주시고, 남자 변호사들만큼 일을 잘할 수는 없을 테니 이해해주세요"라고 말한다면 어떻게 받아들일지 뻔했다. 나는 내가 그렇게 처신한다는 생각 자체를 견딜 수 없었다.

게다가 고객들이 나를 떠나는 것을 가만히 보고만 있을 여유도 없었다. 지금도 그렇지만 여성 변호사를 선택했다는 사실은 그녀에게 자신의 인생, 자유, 명예, 재산을 모두 맡긴다는 것을 의미하며, 의뢰인이 이미 개방적인 사고방식을 가졌음을 뜻한다. 더구나 나처럼 정치 참여적 여성 변호사를 선택한다는 것은 곧 열린 사고방식을 넘어 상당히 대담하다는 증거였다.

그러나 변호사가 여성이고, 그 여성 변호사가 좌파인 데다, 임신까지 했다면, 그녀에게 자신을 맡긴다는 건 그야말로 미친 짓에 가까웠다. 그래서 나는 이런 편견에 방어본능을 갖게 됐다. 나는 내 유일한 수입원인 최소한의 수임료를 잃지 말아야 했다. 나는 고객들이 임신한 여자 변호사가 아니라 그냥 변호사에게 말할 때처럼 느끼게 하고자 무척 애썼다.

그러기 위해서는 임신 사실을 감춰야 했다. 변호사 법복을 입기 때문에 그다지 어려운 일은 아니었다. 불쑥 튀어나온 배는 내가 법복을 입는 순간 풍성한 검은색 주름 밑으로 사라졌다. 나는 침착한 마음으로 법정에 설 수 있었다. 나만 알고 있는 비밀, 그리고 동시에 내가 변론하는 사건에서 이기고야 말겠다는 의지로 강해져서.

여성의 대의

상황은 조금씩 나아졌다. 사람들은 어린 수습 변호사가 어려움에 정면으로 맞서는 단호한 결의를 지니고 있음을 인정하기 시작했다. 나는 군사 법정 전문 변호사가 되어 관습법 위반자들을 변호했다. 나는 튀니지 남부에 있는 '죄수 부대'●에 소속된 모든 병사의 변호사였다.

1952년 초 튀니지 사건이 시작됐다. 최전선에는 하비브 부르기바 (Habib Bourguiba)◎가 이끄는 네오-데투르(Néo-Destour)가 있었다. 이 정당의 투쟁 목표는 처음에는 '자율'이었다. 그랬다가 얼마 지나지 않아 '독립'으로 바뀌었다. 이 투쟁은 지하단체 설립으로, 특히 도시 테러 발발로 이뤄졌다. 곧바로 프랑스의 탄압이 시작됐다. 늘 그랬듯 군사 법정을 세우고, 비상 법률을 제정하고, 가담자들을 고문하고, 긴급 재판을 진행하고, 유죄판결을 내리는 똑같은 과정이 되풀이됐다.

이 같은 상황에 나는 군사 법정에서 피고인들을 변호했다. 내 고향인 튀니지가 독립을 위해 투쟁하고 있었다. 변호해야 할 사건들이 줄줄이 나를 기다렸다. 이 시기는 의심할 여지 없이 내 삶의 치열했던 시간으로 남을 것이었다.

나는 변호하면서 동시에 분노했다. 미리 짜인 각본으로 진행되는 이

● | 중죄를 범한 군인들을 따로 모아 만든 부대.
◎ | 튀니지의 정치가(1903~2000). 튀니지 독립운동을 주도했다. 1957년 공화국 튀니지의 초대 대통령으로 취임해 1987년까지 재임했다.

재판에서는 피고의 방어권이 전혀 보장되지 않았다. 도저히 재판이라고 부를 수 없었다. 재판하는 척 흉내만 낼 뿐이었다. 하루도 빠짐없이 재판이 열렸다. 튀니지 독립을 위해 싸운 피고인들, 말하자면 튀니지인들이 수백 명씩 법정에 소환됐다. 그러나 흉내만 내는 재판에도 변호사는 있어야 했다. 하지만 튀니지에는 변호사가 거의 없었다. 그나마 몇 안 되는 프랑스 변호사들은 식민지 개발의 경제적·정치적 명분과 논리만 대변했다. 그들은 이 재판의 변호를 회피했다. 그러면서도 피고인의 방어권은 신성한 권리라는 마음에도 없는 소리를 해댔다.

다른 튀니지 변호사들은 대부분 수용소에 강제 수용됐다. 이들은 알제리 독립 전쟁 때 자크 마쉬(Jacques Massu) 장군이 독립운동가들에게 했던 만행을 튀니지에서 그대로 따라 한 피에르 가르베이(Pierre Garbay) 장군에 의해 이곳으로 추방당했다.

이 투쟁에 막 참여한 우리 젊은 변호사들의 역할은 모든 수단을 동원해 그들을 돕는 것이었다. 우리는 소포와 약품 등을 전달하며 배달부 역할을 했고, 그들의 건강에 이상이 없는지 확인했다. 나아가 우리는 프랑스를 비롯한 국제사회의 여론을 이끌어내고자 파리에서 일하는 거물급 변호사들에게 도움을 청했다. 튀니지 독립을 위해 싸우는 튀니지인들이 탄압받고 있다는 사실을 널리 알려야 했다.

한편 당시 변호사 선임은 변호사회 회장의 직권이었다. 그렇게 나도 다른 변호사들과 함께 지명을 받았다. 그런데 지명된 지 며칠이 채 지나지 않아 변호사회 회장에게서 전화가 왔다. 다정하고 선의에 찬 목소리였지만 왠지 모를 불안감이 엄습했다.

"음… 내가 생각을 좀 해봤는데… 지명을 철회하기로 했습니다. 이건 있을 수 없는 일이에요. 여성을 이런 사건에 변호사로 지명할 수는 없습니다."

나는 잠시 할 말을 잃고 아무 말도 하지 못했다. 그러다가 마침내 물었다.

"왜죠?"

"왜냐하면… 음… 정치적 사건이라서."

"그렇죠. 그런데 왜 여성은 정치적 사건에서 변론하면 안 된다는 거죠?"

"음… 그러니까…."

"여성들은 정치토론의 장을 마련해 여론을 자극할 수 없다고 생각하시는 건가요? 자신들이 살아가는 세상에 대해 여성도 남성과 마찬가지로 민감하면 안 되는 거고요? 왜 여성 변호사는 식민화에 반대하는 튀니지인들을 위해 일할 수 없다고 여기시는 거죠? 여성도 남성처럼 착취와 굴욕에 맞설 수 있다는 생각은 왜 못하시는 건가요? 도대체 왜, 왜요?"

"아, 그게…."

"여성 변호사는 이런 사건에서 승소할 수 없다고 생각하세요?"

나는 마음을 독하게 먹고 단어 하나하나에 힘을 주며 따져 물었다. 그러자 변호사회 회장이 짤막하게 대답했다.

"마음은 알겠지만… 위험해서 그래요."

무수히 많은 수류탄과 폭탄이 토착민 구역에 떨어졌다. 트롤리버스 안에서 폭탄이 설치된 요람이 폭발하기도 했다. 그런데 군사 법정에 가려면 반드시 토착민 구역을 가로질러야 했다. 위험하다는 그의 말은 사실이었다. 하지만 그게 어쨌다는 건가?

"그럼 변호사 지명은 다 하셨어요?"

"예. 남자 변호사들로만 꾸렸습니다."

"폭탄이 터지면 남자는 괜찮고 여자는 위험한가요? 폭탄이 남자보다 여자를 더 많이 죽여요?"

회장이 슬슬 짜증을 내기 시작했다.

"지금 무슨 말씀을 하시는지 이해가 잘 안 되네요."

실제로 그는 내 말을 이해하지 못했다. 나보다 변호사 생활을 더 오래 한 여성 변호사 두 명은 오히려 그쪽에서 변론을 못 하겠다며 지명 철회를 요구했단다.

회장이 결론 내듯 말했다.

"그 두 사람은 아랍인들을 변호해봤자 아무런 소용이 없을 거라고 하더군요."

"그건 그분들 생각이고, 저는…."

그는 화가 났는지 내 말을 끊었다.

"무엇보다 지젤 알리미 변호사는 출산을 앞두고 있지 않습니까?"

"그건 이유가 될 수 없어요. 제가 결정할 일입니다. 처음에 저를 지명

여섯이 대이

하셨잖아요. 부탁이니 변호할 수 있게 해주세요."

나는 그가 무조건 나쁘다고 생각하진 않았다. 그는 내 부담을 덜어주고 싶어 했다. 그러나 그는 나와 나눈 대화의 의미를 이해하지 못했다. 그는 임신한 젊은 여자 변호사를 지명해 군사 법정에서 변론하도록 하는 것은 정상적이지도 않고 신중하지도 않은 행동이라고 여겼다. 하지만 그의 궁극적인 우려는 다른 데 있었다. 책임지기 싫은 것이다. 그는 내게 경고했다. 나를 생각해서 나름대로 설득하려고 애썼다. 그렇지만 성공하지 못했다. 어쨌든 그는 자신의 의무를 다했다. 그는 알겠으니 이 일은 더이상 거론하지 말자며 전화를 끊었다.

결국 나는 이 재판은 물론 다른 재판에서도 계속해서 변론했다. 그렇게 하는 것이 내게 주어진 사명을 완수하는 길이라고 생각했기 때문이다. 가야 할 길을 끝까지 갔을 뿐이다. 법원에서는 나를 두고 같은 농담을 되풀이했다.

"지젤 알리미 변호사가 재판 중에 아이를 낳기로 했다더군."

출산 예정일 아침에도 나는 평소처럼 법정에 나가 변론했다. 오후 서너 시쯤 병원에 입원했다. 그리고 밤에 아이를 낳았다.

대부분 임신부는 8개월 무렵부터 '이제 곧 아이가 나올 텐데 무리하면 안 되겠지', '몸 관리 잘하면서 아이를 낳을 때까지 기다려야 해'라고 생각하며 출산을 준비했겠지만, 나는 그러지 않았다. 세상은 정치적 투쟁에 뛰어든 여성을 어떻게든 배제하고자 수동성, 관성, 무기력을 이용한다.

"그런 몸 상태에서 일하다가 사고라도 나면 큰일이죠."

"여기 일은 염려 마시고 모쪼록 출산 준비만 잘하세요."

사람들은 마치 모든 걸 감내할 수 있다는 말투로 이렇게 말한다. 그런데 그 이면에는 오래도록 내려온 사회적 통념과 고정관념이 뿌리 깊게 자리 잡고 있다. 그것이 무너지는 건 참지 못한다. 하지만 나는 할 수 있었다. 하기로 했으니까.

임신했으니 언젠가 출산하겠지만, 그날도 여느 날과 같아야 했다. 수동적으로 기다리지 말고 평소처럼 살아야 했다. 내 안의 생명을 탄생시키기 위해 나 또한 계속해서 사는 것이다. 내 삶에 분리와 단절은 있을 수 없었다.

첫째 아이를 낳았을 때 나는 세상을 다 얻은 것처럼 기뻤다. 그러나 그 과정은 매우 힘들었다. 밤늦게까지 진통이 계속됐다. 어찌나 고통스러운지 울부짖었다. 첫 번째 출산이었고, 어떤 육체적·심리적 경험을 하게 될지 전혀 몰랐다. 나는 진통 끝에 녹초가 됐다. 결국 겸자로 아이를 꺼냈다. 아이도 힘들었을 것이다. 일전에 어머니는 내가 훗날 "골반에 지진이 일어난 것 같았다"고 말하게 될 '진통'에 대해 자세히 설명했었다. 일단 아이를 낳고 나면 신기하게도 그 진통이 잊힌다는 말도 해줬다. 그러나 진통이 나중에는 잊힌다고 한 것은 그것이 정말 끔찍하기 때문이다.

고통스러웠던 첫 번째 출산 경험은 이후로 얼마 동안 악몽처럼 느껴졌다. 하지만 어머니 말대로 결국 잊혔다. 물론, 완전히 잊힌 건 아니

여성의 대의

었다. 기억은 그대로 남았다. 그런데 이상하게도 두려움은 사라졌다. 나는 둘째 아이를 갖기로 했을 때, 이번에는 임신뿐 아니라 출산도 성공적으로 해내겠다고 굳게 결심했다. 두 번째 임신과 출산은 첫 번째보다 훨씬 수월했다. 시행한 지 얼마 안 된 무통분만이라는 방법 덕분이었다. 그래서 둘째 아이는 좋은 조건에서 태어날 수 있었다. 그리고 셋째 아이는 수다를 떨면서 낳았다.

내가 처음 법정에 섰을 때 사람들이 보인 반응을 지금도 또렷하게 기억한다. 그들은 내가 스물두 살이라는 사실을 알고는 나를 위아래로 훑어봤다. 하지만 그들에게서 적대감 같은 건 보이지 않았다. 그들은 해맑은 미소로 나를 맞이해줬다. 그런데 내가 변론을 시작하자 사람들의 눈이 멍해졌다. 생각 역시 멍해졌을 것이다.

'이 젊은 여자 변호사가 어떻게 자기 나이나 성별에 어울리지 않는 이런 말을 할 수 있지?'

대체로 이런 분위기였다. 나는 그게 싫었다. 그래서 나이 들고 못생겨 보이게 하려고 옷도 바꾸고 머리 모양도 바꿨다. 내가 여자라는 사실을 그들이 잊게 만들기 위해서였다. 내 변론에만 귀를 기울이게 하고 싶었다. 나를 진지하게 생각하기를 바랐다. 나는 매번 변론을 시작할 때마다 사람들을 내가 아닌 재판에 집중시키고자 10분에서 15분을 할애했다. 내가 여성이고 여자 변호사이기 때문에 이 귀중한 시간을 허비해야 하는 것이었다.

나는 밤낮을 가리지 않고 일했다. 재판에서 상대측이 대법원의 한두 가지 판례를 인용하면 나는 그것에 반대되는 열 가지 판례를 찾았다. 나는 내 변론에 유리하게 작용할 모든 법리해석과 판례를 숙지했다. 상대측 주장에 조금이라도 의구심이 생기도록 하거나 이론의 여지를 만들어낼 수 있는 건 뭐가 됐든지 간에 다 찾아냈다. 나는 열정적으로 내 논리를 펼쳐나갔다. 내가 변론을 거듭하자 판사들의 태도가 달라졌다. 나의 존재 자체를 놀라워하던 판사들, "지젤 알리미 변호사가 법복을 입고 있으니 꼭 성체 받드는 사람처럼 보이는군요"라고 놀리던 판사들도 이제는 내 변론에 귀를 기울였다. 남자 변호사 말에 귀 기울이듯 말이다. 그들은 여성도 변호사가 될 수 있다는 사실을 알게 된 것이었다. 그들에게 과학적이고 엄정한 법률은 오롯이 남자들만의 문제였다. 여자 변호사는 기껏해야 감정에 호소하거나 유혹할 뿐이었다. 여자 변호사가 '냉정하게' 설득하는 건 불가능하다고 생각했을 것이다.

상대측은 내가 여자라는 사실을 빈번하게 이용했다. 그들은 여자 변호사를 기껏해야 남자 변호사 흉내를 내는 여성 정도로 여겼다. 그러나 나는 변호하는 여성이 아니라 변호사가 되고 싶었다. 변호하는 남자가 아니라 변호사라고 하는 것처럼 말이다. 나는 사람들이 이 사실을 인정하도록 끊임없이 분노해야 했다.

그들은 내가 재판에서 이기면 이겼다고 핑계 대고 지면 졌다고 핑계

대면서 나를 여성이 처한 열등한 차원으로 끌어내렸다. 재판에서 이 겼을 때 나는 상대측 변호사가 음흉한 표정을 지으며 자신의 고객에게 이렇게 말하는 걸 듣곤 했다.

"뭐, 어쩌겠습니까? 저 여자 변호사는 어려서 매력 있잖아요. 저렇게 노골적으로 들이대는데 우리 불쌍한 남자 변호사들이 무슨 수로 당하 겠어요."

내가 재판에서 지면 상대편 남자 변호사들은 또 이렇게 빈정댔다.

"여자잖아요. 여자 변호사가 이런 식의 법리해석을 이해하겠어요? 당연히 불가능하죠."

그러던 어느 날 재판 중에 내가 최근 판례를 인용하며 반박하자 상대 측 변호사는 당황하는 기색이 역력했다. 그는 해당 판례를 몰랐던 듯 했다. 허를 찔린 그는 가식적인 미소를 지으며 나를 향해 돌아서더니 이렇게 말했다.

"저는 이 젊고 매력적인 여성 변호사에게…."

하지만 그는 말을 끝내지 못했다. 나는 말 그대로 폭발했다.

"이의 있습니다. 우리는 모두 똑같은 자격을 가진 변호사입니다! 그 리고 똑같은 법에 대해 말하고 있습니다. 우리는 동일한 권리와 의무 를 갖고 있습니다. '젊고 매력적인 여성 변호사' 같은 표현은 법 앞에서 적절치 못합니다. 게다가 그런 표현은 자신의 논거가 부족하거나 진지 하지 못하다는 것을 인정하는 셈입니다!"

그러자 법정은 찬물을 끼얹은 듯 일순간 조용해졌다. 판사와 방청객은 이게 지금 무슨 상황인지를 제대로 이해하지 못한 채 그저 난처해하며 어색하게 웃고 있었다. 그들은 이 남자 변호사가 친절한 사람이고 여성에게 정중한 신사라고 여겼다. 요컨대 내가 그를 오해했다는 것이었다.

내가 그를 오해했다고? 그는 이 재판에서 변호사에게 진 것이 여자에게 진 것이라고 변명하는 중이었다. 자신이 가진 변호사로서 역량이 아니라 남자로서 명예가 위협받았다고 느낀 것이다. 그는 어떻게 하면 체면을 잃지 않고 이 상황에서 빠져나갈 수 있는지에만 골몰했다. 그는 의뢰인에게 이렇게 말했다.

"여자들의 논거를 내세우는데, 그걸 어떻게 받아들여야 할지 도대체 알 수가 없네요. 저 여자 변호사를 점잖게 대하면 안 되는 거였는데…."

바로 이것이 여성을 정중하게 대한다는 신사의 변명이었다.

나는 내가 어떤 길로 들어섰는지를 너무나도 잘 알고 있었다. 단 한 번의 실수도 용납되지 않았다. 침묵함으로써, 특정 언어를 받아들임으로써 공모자가 돼서는 안 됐다. 여성들이 절대로 그냥 가만히 듣고만 있어서는 안 되는 남성들의 언어가 있다. 그 언어는 순수하지 않다. 그 말은 남성의 이데올로기, 정신상태, 사고방식을 담고 있다. 그 말을 듣는다는 것은 그 맥락을 수용한다는 뜻이다. 수용은 공모와 다름없다. 대개의 여성 변호사들은 결국 체념하고 받아들였다. 그러나 나는 그러지 않으려고 매 순간 부단히 애쓰고 긴장했다. 재판이 시작되기 전에 나는 다짐하곤 했었다. 두 번 싸워야 한다고. 승소하려면 상대측 변호사를 두 번 이겨야 한다고. 나는 우선 여자로서 상대를 이겨야 했으며, 그러고 나서는 변호사로서 상대를 이겨야 했다.

법정 밖의 내게는 남편, 아이들, 가정이 있었다. 나는 상대측 변호사가 잘 정돈된 서류와 함께 노트를 펼쳐 "X 사건, Y 변호사"라고 써놓은 부분에 표시하는 모습을 상상하곤 했다. 그의 변론 준비는 완료됐다. 그는 오후 시간이 만족스러웠다. 두세 시간 동안 효율적으로 준비했다. 이제는 편안한 기분으로 저녁 식사 시간을 기다린다. 뭘 먹지? 아이들은 학교 잘 다녀왔을까? 집에 뭐 필요한 게 있나? 이런 것들은 그와는 상관없는 일이다. 그의 아내가 신성한 노동 분업의 원칙에 따라 그 일을 하기 위해 집에 있을 테니.

그가 그러는 동안 나는 아내이자 어머니이자 변호사인 여성에게 요구되는 모든 일을 하느라 하루 내내 정신이 없었다. 밤이 돼서야 재판 서류를 준비했다. 그러다가 새벽 두세 시쯤 되자 숙면을 취하고 있을 상대측 변호사가 부러워졌다. 다음 날 아침 식사를 준비하면서 나는 생각했다.

"그는 지금 휘파람 불며 면도를 하고 있겠군."

거울을 보니 눈 아랫부분이 거무스레했다. 그래도 커피를 연거푸 몇 잔 들이마셨더니 준비가 됐다고 느껴졌다. 자, 나는 이 재판에도 내 인생과 자유, 인간으로서 명예를 걸었다. 온몸에 활력이 샘솟았다. 의뢰인이 나를 신뢰해서 이 일을 맡겼다고 생각하니 밤을 꼬박 새우며 일했는데도 별로 피곤하지 않았다. 그래, 나도 준비를 마쳤다.

막내를 품에 안은 채 법정에 나갈 때도 있었다. 아이를 맡길 만한 사람이 없어서였다. 그때는 친절하게도 법원 도서관 사서가 재판하는 동안 아이를 봐줬다. 재판이 끝나면 다시 아이를 챙겨 남은 일을 하러 갔다. 그날 먹을 음식을 한꺼번에 만들고, 오후에는 고객을 만나고, 다음 날 중요한 재판이 열리면 밤새워 준비하는 것이다.

내 삶의 모든 것이 극적으로 뒤얽히고 결합된 순간이 있었다. 모크닌(Moknine) 재판이라는 이름으로 알려지게 될 정치 재판이 튀니지에서 열렸다. 튀니지 독립을 위한 투쟁에서 가장 중요한 사건이었다.

튀니스에서 100킬로미터 정도 떨어진 모크닌라는 도시에서 대규모 거리시위가 벌어졌다. '이스티크랄(istiqlal)', 즉 '독립'을 요구하기 위해서였다. 소요가 이어졌다. 경찰은 폭력으로 진압하려고 했다. 그 과정에서 몇 명의 경찰이 시위대에 의해 죽임을 당했다. 시위자들이 체포됐는데, 경찰 살해와 무관한 농민과 튀니지 사회당 관계자들도 섞여 있었다.[3]

재판을 해야 했다. 재판은 프랑스가 식민지 튀니지를 억누를 수 있는 결정적인 수단이었다. 물론 식민지 지배자들이 식민지에서 여는 재판은 진정한 의미의 재판과는 거리가 멀었다. 그들이 무엇보다도 먼저

여성의 데미

해야 할 일은 억압이었다. 튀니지 시민들에게 강한 충격을 가해 두려움에 사로잡혀 있도록 만들어야 했다. 피고인들이 진짜 범인인지 아닌지는 중요하지 않았다. 인간의 기본권인 자기방어권이 존중되는지 아닌지도 중요하지 않았다.

재판은 속죄 의식이어야 했다. 그렇게 만들기 위해 수단과 방법을 가리지 않았다. 튀니스 인근 바르도(Bardo) 마을회관에 군사 법정이 설치됐다. 보통 때 같으면 악단이 자리 잡는 간이무대에 붉은색 천이 덮인 기다란 테이블이 놓였다. 재판장인 대령이 판사인 장교들에게 둘러싸여 자리를 잡았다. '프랑스 시민의 이름으로' 피고인들(이들의 첫 번째 죄목은 튀니지 시민의 이름을 내세운 것이었다)이 자리에서 일어났다. 재판이 열리는 동안 삼색기를 게양한 임시 군사 법정 주변에서는 기관총으로 무장한 군인들이 경계를 서고 있었다. 그때 건물 내부의 엄숙하면서도 괴상야릇한 분위기 속에서 한 무리의 남녀가 이 연출된 재판을 규탄했다. 피고인들을 변론할 변호사들이었다. 그들 가운데 중죄 재판 전문 변호사로 파리에서 활동하던 폴 보데(Paul Baudet)와 내가 있었다. 당시 나는 임신 중이었지만 낙태하기로 결심한 상황이었다.

그때 나는 "배란일 계산만 잘하면 된다"던 산부인과 의사의 조언에 따라 월경주기법으로 피임을 하다가 임신이 되고 말았다. 남편은 공무원 시험 준비를 하고 있어서 생계를 책임지는 사람은 나 혼자뿐이었다. 그래서 수중에 돈이 별로 없었다. 생후 13개월이라 아직 걷지도 못하던 장-이브를 돈 주고 어디에 맡기지도 못했다. 그런 처지에 아이를 또 가진다는 것은 내 삶의 단절을 의미했다. 내가 선택한 길에서 퇴보하는 것이었다. 나는 그 순간에 아이를 원하지 않았다. 남편과 상의해 낙태 수술을 받기로 했다.

나는 사형에 직면한 이들의 변론을 맡아 온 힘을 다해야 했다. 정치적 차원에서도 특별한 의미를 내포한 재판이었다. 국제 언론이 이 재판을 취재하기 시작했다. 해외 여론이 반응을 보이면 프랑스 정부도 깨닫는 바가 있을 것이다.

내게는 더더욱 정신의 자유가 필요했다. 하지만 원하지 않는 것이 배 속에서 자라고 있는데 어떻게 정신의 자유가 존재하겠는가? 이 장애물이 내 지능을 마비시키고, 내 능력을 감소시키고, 내 삶을 짓누를 것이다. 제거해야 했다. 한시라도 빨리.

열아홉 살 때 마취도 없이 받은 그 소파 수술을 잊을 수가 없었다. 그래도 나는 결정을 내려야 했다. 상황은 그때와 똑같았다. 나는 여전히 가난했고 도움받을 만한 인맥도 없었다. 나는 수소문 끝에 낙태 수술을 잘한다는 산파를 찾아갔다. 오래전부터 전해 내려오는 방식으로 낙태 수술을 한다고 했다. 물론 불법으로 운영하는 곳이었다. 비용은 선급이었다. 골목을 지나 안뜰로 들어가니 낡은 아파트가 있었다. 들어서니 공간 전체가 지저분했고 특히 주방이 정말 더러웠다. 그녀가 소식자를 내 자궁 속에 삽입했다. 어쨌거나 그녀도 위험을 감수하는 것이니 나는 고마워해야 했다. 그렇지만 모든 게 너무나 불결했다. 더러운 집, 육체적 고통, 불법 시술, 나는 또 한번의 악몽을 꾸었다.

그녀가 말했다.

"밤에 출혈이 있을 거예요. 24시간 내로 출혈이 있을 테니 다시 와요. 그때 소식자를 빼내면 끝나요."

나는 다음 날 그녀를 찾아갔지만, 아직 이르다고 해서 소식자를 하루 더 끼고 있어야 했다. 그다음 날 다시 가려고 했으나 그 사이 재판이 열렸다. 나는 소식자를 배 속에 넣은 채 법정에 나갔다. 내가 긴장하자 자궁 근육이 크게 수축했다. 끔찍한 통증이 시작됐다. 피고들을 심문하고 증인들의 증언을 듣는 내내 참고 견뎌야 했다.

우리 고객은 아랍어밖에 할 줄 몰랐다. 아랍어를 아는 우리 변호사들은 통역사가 전달하는 단어를 단 한 개도 놓치지 않으려고 잔뜩 신경을 곤두세운 채 귀를 기울였다. 판사에게 진술하는 사실의 일관성과 정치적 표현 수준은 통역이 얼마나 정확한가에 달려 있었다. 우리가 피고인들 옆에 서 있던 모습이 생생하다. 우리가 펜이 아니라 저들과 똑같은 총을 들었다면 우리는 자유를 수호하는 투사가 아니었을 것이다. 이 억압받는 사람들 옆에 가까이 있다고 느끼지 못했을 것이다. 나 또한 그렇게까지 억압받는다고 느끼지 못했을 것이다. 나는 최선을 다해 변론했다. 극심한 피로가 밀려들었다. 현기증이 나면서 눈앞이 뿌예졌다. 극심한 통증이 배 전체에 퍼졌다.

오전 8시에 시작된 재판은 오후 끝 무렵 저녁이 다 돼서야 끝나곤 했다. 나는 잘 버텨냈다. 하지만 통증이 계속되는데도 여전히 아이를 떼지 못한 상황이었다. 나는 급히 산파를 찾아갔다. 그녀가 말했다.

"잘되고 있어요. 예전 소식자는 빼내고 새 소식자를 삽입할게요."

24시간이라더니…. 그렇지만 하는 수 없었다. 나는 다음날 다시 법정에 나갔다. 자궁 속에 새 소식자를 집어넣은 채. 이내 그 끔찍한 고통이 시작됐다. 예감이 좋지 않았다. 뭔가 잘못되고 있다는 생각이 자꾸 들었다.

이후로도 나는 소식자가 삽입된 상태에서 며칠 동안 재판을 지켜보며 기다렸다. 동료 변호사들이 안색이 너무 안 좋다며 걱정했다. 밤에도 쉴 수가 없었다. 급기야는 재판석과 방청석 사이 난간을 매달라다시피 붙잡고서야 판사들에게 발언할 수 있었다. 그런데도 아이는 절대로 낳지 않겠다고 마음을 모질게 먹었다. 피고인들을 끝까지 변호하겠다고 다짐했다. 엿새 뒤 새 소식자가 또 삽입됐다. 하지만 이번에는 견뎌내지 못하고 재판 중에 기절했다. 동료들이 황급히 맹장염이라 둘러댄 뒤 나를 병원 응급실로 옮겼다. 내 자궁은 세균에 심하게 감염돼 있었다. 결국 두 번째 소파 수술을 받았다. 수술은 잘됐다.

나는 재판 내내 마음이 편치 못했다. 내가 처해 있는 상황이 역설적이고 부조리하다고 느꼈다. 나에게는 이들의 생명을 보호할 책임이 있었다. 재판에서 나는 인간의 존엄성과 자유라는 이름으로 변론하고 있었지만, 한편으로는 구태의연한 방법으로 낙태를 하고자 필사적으로

여성의 대의

몸부림쳤다. 나는 내 몸을 마음대로 할 권리를 갖지 못했다. 나는 내가 제어할 수 없는 생물학적 여건에 좌우됐다. 재판에 참여한 남자들 가운데 그 누구도 이런 나의 불안과 나의 투쟁에 대해 알지 못할 것이다. 나는 이렇게 생각했다.

'나는 변호사야. 그러니 어느 정도 힘이 있어. 나는 지식의 힘, 법의 힘, 말의 힘을 가진 거야. 나는 설명할 수 있어. 나는 설득할 수 있어. 하지만 지금 내 배 속에는 소식자가 끼워져 있잖아. 끝까지 버텨내지 못할지도 몰라.'

나는 과연 나에게 힘이 있기는 한 건지 난생처음으로 의구심을 품었다. 병원에 누워 있는 동안 나는 스스로에게 물었다.

'정말로 내가 믿는 것처럼 여자 변호사와 남자 변호사는 똑같은 변호사일까?'

나 자신에게조차 자유롭게 행동할 수 없는 내가 누군가를 위해 행동할 수 있을까? 이런 상황에서 내가 과연 다른 사람의 생명을 구할 수 있을까? 더구나 나는 피고인들의 변호인인 동시에 나 자신이 잠재적 피고인이다. 나는 법을 어기고 낙태했다. 나는 변호사인 동시에 범죄자다.

이는 엄청난 모순이었다. 나의 사회생활과 나의 사생활은 다른 모습을 띠고 있었다. 나는 내가 여성이기에 갈등의 중심에 있다고 느꼈다. 모든 여성이 이와 같은 갈등을 겪고 있었다.

24시간 동안 입원실에 있으면서 나는 여성으로서 내가 처한 조건과 내게 필요한 투쟁에 대해 골똘히 생각했다. 여성들을 설득해야 한다. 그것은 분명한 사실이었다. 여성들에게 그들이 남성들과 똑같은 힘을 가질 권리가 있다고 알려줘야 한다. 그 힘을 쟁취하려면 세상을 변화시켜야 한다고 설득해야 한다. 뭉쳐서 싸워야 한다. 여성도 뛰어들고, 행동하고, 책임지면 된다는 세상의 논리는 사기다. 여성에게도 얼마든지 사회, 정치, 창조 분야에서 남성과 동일한 기회가 있다는 주장 역시 기만이다. 나는 여성들이 기본 권리, 즉 자기 자신에 대한 힘을 가질 권리를 우선해서 확보해야 한다고 설득할 방법을 찾기로 했다.

모크닝 재판은 내가 이와 같은 모순을 자각하게 된 결정적 계기였다. 설령 아무도 눈치채지 못했더라도, 자궁에 소식자를 삽입한 채 법정에 선 나는 이미 그 자체로 실패의 이미지였다. 아무렇지 않은 듯, 고통을 참아가며, 남성들에게 눌리지 않으려고 애써야 할 까닭은 무엇인가? 내가 여성 변호사라는 게 무슨 문제인가? 내가 자궁이 있는 여자라는 게 잘못인가? 나는 이미 법과 정의라는 공식적인 방어 수단을 갖고 있었다. 하지만 내가 내 안에서 무너지고 있는데 그게 무슨 소용인가? 나는 내가 정말 가난하고, 몹시 힘들어하고 있으며, 불법 낙태를 해야 하는 신세가 됐다는 사실을 고통스럽게 자각하고 있었다.

그러는 동안에도 재판은 이어졌다. 내가 응급실로 실려 가던 날, 나는 변론을 이어갈 수 없었다. 내가 맡은 피고인들 중 한 사람을 포함한 세 명에게 사형선고가 내려졌다. 다른 피고인들에게는 징역형이 선고됐다.

그러나 나는 포기하지 않았다. 아직 방법이 남아 있었다. 나는 동료 변호사들과 함께 비행기를 타고 파리로 날아갔다. 그리고 곧바로 대통령 관저인 엘리제궁에 찾아가 르네 코티(René Coty) 대통령을 만났다.[4] 나는 그에게 사형선고를 받은 내 의뢰인의 사면을 청원했다.

변호사가 된 이래 내가 사면을 청원한 것은 처음이었다. 그 전에 여성 변호사가 대법원장에게 사형수 사면을 청원한 것부터가 처음이었다. 오래도록 기억에 남을 일이었다. 나는 그것이 마지막 기회라는 사실을 너무나도 잘 알고 있었다. 내 의뢰인이 내 입을 통해 자신의 무죄를 호소할 수 있는 마지막 시간이었다. 그의 목숨을 구하기 위한 최후의 전투였다.

머릿속이 온통 이런 생각으로 가득 차 있는데, 대통령을 만날 때는 모자를 써야 한다고 했다. 그게 예절이란다. 나는 여태껏 모자라는 것을 써본 적이 없었다. 모자를 좋아하지도 않고 쓸 모자도 없었다. 이 긴박하고 중대한 순간에 모자가 뭐란 말인가? 다른 세상에 가는 느낌이 들었다. 어쨌든 동료 변호사의 아내가 대통령 만날 때 쓰라면서 모자 하나를 빌려줬다. 그래서 나는 꼭 검은색 탬버린처럼 생긴 그 모자를 쓰고 엘리제궁으로 들어섰다. 나는 차례를 기다리며 엘리제궁 접견실의 커다란 거울에 비친 내 모습을 한참 동안 바라봤다. 그 모습이 우스꽝스럽게 느껴지면서 마음에 깊은 상처를 입었다. 사람의 목숨이 달린 일에 모자를 쓰고 대통령에게 사면을 구해보라니…. 마침내 비서가 나를 불렀고, 대통령 집무실로 통하는 문이 열리는 순간 나는 모자를 벗어 그에게 건네며 말했다.

"잠깐만 좀 보관해주세요."

코티 대통령은 모자를 쓰지 않은 나를 맞이했다. 나는 여성 변호사였다. 나는 이 가장무도회를 거부했다. 모자도, 예절도, 나를 방해할 수는 없었다. 내 머릿속에는 구해야 할 생명과 설득해야 할 프랑스 대통령만 있었다.

내 의뢰인은 사면됐다.

억압이 축적되면 될수록 따로 분리해낼 수 없다는 것, 불의를 향한 투쟁의 기억이 차곡차곡 쌓이면 절대로 분쇄할 수 없다는 것, 바로 이것이 모크닌 재판의 교훈이다. 나는 여성이라는 사실, 다시 말해 여성에 대한 차별적 고정관념을 고려하지 않고 남성과 똑같은 방식으로 현실을 이해하려고 하면 수많은 어려움에 부딪힌다는 확신을 얻었다.

여성이 남성과 동일한 내용으로 정치에 참여할 수 있을까? 분명히 아니다. 여기 한 가지 예가 있다. 최근에 나는 콩고의 브라자빌(Brazzaville)에서 네 명의 젊은 좌파 활동가들을 변호했다. 네 사람 다 순수하고 용기 있으며 사심 없는 사람들이었다. 그런데 이들은 중범죄 혐의로 브라자빌에 있는 혁명재판소에 소환됐다. 마리앵 응구아비(Marien N'Gouabi) 대통령의 현 정부에 반대하는 반체제 활동가들을 적극적으로 도왔다는 이유에서였다.[5] 이들은 각각 다른 학문 분야의 교수였다. 남성 두 명에 여성 두 명이었다. 혐의 사실도 같고, 소송 자료도 같고, 이데올로기도 같았다. 그러니 네 사람 모두 같은 논리로 변론하면 되겠다고 생각할 것이다. 그러나 전혀 그렇지 않았다. 재판 과정에서 검사는 피고인 중 여성인 폴 F(Paule F)와 폴 D를 가리키며 이렇게 말했다.

"저 두 프랑스 여성이 콩고 혁명을 위해 이곳에 왔다고요? 콩고 시민들을 위해서? 레닌과 마오쩌둥을 숭배한다고요? 아닙니다. 그건 어디까지나 남성 피고인들의 경우죠. 그렇다면 이 두 젊은 여성은 콩고에 대체 뭘 하러 왔을까요? 〈에툼바(Etumba)〉 신문 보도에 따르면, 이두 명의 폴은 겉으로는 마르크스-레닌주의를 표방하면서 실제로는 성적 방종에 몰두해 있었습니다. 이들이 마르크스-레닌주의에 뛰어든 것은 남성들과, 에로틱하게, 그리고 프롤레타리아적으로 성행위를 하기 위해서였다는 것입니다. 〈에툼바〉에 실린 기사를 그대로 인용해보겠습니다. 이 두 프랑스 여성은 킨샤사(Kinshasa)에 머무르는 동안 D는 디아와라(Diawara)와, F는 응가추아(N'Gatsoua)와 밤을 보냈다.[6] 그것은 프롤레타리아적 성 혁명이었다. 현장에서 더 잘 싸우기 위해 남녀가 몸을 섞은 것이다. 우리나라에 매춘이 수입됐다."

완전한 거짓 기사였다. 가증스러워서 구역질이 날 정도였다. 나는이것이 그야말로 추악한 조작이라는 사실을 밝혀내고자 했다. 여성들이 혁명에 가담했다. 그런데 그 행위는 쏙 빼놓고 매춘부로 만들어버렸다. 단지 여성이라는 이유로 아무런 의미를 부여하지 않은 것이다. 나는 이 같은 일을 용인하지 않았고 앞으로도 용인하지 않을 것이다.

여성의 정치 활동은 남성들과 육체적 관계를 맺는 방식으로 이뤄진다는 인식을 대중에 각인시키려는 치졸하고 저열한 거짓말이었다. 여성은 정치에 직접 참여할 수 없으며 그럴 권리가 없다는 썩은 편견에 기인한 사고방식의 결과였다. 여성이 온전한 권리로 직접 정치에 참여하려는 시도가 철저히 무시당한 것이다.

나는 법정에서 응구아비 대통령을 향해 사회주의 혁명이 이런 비열한 방법을 사용해서는 안 된다고 분노했다. 그의 정권이 야비한 데다 거짓을 일삼는다고 비난했다. 내 발언을 전해 들은 응구아비 대통령은 충격을 받은 듯했다. 그는 성명을 내고 두 여성 활동가를 향한 근거 없는 모략과 비방을 멈추라고 말했다. 혁명재판소 판사들도 정부 기관지인 〈에툼바〉의 기사를 신뢰하지 않는 듯 보였다. 이 모든 과정이 텔레비전과 라디오를 통해 생중계됐다.

판결은 다행히 평등하게 이뤄졌다. 네 사람 모두 석방됐다. 많은 사람이 그들의 용기와 행동에 경의를 표하기도 했다.

여성의 대의

제2장

선택 협회

1971년 4월 5일, 수많은 여성이 낙태죄라는 억압에 맞서 피임과 낙태의 권리를 요구하고자 대규모 행동을 개시했다. 이렇게 이른바 '343 선언(Manifeste des 343)'이 널리 알려지게 됐다.[1] 이 선언문에 서명한 여성들은 대부분 문학, 연극, 영화 분야의 저명인사들로서, 작가 시몬 드 보부아르, 마르그리트 뒤라스(Marguerite Duras), 프랑수아즈 사강(Françoise Sagan), 연극연출가 아리안 므누슈킨(Ariane Mnouchkine), 영화배우 카트린 드뇌브(Catherine Deneuve), 델핀 세이리그(Delphine Seyrig), 프랑수아즈 파비앙(Françoise Fabian) 등의 이름도 있었다. 프랑스뿐 아니라 해외에서도 프랑스의 문화와 예술을 상징하는 이름들이었다.

물론 나도 이 선언문에 서명했다. 그리고 나는 내가 더 친숙하게 느끼는 사람들, 즉 여성 활동가들이나 아직 이름이 알려지지 않은 여성들에게서 서명을 받으려고 노력했다. 그즈음이 지방선거 기간이었던 걸로 기억하는데, 나는 사회당 정치인 미셸 로카르(Michel Rocard)와 함께 어떤 모임에 참석했다. 모임이 끝나자 한 무리의 여성들이 다가와 낙태의 자유에 관해 의논할 게 있다며 나를 붙잡았다.

나는 우리의 앞으로 있을 선언을 설명했고, 그들 중 몇 명은 선언문에 서명하기를 원했다. 사실 그것은 엄청난 용기가 필요한 일이었다. 그들은 감히 건드릴 수 없는 힘을 가진 여성이 아니라 교육기관, 행정기관, 일반 사무실에서 임시직으로 일하는 여성들이었기 때문이다. 그들은 불안정한 처지에 놓여 있었다. 그래서인지 처음의 패기와는 달리 선언문이 발표된 직후부터 그들은 불안해했다. 정식 기소는 되지 않았지만 불안감을 떨칠 수 없었다. 그들은 저마다 일터에서 불려들어가 이런 말을 들었다.

"그 선언문에 서명했지요? 내년에 재계약을 할 수 있을지 미지수군요."

이런 말도 들었다.

"그런 정치적 행동이 우리로서는 용납하기 어렵습니다. 당신과의 계약은 이번으로 끝내겠습니다."

서명한 여성 중에는 내 의뢰인도 있었다. 그녀는 친팔레스타인 조직을 돕다가 경찰에 붙잡혔다. 경찰서에서 취조를 받고 있는데 다른 경찰이 와서 '343 선언'에 관한 기사가 실린 〈르누벨옵세르바퇴르(Le Nouvel Observateur)〉를 책상 위에 내던졌다. 해당 기사에 붉은색으로 표시가 돼 있었다. 그러고는 빈정거리는 말투로 이렇게 말했다.

"이거 보라고. 여기 보라니까. 여기에도 있네?"

그러자 그녀는 곧바로 내게 전화했다.

"변호사님 믿고 서명한 건데, 이렇게 곤란한 상황이 될 수도 있다는 말씀은 미리 안 해주셨잖아요. 다른 유명한 분들이야 위험을 겪을 일이 없겠지만, 저는 처벌받게 될 거라고요."

원망 어린 목소리였다. 나는 무거운 책임을 느꼈다. 우리는 '343 선언'이 그 같은 결과를 가져올 수 있다는 생각은 미처 하지 못했다. 그러나 실제로 일어났다. 그래도 물러설 수 없었다. 나는 그녀에게 이렇게 대답했다.

"만약 우리 가운데 누구라도 기소를 당하면 우리는 똘똘 뭉칠 겁니다. 아무도 우리를 건드릴 수 없어요. 기소하려면 서명 참여자 전부를 다 해야 할 거예요. 우리는 변호를 책임질 단체를 만들 것이고, 343명의 여성이 모두 들고 일어설 겁니다."

이를 계기로 나는 〈선택〉 협회를 만들겠다고 생각했다. 그렇지만 그저 변호하는 것만으로 충분할까? 결국 관망하는 데 불과하지 않은가? 우리는 무엇에 맞서 싸우는가? 우리는 왜 343 선언문을 발표했는가?

우리는 더이상 1920년법을 원하지 않았다. 우리는 피임 지식을 원했다. 지식은 예측하고 피하도록 해준다. 그래서 우리는 성교육도 원했다. 이렇게 해서 〈선택〉 협회의 세 가지 노선이 정해졌다. 첫째, 피임과 성교육. 둘째, 1920년법 폐지. 셋째, 낙태죄로 기소 여성에 대한 무료 변론.

나는 시몬 드 보부아르와 생물학자 장 로스탕(Jean Rostand)에게 전화했다. 시몬 드 보부아르는 예의 그 간결한 말투(언뜻 냉랭하게 들리지만, 본질로 직행하는)로 짤막하게 대답했다.

"물론입니다. 아주 좋습니다. 나도 함께하겠어요."

장 로스탕은 내게 빌다브레(Ville-d'Avray)에 있는 자택으로 방문해달라고 요청했다. 나는 삐걱거리는 문을 밀고 야생 정원에 난 작은 길을 올라가 이 시간이 멈춰선 듯한 별장 안으로 들어섰다. 나는 더 이해하고 싶어 하고 더 배우고 싶어 하는 학자의 모습이 무엇인지 알게 됐다. 젊은 기운이 느껴지는 그의 미소를 결코 잊지 못할 것이다.

"나는 일평생 삶을 더 잘 이해하려고 애써왔습니다. 당신은 뭐든지 빨리빨리 하고 싶어 하지요? 그런데 나는 노인입니다. 하지만 당신과 뜻을 함께할 수밖에 없군요."

멀고 먼 브르타뉴(Bretagne)에서 봄을 보내고 있던 작가 크리스티안 로슈포르(Christiane Rochefort)도 책임을 맡기로 했다. 내가 말했다.

"회계를 좀 맡아주세요."

그러자 그녀가 수화기 너머에서 웃음을 터뜨리며 대답했다.

"그러죠. 그런데 난 계산은 영 젬병인데, 하하하!"

이렇게 해서 〈선택〉 협회가 출범했다.[2]

우리는 매주 일요일 오후에 델핀 세이리그, 프랑수아즈 파비앙과 함께 몇 차례 모임을 했다. MLF● 소속 여성들과도 만나 이야기를 나눴는데, 이들은 처음에는 우리 노선에 호의적이었으나 보비니 재판 이후 멀어졌다.

우리는 우리 집이나 시몬 드 보부아르의 집에서 모였다. 우리는 모두 이 엄청난 싸움을 하루라도 빨리 시작해야 한다는 데 공감했다. 그렇지만 어떻게 시작해야 할지는 아직 확실히 알 수 없었다. 선언문에 서명할 의향이 있던 MLF 여성들은 〈선택〉 협회가 다른 행동을 하는 데 유리한 발판이 될 수 있다는 사실을 알았다. 그래서 우리는 '여성에게 자행되는 범죄를 고발하는 날' 행사를 함께 준비했다.

그런데 MLF에 관해 오해가 좀 있다는 이야기를 해야겠다. 내가 생각하는 MLF는 특정 단체도 아니고 동일한 활동도 아니다.[3] 말하자면 수많은 여성이 각자 자기 목소리를 내는 운동이며 거대한 물결이다. '프로이트주의자'와 '마르크스주의자' 사이에서 다양한 목소리를 가진 여성들이 자신의 성향과 정치적 맥락에 따라 모이기도 하고 흩어지기도 하며 노선을 바꾸기도 한다. 이따금 기막힌 아이디어가 이들로부터 쏟아져 나오기도 한다. 이제 누구도 이 물결을 모른 척할 수 없다. MLF가 전통적 투쟁의 문제점을 드러내고 그 방식을 뒤흔들어놓는 데 이바지한 것은 분명한 사실이다.

● | 여성해방운동(Mouvement de Liberation des Femmes)의 약자.

화창했던 어느 날 한 교회 앞을 지나던 길거리 시위대 모습이 떠오른다. 결혼식을 마친 신랑 신부와 하객들이 사진을 찍으려고 계단에서 포즈를 취하고 있었다. 이를 본 MLF 시위대 여성들이 활짝 웃으며 구경하려고 우르르 몰려갔다. 나는 그 모습이 무척 아름답게 보였다. "샴페인 빛 어깨를 가진" 여인 예찬자였던 앙드레 브르통이 남성 우월론자만 아니었더라면 아마도 같은 느낌을 받았을 것이다.

〈선택〉 협회의 일요 모임이 시작된 지 얼마 지나지 않아 작은 분열이 일어났다. (정치적으로) 음핵 오르가슴에 반한다는 질 오르가슴을 놓고 공방이 이어지는가 하면, 몇몇 혁명주의자들은 협회 본부와 지역 집행부의 차별적 위계를 문제 삼아 계속해서 발언했다. 누가 한마디 할 때마다 "지금 그 이야기 대중에게도 알려야 합니다!" 하고 열을 올리는 이도 있었다.

우리는 이런 식의 토론이 끝날 때마다 〈선택〉 협회 이름으로 언론에 보도자료를 배포했다. 기사가 나가면 파리는 물론 지역의 많은 여성이 관심을 표했다. 매주 수십 통의 편지가 〈선택〉 협회에 도착했다. 이들은 자신의 이야기를 글로 써서 보냈고, 우리를 만나면 말로 털어놓았다. 자기 경험을 구체적으로 설명하면서 어떻게 해야 할지 조언을 구했다.

여성의 대의

일요 모임이 별 소득 없이 끝날 때마다 실망이 컸지만, 그래도 이런 편지를 받으면 위안이 됐다. 그런데 이 편지들은 누가 읽고 있는가? 열여섯 살 소녀 마리−클레르(Marie−Claire)의 낙태 사건을 알리러 온 여성들, 미셸 슈발리에, 뤼세트 뒤부세(Lucette Duboucheix), 르네 소세(Renée Sausset)의 이야기에 귀를 기울인 사람은 누구였는가?[4] 결국 나였다. 나는 우리가 계속해서 원을 그리며 같은 이야기만 되풀이하는 게 의미 없음을 깨달았다.

나는 모임에서 토론은 어느 정도 포기하고 피임과 낙태의 자유와 관련한 법률안을 작성해보자고 제안했다. 〈선택〉 협회의 법안(이후에는 사회당 법안이 됐다)을 만들자고 말이다. 핵심은 입법 이유서에 담아야 했다. 나는 이 방식으로 현행법의 위선, 종교적·사회적 금기, 만연된 선입견(인구학적 논거나 생명 존중 윤리)을 규탄하고, 불법 낙태의 비극과 계급 정의의 억압을 백일하에 드러내고 싶었다. 그리고 무엇보다도, 그렇다, 그 무엇보다도 여성의 자유를 외치고 싶었다. 여성이 아이를 낳고 싶어야 아이를 낳는 것이다. 생명을 탄생시키고 싶다는 욕망이 있어야 생명을 탄생시키는 것이다. 우리에게는 우리 자신을 자기 뜻대로 할 수 있는 권리가 있다.

1971년 8월, 우리는 빌라르드랑(Villars−de−Lans)에 임시로 마련한 농장에서 모였다. 의사, 변호사, 정치인 등이 머리를 맞대고 새로운 법률안을 수립할 계획이었다. 각자 자기 분야 지식으로 법안을 마련하는 데 기여했다. 명확한 사법적 근거와 구체적인 통계자료가 확보됐다.

이블린(Yvelines) 지역 국회의원이던 사회당의 미셸 로카르도 우리와 며칠 동안 함께했다. 드디어 법안이 완성됐다. 루이 발롱(Louis Vallon), 다비드 루세(David Rousset), 에메 세제르(Aimé Césaire) 등 정치인들이 우리 법안에 서명했다. 나는 마리-클레르를 다시 만나 자료를 재검토했고, 같은 해 10월 〈선택〉 협회가 이 투쟁에 뛰어들 것을 제의했다.[5]

〈선택〉 협회는 정당이 아니었다. 굳이 말하자면 정치적으로 중립이라고 할 수 있었다. 남녀를 불문하고, 어떤 정치적 목적과 종교적 신념을 가졌든, 사회적 위치가 어디든 간에 누구나 〈선택〉의 일원이 될 수 있다.

그런데 한 가지 조건이 있다. 협회의 목적에 전적으로 동의해야 한다. 〈선택〉 협회의 목적은 혁명을 일으키자는 것도 아니고, 생산관계를 변화시키는 것도 아니며, GIS●에 의문을 제기하는 것도 아니었다. 우리가 벌이는 투쟁의 중심축은 '여성 해방'이었다. 그중에서도 피임과 낙태를 합법화함으로써 여성을 짓누른 억압의 한 부분이 사라지도록 하는 것이었다.

● | 건강정보그룹(Groupe Information Santé)을 말한다. 1972년 5월 14일, 프랑스 의료 시스템에 반기를 든 활동가들을 중심으로 설립됐다.

우리의 투쟁은 명확하고 제한적이었다. 나는 이 투쟁이 중장기적으로 여러 문제를 아우르기에 엄청난 파장을 일으키리라고 확신했다. 그렇지만 〈선택〉 협회는 독립성, 일관성, 대중운동의 힘을 잃지 않기 위해 애초의 목적에만 집중했다.[6]

〈선택〉 협회는 사무실이 있고, 총회를 열고, 회의록을 작성하고, 기관지를 발행하는 법인 조직이기도 했다. 형식은 전혀 따지지 않았지만 질서는 잡혀 있는 단체였다. 이렇게 되기까지 이런저런 어려움이 있었으며 그걸 다 헤쳐나왔다. 이념적이라고까지 말할 수는 없지만 전략적·구조적 개혁을 신봉하는 일부 소그룹과 개인들의 온갖 시도를 저지해야 했다.

그것은 1968년 5월의 이른바 '68 혁명'이 남긴 부정적 여파라고 할 수 있었다. 나는 급진적이고 폭력적인 방식을 좋아하지 않았다. 〈선택〉 협회가 프랑스에서 순조롭게 뿌리내리는 게 최우선이었다. 그것이 앞으로 투쟁의 궁극적 성패를 좌우할 것이기 때문이었다.

〈선택〉 협회는 점진적이고 확실한 개혁을 추구하는 단체였다. 그래서 '개량주의자들'이라는 비난을 받기도 했다. 그러나 그런 비난 대부분은 자신들이 속한 정치 집단 지지자들의 수를 늘리려는 극좌주의자와 무정부주의자들로부터 나왔다. 사실 깊숙이 들여다보면 그들은 여성에 대해서도, 여성이 당하는 억압에 대해서도 관심이 없다. 그들에게 '여성 동지'는 단지 혁명을 성공시키는 데 필요한 도구에 불과했다. 여성을 이용할 뿐이었다.

그렇다면 개량주의는 여성이 생명을 탄생시킬지 아닐지를 선택하게 할 뿐인가? 여성에게 자신이 처한 상황을 인지하도록 도울 뿐인가? 그리하여 부분적으로 육체적 해방된 여성이 남성을 정복하기를 바랄 뿐인가?

개량주의는 사회적 금기, 사회적 전통, 사회적 분리를 문제 삼지 않는가? 그저 여성을 자유롭게 하고, 여성과 남성의 관계 변화를 추구하고, 여성의 성욕을 죄악시하지 않고, 여성의 삶의 질을 위해 싸울 뿐인가?

개량주의가 옳은가 급진적 혁명이 옳은가? 이 질문에 대답하는 것이 그렇게 중요한가? 〈선택〉이 사용하는 전술은 개량주의적이지만, 사고방식의 급진적 변화를 전제하는 한 그 전략은 혁명적이라는 사실을 인식하고 투쟁에 집중하는 게 더 중요하지 않을까?

〈선택〉 협회는 정당 등 기존 정치 조직들과 소통하기는 했지만 그것에 의존하지는 않았다. 반대로 그들 또한 우리의 목적 달성을 위해 책임질 까닭이 없었다. 바로 이것이 〈선택〉 협회의 특징이자 성공 요인이라고 할 수 있다. 피임과 낙태는 각 정당이 내세우는 공약에 아예 포함되지 않거나, 포함되더라도 모호한 용어와 표현으로 얼버무려졌다.

근본적으로 정치 집단인 정당은 사회 변화를 촉구하는 움직임에 대해 매우 민감하고 신중하게 접근한다. 하지만 동시에 정치적 세계화의 눈치를 봐야 하기에 마냥 무시할 수도 없다. 이런 움직임에는 인종차별 문제, 이주 노동자 문제, 교도소 수감자 인권 문제, 보건 위생 문제 그리고 여성 문제 등이 있다. 이런 기이한 결핍 속에서 결국 GIS, GIP●, ASTI◎, 〈선택〉과 같은 단체가 탄생했다. 물론 〈선택〉 협회는 참을 수 없는 불의에 맞서 더욱 능동적으로 조직된 단체였다.

그리고 이 여러 움직임은 마치 고요함을 깨뜨리는 날카로운 고함처럼, 배불리 먹고 나서 꾸벅꾸벅 졸고 있던 의식을 깨웠다.

● | 교도소정보그룹(Groupe Information Prisons).
◎ | 이주노동자지원협회(Association de Soutien aux Travailleurs Immigrés).

제3장

보비니 재판

보비니 재판[1]을 준비하는 데 3주가 걸렸다. 지금 와서 생각해보면 무모한 도전이었다. 미셸 슈발리에, 뤼세트 뒤부세, 르네 소세가 싸우고 싶어 한다는 확신이 들자 〈선택〉 협회도 싸움을 선택했다. 나는 성, 피임, 불법 낙태, 비교 법학, 미혼모, 낙태의 자유에 관한 과학적·법률적·사회적 관점 등 주제를 명확히 정해 전투 계획을 세웠다.

나아가 나는 전문가들의 목소리뿐 아니라 자신의 일상적 경험을 있는 그대로 말해주는 남성과 여성들의 목소리를 듣고 싶었다. 이 재판을 통해 여성의 자유, 자기 몸에 대한 자기 결정권, 피임과 낙태의 권리를 반드시 찾아야 했다.

예상했지만 모든 것이 완벽하게 이상적인 분위기에서 진행되지는 않았다. 내가 제안한 계획에 모두가 동의한 것도 아니었다. 〈선택〉 협회 총회를 열자 보비니 재판에서 어떤 전략을 택할 것인지를 놓고 격론이 일었다.

총회를 통해 재판을 준비하는 것은 흔히 있는 일이 아니다. 그러나 나는 보비니 재판이 넓은 의미에서 '정치 재판'이 되리라고 예상했다. 한마디로 말해서 단순한 재판이 아닌 것이다. 이런 유형의 재판 준비는 이혼이나 교통사고 서류를 검토하는 것과는 차원이 다르다. 정치적 사건에서는 변호인이 어떤 요지로 피고인을 변론할지를 피고인이 결정하고, 피고인이 어떤 식으로 고발자가 될지 역시 피고인이 결정한다. 여기서 변호사는 전략가이자 조언자가 된다.

그래서 나는 정치 재판에 참여하는 변호사는 전적으로 그가 변론할 활동가들 편에 서야 한다고 늘 강조했다. 정치 재판에서 변론을 펼쳐야 할 변호사는 법(변호사 관점에서는 적과 다름없는)에 대한 완벽한 지식과 검찰측에서 파놓은 함정을 피해갈 수 있는 기발한 전략을 확보해두고 있어야 한다. 따라서 변호사가 공감하지 못하는 피고인의 정치적 신념은 위험하다(재판에서 패하지 않더라도).

보비니 재판은 낙태에 관한 최초이자 유일한 정치 재판이었다. 여느 정치 재판과 마찬가지로 이 재판에서도 피고인의 무죄판결이나 정상참작만이 목적은 아니었다. 오히려 이런 목적은 다른 것들과 연결돼 있다고 말할 수 있다. 정치 재판의 핵심은 검사와 판사를 넘어 전체 여론, 즉 국민에 대한 호소에 있다. 그러려면 종합적으로 논증해야 하고,

사실 자체를 뛰어넘어 법, 제도, 정치 자체를 재판해야 한다. 달리 말해 공개토론회로 만들어야 하는 것이다. 당연히 검찰측은 이렇게 유도하는 행위를 비난할 것이며, 우리도 검찰측 입장을 이해할 것이다. 어떤 신념을 억압하는 데 비공개재판보다 효율적이고 신속한 방법은 없기 때문이다.

보비니 재판은 피고인인 여성들이 "잘못했습니다"라든가 "정상참작만이라도 해주세요" 또는 "범죄사실을 인정할 수 없습니다"와 같은 말을 하지 않은 유일한 재판이었다. 그들은 그들의 증인, 저널리스트, 변호사와 함께 낙태금지법 자체를 재판하기로 결심했다. 사법적·과학적·철학적 차원에서 토론이 필요했다. 이 토론에서 우리는 여성이 자신의 육체와 정신을 자기 의지대로 할 수 있는 권리를 요구할 것이다. 요컨대 보비니 재판은 새로운 페미니즘을 위한 시도였다.

따라서 미셸 슈발리에와 뤼세트 뒤부세 그리고 르네 소세가 자신들을 어떻게 변호할지 큰 방향을 변호사에게 제시하는 것은 당연한 일이었다. 더구나 그들은 〈선택〉의 회원이므로 협회 회원들끼리 논의해 어떤 식으로 변론해야 하는지를 결정하는 것 역시 자연스러운 일이었다.

그런데도 나는 총회 때 협회 회원들이 의논해 결정하는 것을 그만두자고 제안했다. 공개토론은 언제 선동으로 변질할지 모르기 때문이었다. 사람들이 꽉 들어찬 회의실에서 공개적으로 발언하다 보면 엄밀한 논증보다 분위기에 휩쓸려가기 쉽다. 말하는 사람과 그 말에 귀 기울이는 사람들 사이에 모종의 변증법이 만들어진다. 논증이 확대되고 도

여성의 대의

식화되며 논의가 격화된다. 이때부터 주제를 벗어나 횡설수설하게 되는 것이다.

나는 무작정 생물학자 자크 모노(Jacques Monod)[2] 교수에게 전화를 걸었다. 그는 노벨생리의학상을 받은 유전학의 권위자였다. 나는 비록 그와 아는 사이는 아니었지만, 그가 우리와 함께해주리라고 확신했다. 아니나 다를까 그는 마리−클레르 사건을 예의주시해왔다고 말했다. 그는 내가 이 사건에 관해 상세히 설명해주기를 원했다. 내 이야기를 듣고 나자 그는 미셸 슈발리에를 직접 만나보고 싶어 했다. 두 사람의 대화는 처음부터 막힘없이 이뤄졌다. 그의 집에서 나올 때 미셸 슈발리에의 얼굴은 자신감으로 환하게 빛났다.

"저런 분이 우리와 함께해주시니 모든 일이 잘 풀릴 거예요!"

이튿날 자크 모노 교수는 미셸 슈발리에 앞으로 된 수표 한 장을 내게 보내왔다. 마리−클레르의 낙태 비용에 보태고 싶다는 것이었다. 수표를 받아 든 슈발리에가 감격하며 말했다.

"3,000프랑… 아니, 30만 프랑이네요, 그렇죠?"[3]

자크 모노 교수는 1965년 함께 노벨상을 받은 생물학자 프랑수아 자코브(François Jacob) 교수도 소개해줬다. 의사인 폴 밀리에즈(Paul Milliez) 교수를 합류시키라고 조언한 사람도 자크 모노 교수였다. 나는 곧바로 약속을 잡고 그에게 찾아갔다. 하지만 내 말이 끝나자 그는 이렇게 말했다.

"나는 낙태에 반대하는 입장입니다."

실망한 나는 어쩔 수 없이 펼쳐놓았던 서류를 챙기며 말했다.

"말씀 알겠습니다. 교수님께 증언 부탁을 드린 건 없던 일로 하겠습니다."

그러자 이 명망 있는 의사가 나를 따라 자리에서 벌떡 일어났다. 곤혹스러워하는 표정으로 봐서 그가 마음속으로는 갈등하고 있다는 것을 알 수 있었다.

"판사 앞으로 편지 한 통은 써드릴 수 있을 것 같습니다."

그는 주저하면서 혼잣말하듯 말하더니 힘없이 자리에 앉았다. 그 순간 나는 그의 마음을 느꼈다. 그는 이 사건이 너무나 부당하다고 생각했다. 그래서 도저히 참을 수 없다. 과거 인턴 시절 그 자신도 응급실에 실려 온 불쌍한 여성들을 낙태해주지 않았던가. 그때 그들의 상태는 정말 위험했다. 그런 일이 한두 번이었나. 그 뒤로도 얼마나 많았는가. 그가 느닷없이 큰 키를 다시 일으켜 세웠다.

"아닙니다. 편지만으로는 안 되겠어요. 그건 상황을 회피하려는 비겁한 행동입니다. 제가 보비니에 가겠습니다."

나는 그의 합류가 기쁘면서도 그 결심이 확실한지 확인하고 싶었다.

"하나만 여쭙겠습니다. 만약 마리-클레르가 교수님께 상담하러 온다면 어떻게 하시겠어요?"

　　　　　　　　　　　　　　여성의 대의

그러자 그는 내 눈을 똑바로 보면서 대답했다.

"낙태시킬 겁니다."

"하나만 더 여쭐게요. 만약 교수님 따님이 열여섯 살에 임신했다면 어떻게 하실 건가요?"

그는 여전히 내 눈을 바라보며 대답했다.

"아이를 낳으라고 딸아이를 설득할 겁니다. 하지만 딸아이가 거부하면 낙태시킬 겁니다."

우리는 악수했다. 이 저명한 의사이자 독실한 가톨릭 신자는 지금 중대한 선택을 했다. 나는 그가 한 선택이 얼마나 어렵고 힘든 것인지 알고 있었다. 1972년 초겨울 어느 날, 용기를 냈다는 이유로 의사협회로부터 징계당하고 의학아카데미에서 제명될 이 남성에게 이 땅의 여성들은 큰 빚을 지게 될 것이다.

당시 〈선택〉 협회에는 열성적으로 활동하는 MLF 회원들이 포함돼 있었는데, 특히 상대적으로 파리 본회에 그 수가 많았다. 그런데 총회는 파리에서 열렸으므로, MLF 세력이 작은 지부와 MLF의 입김이 센 본회 사이에 불균형이 생기는 것은 필연적인 결과였다.

얼마 지나지 않아 MLF에 속한 여성들과 기존 〈선택〉 협회의 여성 활동가들이 대립하기 시작했다. 내가 재판에서 심리를 어떻게 진행할지 설명하자 MLF 여성들이 격렬하게 항의했다. '유명한 증인'도 안 되고, '남성'도 안 되고, '노벨상 수상자'도 안 된다는 것이 그들의 시각이었다. 보비니 재판은 오직 '여성들'의 사건이 돼야 한다는 것이었다. 나아가 '유명하지 않은 여성들'의 사건이어야 했다.

MLF의 여성들은 다만 시몬 드 보부아르, 델핀 세이리그, 프랑수아즈 파비앙과 같은 여성들은 우리의 대의를 널리 알리고자 애쓰는 활동가이므로, 비록 '유명한 여성들'이긴 하지만 이들의 법정 증언은 받아들이겠다고 했다.

그런데 그들은 여기에 자신들이 섭외한 '익명의 여성들'을 추가하고 싶어 했다. 총회가 열리는 동안 이 '익명의 여성들'을 두고 대격돌이 벌어졌다. 그들의 이야기를 종합해볼 때 '익명의 여성들'이란 심각한 사고가 아니라 그저 '개인적인 사정' 때문에 낙태를 한 여성들로, 법정에서 이렇게 증언해야 한다는 것이었다.

"여러분께 말씀드릴 만한 심각한 일은 없었어요. 그러나 제가 말씀드리고 싶은 것은, 내 배는 나의 것이라는 사실이에요."

MLF 여성들은 심지어 미셸 슈발리에와 두 사람의 동료가 법정에 나와 이렇게 증언하면 좋겠다는 생각까지 하고 있었다.

"사법부는 부르주아적이고 남성우월적인 정의에 사로잡혀 있습니다! 원한다면 우리에게 유죄를 선고하세요. 그러거나 말거나 우린 상관없으니까!"

말할 필요도 없이 미셸 슈발리에와 뤼세트 뒤부세 그리고 르네 소세는 이 같은 전술에 반대했다. 우리가 벌이고 있는 이 투쟁, 널리 알려져 대부분 여성이 이해할 수 있기를 바라는 이 투쟁에서 이런 방식은 받아들일 수 없었다.

하지만 파리지하철공사에서 열심히 일만 해온 이들 노동자가 많은 사람 앞에서 MLF의 언변 좋은 여성들과 맞선다는 것은 쉬운 일이 아니었다. 그러나 MLF 여성들이 증인 후보로 데려온 '익명의 여성들'의 발언은 도를 넘어서고 있었다.

한 '익명의 여성'은 낙태금지법이 남성우월적 관료주의의 산물이라면서, 부유한 공주든 가난한 가정부든 모든 여성에게는 1920년법에 반대할 똑같은 이유가 있다고 주장했다. 그녀는 건들거리며 이렇게 말했다.

"나는 부잣집 딸이어서 말 그대로 돈이 많아요. 나도 낙태를 했는데, 외롭다거나 힘들다거나 그러지는 않았어요. 남자친구와 신혼여행 가는 기분으로 영국 병원에 갔죠. 하지만 돌아오면서 나도 트라우마를 느꼈답니다."

결국 미셸 슈발리에가 격분했다.

"내 재판에 당신 증언은 필요 없어요. 당신은 내 이야기와 아무런 관련이 없어요. 당신은 자유롭고, 기소라는 걸 당해보지 않았죠. 법정에 서는 건 당신이 아니라 나라고요!"

나는 무척 당혹스러웠다. MLF 여성들이 내세운 이 '익명의 여성들'은 마리−클레르와 미셸 슈발리에 등에게 닥친 사회적 비극에 전혀 부합하지 않았다. 여론을 집중시키는 데 방해가 될 뿐이었다. 물론 첫걸음에 불과하겠지만 그 첫걸음이 매우 중요했다. 그것이 앞으로 더 나아갈 수 있게, 더 멀리 나아갈 수 있게 하는 첫 번째 단계가 될 터였다. 마리-클레르와 미셸 슈발리에게 무죄가 선고된다면 그것은 곧 우리가 싸워야 할 전쟁에서 초유의 승리를 거두는 셈이었다.

하지만 자신감이 넘치는 이 부잣집 딸(자신의 표현대로)은 여성들을 이해시키기는커녕 오히려 반감을 불러일으켰다. 그녀의 증언은 법정에서 우리가 묘사하려는 상황과 배치됐다. 돈 문제도 없고 외롭지도 않은 조건에, 시설도 제대로 갖춘 외국 병원(영국은 낙태 수술이 합법이었다)에서 진행한 낙태는 거의 흔적을 남기지 않는다. 그래도 어쨌든 낙태를 했기에 트라우마는 생겼을 것이다. 그러나 그로 인한 트라우마를 강조하는 것이 우리 재판의 목적은 아니었다. 거론할 사안이 아주 많았다.

게다가 나는 이 MLF 여성들이 학계와 문화계 인사들에 대해 보이는 조직적 적대감을 받아들일 수 없었다. 나는 문화가 억압의 도구로 쓰일 수 있다면, 그 반대로 해방의 무기가 될 수도 있다는 사실을 일찍이 알았다. 과학과 문화를 혁명의 적으로 규정하고 거부하는 것은 어리석은 일이다. 그것을 이용할 줄 모르는 자들의 선동이다. 과학과 문화를 어떻게 이용하면 억압과 불의에 맞설 수 있는지 모르기 때문에 그 가치를 외면하고 무시하려고만 애쓴다. 자크 모노, 프랑수아 자코브, 장 로스탕이 천박한 부르주아이고 남성우월론자인가? 마르크스는? 레닌은? 그렇게 간단한가? 무조건 싸잡아 비난하는 게 옳은가? 정의인가? 혁명적인가?

이번에는 뤼세트 뒤부세가 천천히 자리에서 일어나 말했다. 차분한 말투였다.

"저는 여러분의 태도를 이해할 수가 없습니다. 지식인인 여러분은 제가 모르는 언어를 사용해요. 저희더러 '유죄를 선고하든 말든 상관 없다'고 말하라 하시는데, 지식이 짧아서 그런지 저는 왠지 모르게 제가 죄를 지은 것처럼 느껴집니다. 그러니 법정에서 모노 교수님, 자코브 교수님, 로스탕 교수님 같은 분들이 저에게 죄가 없다고 말씀해주셔야 해요. 그리고 제 옆에 계시면서 '우리는 이 여성들의 무죄선고를 요구합니다'라고 말씀해주셨으면 좋겠습니다."

그러자 MLF 여성들이 그녀에게 야유를 보냈다. 진실은 여기에 있었다. 우리는 서로 완전히 다른 곳을 바라보고 있었다. 그들에게 보비니 재판은 다른 용도인 듯 보였다. 그들은 이 여성 노동자들에게 관심이 없었다. 이들이 유죄를 선고받더라도 상관이 없었다. 그들은 다른 의미의 정치 재판을 상상하고 있었다.

몇 달 뒤 극좌주의와 무정부주의 등 정치 분파가 나서서 〈선택〉(나는 우리 단체가 비정치적이길 바랐다)이 자신들의 교조를 받아들여야 한다고 주장했을 때 우리는 이런 상황을 다시 겪었다.

나중에 미셸 슈발리에는 이렇게 말함으로써 우리가 올바르게 선택했다는 사실을 보여줬고 한 가지 교훈을 이끌어냈다.

"가장 인상 깊었던 것은 폴 밀리에즈나 장 로스탕 같은 분들의 지원을 받았다는 사실이에요. 생물학자인 이분들은 어려운 공부를 많이 하셨죠. 명망 있는 분들인데, 이런 분들이 우리 편을 들어주셨어요. 그러니 우리는 잘못한 게 아닌 거였죠. 우리는 범죄자가 아니었던 거예요."

보비니 재판의 시작은 마리-클레르에게 낙태 수술을 한 미슐랭 방뷔크(Michelin Bambuk)로부터 걸려온 한 통의 전화였다. 나는 그녀와 만나 이야기를 나눈 뒤 뤼세트 뒤부세, 르네 소세, 미셸 슈발리에를 만났다. 그리고 마리-클레르를 만났다. 나는 편안한 분위기에서 그녀와 대화를 나눌 수 있었다. 그녀는 이야기를 시작하자마자 내게 신뢰감을 느끼는 듯했다.

고등학생인 마리-클레르에게는 여자친구도 있었고 남자친구도 있었다. 어느 날 그들 중 한 명이던 다니엘(Daniel)이 자동차 드라이브를 하자고 제안했고, 그녀는 이 제안을 기꺼이 받아들였다. 그와는 늘 함께 어울리던 사이였다. 그러니 경계할 이유가 없었다. 드라이브를 마치자 다니엘은 어머니가 휴가 중이라 집에 아무도 없다며, 다른 친구들도 불렀으니 먼저 집에 들어가 음악을 들으면서 기다리자고 했다. 마리-클레르는 순순히 그를 따라 집으로 들어갔다.

그러나 얼마 지나지 않아 상황이 돌변했다. 그가 갑자기 그녀를 겁탈

하려고 한 것이다. 마리-클레르는 도망치려고 했지만 이내 붙잡혀 성폭행을 당하고 말았다. 그녀는 그때의 상황을 상세하게 묘사했다. 다니엘이 어떻게 자신을 위협하고 때렸는지, 어떻게 신발을 든 채 미친 여자처럼 길거리로 뛰쳐나왔는지.

그 딱 한 번의 관계로 그녀는 임신했다. 그것은 비극이었다. 그녀에게는 원하지 않은 아이를 낳는 것도, 사랑하지도 않고 친구들 사이에서 평판도 안 좋은 다니엘과 함께 사는 것도 도저히 있을 수 없는 일이었다.

마리-클레르는 평소에 믿고 의지하던 어머니에게 그 이야기를 털어놓았다. 딸의 이야기를 모두 들은 미셸 슈발리에는 주저 없이 이렇게 말했다.

"네가 아이를 낳아 키우겠다면 어떻게든 해보자. 우리가 같이 키우면 되니까."

하지만 마리-클레르는 이미 결정을 내린 뒤였다.

"전 이 아이를 원하지 않아요. 절대로 안 낳을 거예요."

그래서 두 사람은 아이를 떼기로 결정했다. 그런데 어떻게? 미셸 슈발리에는 지하철에서 일하는 말단 노동자였다. 함께 일하던 남자와 몇 년 동안 동거했었다. 그 사이에 딸을 세 명 낳았지만, 그는 자기 자식을 저버린 채 떠나버렸다. 그렇게 미혼모가 된 그녀는 세 딸을 홀로 키웠다. 그녀의 수입은 한 달에 1,500프랑 급여가 전부였다. 저축해놓은 돈도 없고 빌릴 곳도 없었다.

그래도 어쨌든 슈발리에는 우선 딸아이를 산부인과에 데려갔다. 의사가 마리-클레르를 진단했다. 결과는 염려한 대로 임신이었다. 그녀는 조심스럽게 낙태해줄 수 있는지 물었다. 의사는 거절하지 않았다. 수술비가 4,500프랑이라는 말만 했을 뿐이었다. 중요한 건 돈이었다. 미셸 슈발리에는 재판에서 이렇게 증언했다.

"재판장님, 4,500프랑이면 석 달 치 월급입니다. 제가 어떻게 그 돈을 마련하겠어요?"

그녀는 이 돈을 구할 수 없었다. 그래서 저렴한 비용으로 낙태 수술을 받을 수 있는 곳을 찾기 시작했다. 하지만 누구에게 물어봐야 하는가? 그녀에게 아는 사람이라곤 직장동료밖에 없었다. 미셸 슈발리에는 자신과 함께 지하철 9호선 구간인 몽트뢰유-퐁드세브르 (Montreuil-Pont de Sèvres) 노선에서 일하는 동료 뤼세트 뒤부세에게 사정을 털어놓았다.

"아이를 키울 수 없다면…."

뒤부세는 같은 여성이자 동료로서 그 즉시 슈발리에를 돕기로 했다.

"아이를 낳아 키울 수 없다면 낙태할 방법을 찾아야지요."

그녀는 또 다른 동료인 르네 소세에게 연락했고, 부모로부터 버림받은 아픈 과거가 있던 소세 또한 슈발리에가 사정을 이야기하자 곧바로 자기 일인 듯 안타까워했다. 이후 재판 때 몽트뢰유-퐁드세브르 노선에서 일하는 모든 여성이 청원서에 서명하고 모금에 참여했다.

소세에게는 어릴 적 보육원에서 함께 자란 친구가 있었다. 바로 미술

랭 방뷔크였다. 그녀는 빈민구제사무소에서 일했다. 전 남편과 재혼한 남편 사이에서 아이를 세 명 뒀는데, 예전에 스스로 낙태 수술을 할 정도로 소식자를 이용한 낙태 시술법에 대해 잘 알고 있었다.

소세가 연락할 당시 방뷔크는 돈 문제로 큰 어려움을 겪고 있었다. 정신적으로도 몹시 힘든 상황이었다. 남편이 스스로 목숨을 끊은 것이었다. 그녀는 월급만으로 간신히 세 아이를 키우고 있었다. 마리-클레르의 상황을 전해 들은 그녀는 마음이 흔들렸다. 그녀는 결국 1,200프랑을 받고 불법 낙태 수술을 하기로 했다.

방뷔크는 슈발리에의 집을 방문해 마리-클레르의 배 속에 소식자를 삽입했다. 그러나 첫 번째 시도는 실패했다. 두 번째 소식자를 삽입했지만, 이번에도 실패였다. 세 번째로 소식자를 삽입하고서야 아이를 뗐다. 그리고 끔찍한 일이 벌어졌다. 엄청난 출혈이 일어난 것이다. 이때가 새벽 2시였다. 밖에는 비바람이 몰아치고 있었다. 미셸 슈발리에의 영세민 아파트에는 전화기가 없었다. 그렇다고 이웃들을 깨울 수 없던 그녀는 서둘러 대충 옷을 챙겨 입고 쏟아지는 비를 맞으며 공중전화 부스로 달려가 응급 번호를 돌렸다.

가장 가까운 병원 주소를 알아낸 그녀는 온몸을 바들바들 떨면서 딸아이를 택시에 태워 병원으로 이동했다. 병원에서는 마리-클레르를 입원시키기도 전에 먼저 보증금으로 1,200프랑을 요구했다. 미셸 슈발리에에게는 이 돈이 없었다. 그녀는 덫에 걸린 듯한 기분이 들었다. 마리-클레르가 몸을 웅크린 채 신음을 토하고 있었다. 슈발리에는 수

중에 있던 200프랑을 현금으로 내고 수표에 1,000프랑을 적어 서명했다. 그러나 그녀의 계좌에는 그 금액을 지급할 잔고가 없었다.

그렇게나마 마리-클레르는 입원할 수 있었다. 그녀는 곧바로 소파 수술을 받았다. 그리고 사흘 뒤 퇴원했다. 미셸 슈발리에에게는 돈 구할 일이 남았다. 그래도 다행인 것은 마리-클레르의 생명을 구했다는 사실이었다.

하지만 불행은 끝난 게 아니었다. 마리-클레르가 퇴원한 지 3주 정도 지날 무렵 다니엘이 체포됐다. 마을에서 자동차 도난 사건이 발생했는데, 경찰은 다니엘 패거리를 의심했다. 경찰은 다니엘을 붙잡아 자백을 종용했다.

다니엘은 예전에도 이미 여러 번 자동차를 훔친 전력이 있었기 때문에 경찰의 손아귀에서 벗어나기 어려웠다. 그는 유치장에서 편하게 지내려면 경찰에 뭐라도 흘려줘야 한다고 생각했다. 마리-클레르가 낙태하기로 했다는 이야기가 떠올랐다. 그의 머릿속이 또다시 더러워졌다. 그는 경찰에게 이렇게 말했다.

"아저씨가 관심 가질 만한 이야기가 있어요. 제가 어떤 여자애랑 잔적이 있는데 결국 임신을 했거든요. 그런데 글쎄 낙태를 해버렸더라고요."

허세를 부리고 싶었는지, 어리석어서 그런 건지, 아니면 무서워서 그랬는지 알 수 없지만, 그는 마리-클레르를 낙태죄로 고발한 것이다. 미셸 슈발리에는 그 이후에 무슨 일이 있었는지 차분히 설명했다. 당

여성의 대의

시 그녀는 감기가 심해 침대에서 쉬고 있었다. 그때 경찰이 들이닥쳤다. 그녀가 누워 있는 방으로 들어온 경찰은 침대에 걸터앉아 이렇게 말했다.

"거짓말하거나 부인해봤자 소용없습니다. 다 알고 왔으니까. 솔직히 털어놓는 게 좋아요. 사실대로 말하지 않으면 당신과 딸 두 사람 다 체포해 가둘 거요."

"네, 알겠어요. 다 말씀드릴게요."

겁에 질린 그녀는 모든 사실을 털어놓았고, 낙태가 어떻게 이뤄졌는지 설명했다.

얼마 뒤 낙태 수술을 받은 마리−클레르가 기소됐다. 이어서 그녀의 어머니 미셸 슈발리에가 기소됐다. 뤼세트 뒤부세와 르네 소세도 낙태 공모 혐의로 기소됐다. 낙태 수술을 한 미슐랭 방뷔크 역시 기소됐다.

이렇게 해서 사건이 성립됐다. 이 사건은 마리−클레르가 미성년자인 사실을 고려해 둘로 나뉘어 따로 진행됐다. 마리−클레르는 혼자 청소년 법정에서 비공개 재판을 받게 됐다. 미셸 슈발리에를 비롯한 네 명의 여성은 보비니 법정에 출두해야 했다.

마리−클레르에 대한 재판은 1972년 10월 11일에 열렸다. 재판부는 재판장과 청소년 문제 전문가인 두 사람의 배석판사로 구성됐다. 여론은 이미 달아오른 상태였다. 지금도 또렷하게 기억난다. 내가 변론하는 동안 법정 밖에서 수많은 사람이 "마리−클레르를 석방하라!", "우리 모두도 낙태했다!"라고 외치는 소리가 내 귀에까지 들려왔다. 다양한 연령대의 여성들은 물론 대학생을 포함한 남성들까지 모여서 한목소리로 소리쳤다.

"있는 사람은 영국으로! 없는 사람은 감옥으로!"

프랑스 혁명 이래 이런 식의 시위가 벌어진 것은 처음이었다. 이는 우리의 첫 번째 투쟁이었다. 우리는 마리-클레르 재판을 앞두고 〈선택〉 협회 사무실에 모였다. 모인 인원은 그다지 많지 않았지만, 우리는 뭔가 굉장히 중요한 일을 시작했다고 느꼈다. 우리는 전단을 인쇄해 사람들에게 나눠주고 거리에서 시위를 벌이기로 결정했다.

재판이 열리기 며칠 전 〈선택〉 협회와 MLF 주최로 오페라 광장에서 시위가 진행됐다. 내무부 장관 레이몽 마르슬랭(Raymond Marcellin)은 시위 확산을 우려해 경찰에 강경 진압을 지시했다. 경찰차가 계속 걸으라는 요구를 거부하는 여성들을 밀어붙여 쓰러뜨리려고까지 했다. 우리는 그에 아랑곳하지 않고 전단을 돌렸다. 경찰의 난폭한 행동을 직접 목격한 기자들이 우리의 시위에 큰 관심을 기울여준 덕분에 여론도 마리-클레르 재판을 주목하기 시작했다.

우리는 시장, 백화점, 고등학교, 지하철, 길거리를 돌아다니며 더 많은 전단을 나눠줬다. 나는 이 모습을 지켜보면서 이제 중요한 전환점이 마련될 것이며, 여론을 환기하는 데 성공하리라고 확신했다. 마리-클레르는 공범으로 기소된 다른 여성들처럼 재판을 받지는 않을 것이다. 마리-클레르 사건은 새로운 국면을 맞았다. 사회적인 사건으로 확장된 것이다.

재판 과정은 비공개로 진행됐더라도 판결은 공개돼야 했다. 나는 법원, 검찰, 경찰 책임자들과 협상한 끝에 델핀 세이리그를 비롯한 몇 명이 법정에 들어와도 좋다는 합의를 봤다. 우리는 불안한 심정으로 판결을 기다렸다. 나는 주요 정치 사건 때 내가 변호한 피고인들에게 내려진 가혹한 판결, 심지어 사형이 선고된 때가 떠올라 극도로 긴장했다. 파리 교외에 있는 이 작은 법정에서 뭔가가 벌어지려 하고 있었다. 머지않아 이 뭔가가 범람해 프랑스 전체로 퍼져나갈 것이었다.

재판장과 두 사람의 배석판사가 차분한 표정(내 눈에는 그렇게 보였다)으로 모습을 나타냈다. 재판장이 담담한 목소리로 판결문을 낭독했다.

"자신의 행위를 고의 또는 자발적으로 행하지 않았다고 판단해 피고 마리-클레르에게 무죄를 선고한다."

그리고 이렇게 덧붙였다.

"왜냐하면 피고는 벗어날 수 없는 도덕적·사회적·가족적 제약으로 고통을 겪었기 때문이다."

판례의 관점에서 보면 새롭고 용기 있는 판결이었지만, 한편으로는 매우 모호한 판결이었다. 도덕적·사회적 제약이란 게 결국 이 사회가 만들어낸 것이 아닌가? 마리-클레르가 자발적 행위를 하지 않았다는 말은 그녀가 성교육을 받지 못해 피임하지 못했고, 아이를 낳아 키울 수 있을 만큼의 물질적 여유가 없어서 낙태 말고는 선택의 여지가 없었다는 의미가 아닌가? 요컨대 '자발적 낙태'가 아니기에 무죄라는 논리였다.

무죄가 선고된 것은 기뻤지만 못내 아쉬운 판결이었다. 마리-클레르는 자발적으로 낙태를 한 것이다. 그리고 자발적 낙태에 무죄가 선고돼야 했다. 나와 마리-클레르는 오랫동안 이야기를 나눴고 그녀 스스로 법정에서 자신의 입장을 분명히 밝혔다. 더욱이 그녀는 당시 상황을 진술할 때 자신을 함정에 빠뜨리고자 애쓰는 검사에게 시종일관 당당히 맞섰다. 검사는 그녀를 이렇게 몰아붙였다.

"그 모든 것이 사실이라 해도 피고는 즉시 경찰에 신고했어야 했습니다. 신고하지 않았다는 것은 떳떳한 상황이 아니었다는 방증입니다. 따라서 피고의 진술은 신뢰할 수 없습니다!"

터무니없을뿐더러 기괴하기까지 한 주장이었다. 어떤 여성이 성폭행을 당했다. 이 여성이 그런 일을 겪고 곧장 경찰서를 찾아가 이런저런 일이 있었다고 털어놓을 것 같은가? 그렇지 않다. 이 여성은 엄청난 충격을 받고 트라우마에 사로잡힌다. 방금 당한 일을 안으로 억누르게 된다. 성폭행을 당한 여성 대부분은 신고를 하지 못한다.[4]

이 검사는 인간의 기본적인 심리조차 이해하지 못한 것이다. 그게 아니라면 마리-클레르를 압박하려는 수작이었을 뿐이다. 그런데도 마리-클레르는 검사에게 맞서 자신의 생각을 당당히 밝혔다. 검사는 어머니가 시켜서 낙태했다는 말이 그녀 입에서 나오게 만들려고 애썼다. 하지만 마리-클레르는 '가족의 강요(사실 가장 편리한 진술)'라는 함정에 빠지지 않았다. 되레 어머니는 처음에 아이를 낳아 같이 키우자고 제안했다면서 이렇게 또박또박 말했다.

"저는 고등학생이에요. 제 나이 때는 아이를 가질 수 있다는 생각 자체를 안 하고 아이를 갖고 싶어 하지도 않아요."

우리는 몹시 기뻐하며 보비니에서 돌아왔다. 미셸 슈발리에의 얼굴이 환하게 빛났다.

"끝났어요! 우리가 이겼어요!"

그렇지만 진짜 전투는 이제부터였다.

"예상하시겠지만, 다음 재판은 훨씬 힘들 거예요."

그녀는 자기가 아직 재판을 받지 않았다는 사실을 잊은 듯했다.

"아, 그렇죠. 네, 그러니 싸워야죠! 그래서 또 이겨야죠!"

과연 가장 중요한 전투를 치러야 했다. 미셸 슈발리에와 공모자들 그리고 낙태 시술자에 대한 재판은 3주일 뒤 열리며, 이번에는 공식 재판으로 진행될 예정이었다. 여론의 반응과 마리−클레르의 무죄선고에 큰 용기를 얻은 우리는 〈선택〉 협회 사무실 모여 이번 재판을 1920년 법에 대한 재판으로 만들기로 결심했다. 어떤 재판이 본보기가 되려면 우선 피고인들부터 본보기가 돼야 한다. 미셸 슈발리에, 뤼세트 뒤부세, 르네 소세보다 더 용감하고 명석한 여성들은 찾기 힘들 것이다.

보비니 재판의 중심인 이 여성들에 대한 이야기를 빼놓을 수 없다. 먼저 미셸 슈발리에. 체구는 작지만 자세가 당당하고 눈동자에 생기가 넘치며 말투가 간결하다. 넓은 이마가 드러나도록 검은 머리카락을 뒤로 쓸어 넘겼다. 그녀는 힘든 상황에 빠졌지만 웃으며 맞설 정도로 힘이 넘치는 여성이다. 활짝 웃는 모습이 무척이나 젊어 보여서 마흔 살이라는 나이가 믿기지 않는다.

그녀는 기소당했다. 하지만 그녀의 처신에는 흠잡을 곳이 없었다. 그녀에게는 죄가 없었다. 언제나 새벽같이 일어나 청소하고 빨래하고 아이들 먹일 음식 준비를 하고 나면, 잠깐 휴식할 겨를도 없이 허겁지겁 버스를 타고 지하철역으로 가서 다시 지하철을 타고 몽트뢰유-퐁드세브르 노선 중 한 역으로 출근했다. 15년 전부터 하루 8시간 1주일 내내 소세당탱(Chaussée d'Antin) 역이나 미로메닐(Miromesnil) 역 지하 사무실에서 일했다. 오후 늦게 일을 마치면 퇴근길에 부랴부랴 장을 보고 다시 버스를 탔다. 그러고는 가로등도 없는 어두컴컴한 골목을 지나 집으로 돌아갔다. 파리지하철공사 규정에 따라 한 달에 한 번, 세 번째 또는 네 번째 일요일에는 쉬었다. 쉬는 날에는 모처럼 세 딸과 시간을 보냈다. 판사에게 제출한 경찰 보고서에 따르면, 미셸 슈발리에는 정직하고 성실하며 평판에도 아무 문제가 없었다. 법정에서 그녀는 이렇게 진술했다.

"재판장님, 저는 선택을 해야만 했습니다. 저는 제가 원하지는 않았지만 제가 낳은 세 딸을 키워야 했습니다. 딸들을 위해 인생을 바치기로 했습니다.”

실제로 그녀는 자신의 삶을 희생했다. 그러나 좌절하거나 신세 한탄을 하지는 않았다. 그녀는 자기 운명을 온전히 받아들였다. 그녀와 세 딸을 버리고 떠난 남자 이야기가 거론되자 담담하게 대답했다.

“네, 맞습니다.”

그를 향한 원한 따위는 없었다. 그녀는 떳떳한 노동자로 살았다. 그리고 이제 불의에 맞서 투쟁한다. 지극히 정상이다. 그녀의 삶은 감출 것이 없었다. 그녀의 삶은 원칙에서 벗어나지 않았다. 그녀는 자신의 딸 마리−클레르를 위해 당연히 해야 할 일을 했다. 그녀는 마리−클레르를 낳았고 키웠고 공부시켰다. 사건이 터졌을 때도 그녀는 언제나 그랬듯 딸아이 곁에 있었다. 처음으로 판사 앞에 섰을 때 그녀는 자신의 모든 것을 걸고 항변했다.

“재판장님, 저는 죄가 없습니다! 죄가 있는 것은 재판장님의 그 법입니다!”

하지만 판사는 아무것도 이해하지 못했다. 자칫 실추할지 모를 판사로서의 위엄을 지키기 위해 이렇게 다그칠 뿐이었다.

“발언을 멈추세요! 그렇지 않으면 법정모독죄로 감치하겠습니다!”

뒤부세와 소세는 모든 의미에서 같은 부류였다. 두 사람 모두 힘들게 살았지만 결코 품위를 잃지 않았다.

단정한 머리 모양과 세련된 옷차림의 뤼세트 뒤부세는 특유의 부드러운 분위기를 풍겼다. 그녀는 독실한 가톨릭 신자였으며, 많은 사람이 모여 시끄럽게 떠들어대는 것을 싫어했다. 그렇지만 보비니 재판 판결이 내려지는 날 2,000명이 넘는 인파로 둘러싸인 법정에서 그녀는 우레와 같은 박수갈채를 받았다. 그녀의 모든 것이 진실이었고, 똑바로 겨냥했고, 정확히 찔렀기 때문이다. 보비니 재판에서 그녀는 가장 단순한 단어로 자신이 주장하려고 하는 바를 놀라울 정도로 밀도 있게 말했다. 그녀는 "개인적으로는 낙태하느니 차라리 죽는 게 낫다"고 진술했다. 그런데 곧바로 이렇게 덧붙였다.

"다만 저는 이해할 수 없습니다. 우리 모두는 선택을 한 것뿐입니다. 미셸 슈발리에가 저를 만나러 왔을 때 제 선택은 그들을 돕는 것이었습니다. 그들은 낙태를 하기로 선택했습니다. 무엇의 이름으로, 누구의 이름으로 제 신념을 다른 사람들에게 강요한단 말입니까? 저는 모든 여성이 자유롭게 선택할 수 있어야 한다고 믿습니다. 그래서, 저라면 절대로 낙태를 하지 않겠지만, 저와 함께 일하는 동료 미셸 슈발리에가 저들만의 사정 때문에 저와 반대되는 선택을 하고 실행에 옮긴 것 역시 지극히 정상적인 일이었다고 생각합니다."

앞서 언급한 것처럼 르네 소세는 보육원에서 자랐다. 버려진 그녀는 자기를 낳은 어머니가 누구인지 몰랐다. 법정에서 그녀는 이렇게 진술했다.

"미셸 슈발리에가 제게 도움을 요청했을 때, 저는 낙태의 공범이 될지 유기의 공범이 될지를 선택해야 했습니다. 만약 아이를 낳게 되면 이들 형편으로는 결국 보육원에 맡길 수밖에 없다고 생각했습니다.

네, 그래요. 재판장님, 저는 주저하지 않았습니다. 저는 낙태 공범과 유기 공범 사이에서 망설임 없이 낙태 공범 쪽을 선택했습니다. 그래서 오늘 이 자리에 서게 됐습니다."

미슐랭 방뷔크를 빼놓을 뻔했다. 다른 세 명의 여성은 알겠는데 그녀는 이해가 되지 않는다고 생각할지도 모르겠다. 돈 때문에, 1,200프랑을 달라고 했기 때문에 이른바 '명분'이 없는 것 아니냐고 말이다. 하지만 그녀의 경우야말로 비극적이다. 이 여성은 혼자서 아이를 세 명이나 보살피고 있었다. 생활고에 찌들어 있었다. 지병도 앓고 있었다. 그런 와중에 사례할 테니 낙태 수술을 해달라는 부탁을 받았다. 거절할 수 있을까?

더구나 그녀가 낙태 수술을 할 줄 알게 된 까닭은 신경증에 나병(그나병 맞다)까지 걸린 남자와 살았기 때문이었다. 그는 그녀와 성관계를 할 때면 자기는 절대로 콘돔을 쓰지 않으니 알아서 하라는 말만 되풀이했다. 그런데 성교육도 받은 적 없고 피임법도 모르는 그녀가 뭘 어떻게 알아서 할 수 있었을까? 운 좋게 지나간 적도 있지만 여러 번 임신할 수밖에 없었다. 그렇게 소식자를 자기 배 속에 넣고 스스로 낙태하는 지경에 이르렀다. 남편이 자살하기 몇 달 전에도 그랬단다.

그리고 가장 중요한 사실이 있다. 보육원에서 함께 자란 친구의 요청을 받았다. 르네 소세가 그녀에게 마리−클레르를 도와달라고 간곡히 부탁한 것이다. 그러므로 단순히 사례비를 받으려고 했다는 이유로 그녀를 폄훼할 수 없다. 이 불행한 여성을 비난할 수 있는 사람은 없다.

더욱이 진정한 페미니스트라면 소외된 삶을 사는 수많은 여성의 수많은 사정을 인지해야 할 것이다.

바로 이들이 보비니 법정에 출두해야 했던 '피고인들'이었다.

재판을 준비하는 동안 이들의 얼굴이 밤낮으로(특히 밤에) 아른거렸다. 반드시 이겨야 했다. 그들을 위해, 모든 여성을 위해, 우리 모두를 위해. 그러나 과연 이들이 검사의 심문, 그 시대착오적 의식을 견뎌낼 수 있을까? 수줍음을 극복할 수 있을까? 공개된 자리에서 뭔가를 설명할 때의 당혹감을 버텨낼 수 있을까? 저들만의 난해한 법률 용어가 가져오는 혼란을 이겨낼 수 있을까? 검은 법복을 입은 남성들 앞에서 성행위, 자궁, 소식자 등에 대해 말해야 하는데 너무 가혹한 시련이 아닐까? 자신들이 겪은 사건을 최소화해서 판사의 관용을 구하겠다는 유혹에 빠지지는 않을까?

미셸 슈발리에가 나를 안심시켰다. 또렷한 목소리로, 그녀는 진심으로 싸우고 싶어 했다. 승리하고 싶어 했다. 그녀는 알고 있었다. 우리는 1920년법에 맞서는 정치 재판을 하려고 한다. 피고인 자신들의 사건을 넘어 어떤 정의를 옹호하기 위한 싸움이라는 사실을 인식한 재판은 곧 정치 재판이다. 이 재판에서 피고는 오히려 원고가 되어 법정을 토론의 장으로 만들어야 한다. 판사와 방청객을 넘어 여론 전체를 움직여야 한다.

보비니 재판의 판결에는 '역사적'이라는 수식어를 붙일 수 있다. 이 판결이 1920년법을 폐지하는 데 이바지했기 때문이다.

미셸 슈발리에는 벌금 500프랑에 집행유예를 선고받았다. 우리가 절대로 고분고분하지 않았다는 점을 고려할 때 무겁다고는 볼 수 없는 형량이었다. 우리는 유죄를 선고해달라고 판사를 도발하는 한편, 범했다고 진술한 사실들이 범죄 인정이 아니라 자유를 요구하는 데 필요한 표현일 뿐이라고 주장해 골머리를 앓게 했었다. 어쨌든 벌금 500프랑에 집행유예는 보는 관점에 따라 너무 무겁거나 가벼운 처벌이다. 하지만 우리는 미셸 슈발리에가 지나치게 무거운 형량을 받았다고 판단했다. 〈선택〉 협회는 그녀와 함께 끝까지 가기로 하고 이 판결에 대해 항소했다.

그런데 정상적인 절차대로 항소심 설정이 이뤄졌더라면 이미 파리의 상급법원에서 재판이 진행돼 변론을 마쳤을 것이다. 하지만 무슨 영문인지 검사들이 서류를 제대로 확보하지 못한 것 같았다. 1심이던 보비니 재판 때 공소 서류를 정리해 파리로 보내는 데 6개월 정도 소요된 듯 보였다. 그러고 나서는 아무런 소식도 들려오지 않았다. 우리는 항소심 재판이 열리기를 기다리고만 있었다.

재판일이 정해지면 엄정한 공판이 진행될까? 마침내 무죄 선고를 받을 수 있을까? 이런 생각을 하는 동안에도 공판 기일은 정해지지 않았다. 나중에 알게 된 사실이지만, 결국 검찰은 항소심 사건을 설정하지 않은 채 3년의 기한이 지나도록 방치했다. 그 결과 시효가 만료됐고 미셸 슈발리에는 유죄를 선고받지 않았다.

뒤부세와 소세는 어떻게 됐을까? 두 사람은 법적으로 공범이다. 형법 제69조는 공모를 "그 어떤 수단으로든지 범죄를 저지르도록 돕는 행위"라고 정의한다. 그러나 보비니 재판부는 공범이 아니라고 판단했다. 심리 때 분명히 두 사람은 자신이 왜 미셸 슈발리에를 도왔는지, 그리고 왜 그렇게 할 권리가 있다고 생각하는지 설명했다. 그런데도 재판부는 그들이 "마리-클레르와 직접 관련되지 않았기 때문에" 공범이 아니라고 간주했다.

두 사람이 마리-클레르와 직접적인 관계가 있었는지 아닌지 나는 모른다. 내가 아는 것은 범죄인과 직접 관련돼야만 공범죄가 성립한다는 조항은 형법에 없다는 사실이다. 이는 프랑스 사법 시스템의 허점을 비롯해 재판 과정에서 판사들이 얼마나 당혹스러워했는지를 여실히 보여준다.

마지막으로 낙태 수술을 한 미슐랭 방뷔크는 징역 1년에 집행유예 1년을 선고받았다. 그녀가 살아온 삶과 낙태 수술을 할 수밖에 없던 광범위한 동기, 지금도 심각한 그녀의 건강상태 등을 고려하면 지나치게 무거운 형량이었다. 재판부는 낙태 수술을 한 사람과 낙태 수술을 받은 사람을 분리하고 싶어 한 듯했다. 마치 여성이 낙태 시술자 없이 스스로 낙태할 수 있다는 듯, 낙태 시술자들에게 무거운 형량을 내리면 여성들이 자신의 몸을 이 자격을 갖추지 못한 사람들에게 맡기지 않으리라는 듯 말이다.

통계에 따르면 낙태한 여성의 85%는 22세에서 35세 사이다. 그들 중 대다수(62~88%)는 이미 아이가 있는 어머니다. 그리고 가장 중요한 사실은 어쩔 수 없이 낙태하는 여성 가운데 84%가 자격이 없는 낙태 시술자, 즉 의료계나 준 의료계에 속하지 않은 사람에게 수술을 받는 다는 사실이다. 프랑스에서 벌어지는 낙태 중 84%가 최악의 조건에서 이뤄진다는 뜻이다.[5]

보비니 재판 판결의 여파로 마침내 1920년법은 폐지됐다. 보비니 때 부터 이 법은 더이상 존재하지 않게 된 것이다. 낙태금지법은 완전히 분쇄됐다. 이후 내가 변호사 자격으로 참여한 모든 공판에서 재판부는 이런저런 법과 판례를 짜깁기해야 했다. 우리는 법이 전혀 일관적이지 않은 시대에 살고 있었다. 〈선택〉 협회가 맡은 낙태 소송은 무기한 연 기됐는데, 이는 결국 이 법을 현실에 적용할 수 없다는 사실을 시인한 것이라고 할 수 있다.

마리-클레르 이야기를 해야겠다. 그녀는 사건이 일어나기 훨씬 전 부터 보육교사가 되고 싶어 했다. 하지만 보육교사가 되려면 자격증이 있어야 했다. 아마도 〈선택〉 협회가 돕지 않았더라면 꿈을 포기할 수 밖에 없었을 것이다. 우리는 실무 경험을 할 수 있는 특수학교 한 곳을 알선해줬고 그곳에서 그녀는 선천적으로 기형인 아이들을 돌보았다. 어느 날 그녀는 아이들을 찍은 사진을 가져와 우리에게 보여줬는데, (이렇게 말하기가 조심스럽지만) 도저히 눈 뜨고 보기 힘들었다. 마리-클레르는 아이들을 정성껏 보살폈다.

이 아이들의 정신적·육체적 결함은 임신 초기에 드러난다. 그러나 낡아빠진 도덕과 시대착오적 직업윤리를 고수하는 무책임한 의사들은 이런 아이들이 태어나도록 내버려둔다. 자신들이 생명을 존중한다는 것을 스스로 증명하기 위해서다. 물론 이 아이들의 인생은 그들이 알 바 아니다.

보비니 재판은 마리-클레르에게 엄청난 영향을 미쳤다. 그녀는 사람들이 자신을 위해 뭉치고 자신에게 애정을 기울이는 모습을 똑똑히 목격했다. 그리고 이 싸움을 통해 문제의식을 느끼고 각성했다. 이 모든 것이 그녀가 삶의 균형을 유지하는 데 도움이 됐다. 마리-클레르는 보육교사가 될 것이다. 그녀는 틀림없이 자신이 사랑하는 사람과 결혼할 것이다. 그리고 자신이 선택해 아이를 갖게 될 것이다.[6]

보비니 재판은 〈선택〉 협회가 추진한 활동에도 큰 영향을 미쳤다. 재판이 다음 날 〈프랑스-스와르(France-Soir)〉는 1면에 폴 밀리에즈 교수의 사진과 함께 "나도 마리-클레르의 낙태에 동의했을 것"이라는 제목의 머리기사를 실었다. 이로써 파리와 대도시는 물론 가장 외딴 마을에 사는 사람들까지 포함한 프랑스 여성들과 남성들이 보비니의 비극을 알게 됐다. 낙태 문제가 공론의 도마 위에 올랐다. 파리의 저명한 교수들이 낙태한 여성들 편에 서서 공개적으로 1920년법에 반대했다는 사실도 알게 됐다. 그 이후로도 이 사건을 다룬 신문 기사가 수백 건이나 쏟아져 나왔다. TV와 라디오에서도 크게 보도했다.

대중매체가 지대한 관심을 기울이고 대대적으로 개입하자 어마어마한 양의 우편물이 〈선택〉 협회에 도착했다. 협회 사무국 직원들과 델핀 세이리그의 비서, 특히 우리 단체의 기둥이라 할 수 있는 리타 탈만(Rita Thalmann)은 날마다 프랑스 전국 각지에서 몰려드는 우편물에 치여 살았다. 우편물로 정신없는 건 우리뿐만이 아니었다. 판결이 나기도 전에 미셸 슈발리에와 피고인들의 석방을 요구하는 수많은 편지나 청원서가 보비니 법원으로 날아들었다. 나아가 프랑스 각계각층의 여성들이 〈선택〉 협회의 연대와 투쟁에 동참하겠다는 뜻을 표했다.

보비니 재판의 판결은 대부분 일간지 1면에 실렸다. 1972년 8월에 300명이던 〈선택〉 협회 회원 수가 11월에는 2,000명으로 늘었다.

보비니 재판은 정점이고 절정이었다. 그러고 나면 긴장이 풀릴 수 있다. 리듬을 유지할 필요가 있었다. 그래서 우리는 재판 내용을 책으로 펴냈다. 낙태의 역사에서, 재판의 역사에서 처음 있는 일이었다. 〈선택〉 협회가 펼친 또 한 번의 극적인 활동이었다. 이 책은 보비니 재판에 대한 완벽한 보고서이며 본보기가 될 것이다. 이 책은 주관적 평가를 담은 비평서도 아니고 분위기 있는 문학작품도 아니었다. 그저 1972년 11월 8일 오후 1시에서 10시까지 열린 재판 내용을 처음부터 끝까지 있는 그대로 기록한 보고서였다.

사실 보비니 재판에서 검사는 방청객으로 나와 있던 각 언론사 기자들에게 1881년 7월 29일법(언론의 자유에 관한 법률) 제39조를 상기시키며 논고를 시작했다. 제39조는 낙태 재판 심리의 출판을 엄격히 금지한다는 내용이었다. 그는 아예 그 조항을 읽기까지 했다.

그러나 이런 위협은 아무런 효과도 발휘하지 못했다. 언론은 겁을 먹지 않았다. 프랑수아즈 지루가 가장 용감했다. 그녀는 〈르엑스프레스(L'Express)〉에 기소할 테면 해보라는 마지막 문장으로 자신의 칼럼을 끝냈다. 레이몽 마르슬랭 장관은 무척이나 못마땅했을 것이다. 하지만 선거철이었다. 정부는 기자들과 힘겨루기를 하지 못했다.

정부는 보비니 재판을 출간 금지할 것인가? 당연히 그러고 싶은 유혹을 느꼈을 것이다. 한 달이 채 되지 않아 갈리마르 출판사는 모든 사람이 부담 없이 살 수 있을 만큼 싼 가격으로 이 책을 출간했다.[7] 〈선택〉 협회 회원들은 이 책을 열심히 홍보했다. 광고를 전혀 하지 않았는데도 몇 주 만에 3만 부 이상 판매됐다. 정부는 아무런 반응도 보이지 않았다. 이렇게 해서 1920년법 폐지에 이어 낙태 재판 출판에 관한 조항도 폐기됐다. 두 번째 투쟁에서도 승리를 거둔 것이다.

그때까지만 해도 침묵이 법칙이었다. 불법 낙태 혐의로 재판받는 여성들은 어떤 사회계층에 속하는가? 이들은 독신 여성인가? 낙태를 결심한 진짜 이유는 무엇인가? 무슨 일이 있었기에 낙태하기로 마음먹었는가? 불법 낙태 수술은 어디에서 어떻게 이뤄졌는가? 그리고, 무엇보다, 특히 재판은 어땠는가? 자기 생각을 밝힐 수 있었는가? 자유롭게 행동할 수 있는 권리를 주장했는가, 아니면 낙태한 데 대해 용서를 구했는가?

이 모든 의문에 대한 대답은 전혀 알려지지 않았었다. 왜냐하면 진술 거부권을 행사하거나, 전통과 억압이라는 자물쇠로 잠겨 있었기 때문에 그 실체가 드러나지 않았던 것이다.

그런데 이 책이 나오자 모든 것이 훤히 밝혀졌다. 언론법 39조를 어기는 일이었지만 꼭 필요한 일이었다. 이 책을 읽으면 재판을 방청하고 있다고 상상할 수 있다. 사람들의 탄성과 야유, 기발하다 못해 충격적이기까지 한 질문 등 모든 재판 과정이 꼼꼼하게 기록돼 있다. 일테면 판사가 낙태 시술자 미슐랭 방뷔크를 심문하면서 이런 질문을 하는데, 여성으로서는 쓴웃음이 나오는 대목이지만 이런 사실을 아는 게 중요하다고 생각했다.

"피고는 마리−클레르의 낙태 수술을 어떻게 했습니까?"

"재판장님, 우선 저는 마리−클레르에게 검경(檢鏡, spéculum)을 물렸습니다."

그러자 판사가 물었다.

"그 검경이란 것을 입에 물렸습니까?"

어이없고 우스꽝스럽지만, 궁극적으로 수치스러운 질문이었다. 나는 이렇게 변론했다.

"네 분 재판장님, 자신을 보시고 우리를 보십시오. 네 명의 여성들이 네 명의 남성 앞에 서서 지금 무슨 말을 하고 있습니까? 자궁, 임신, 낙태를 말하고 있습니다. 남성들 앞에서 육체적 자유에 대한 요구를 하고 있습니다. 이미 그것부터가 불공정하지 않습니까?"

이 싸움에서의 승리로 침묵, 굴욕, 특히 은밀함이 사라졌다. 그동안에는 낙태도 은밀하게, 재판도 은밀하게 했다. 은밀하게 불법 낙태 시술자를 찾아가 낙태했고, 흔한 사건(검사가 실제로 이렇게 말했다)도 최대한 은밀하게 처리했다. 여기서 '흔한 사건'이란 낙태, 즉 여성이 여성의 몸을 여성 마음대로 할 수 있는 권리를 문제 삼는 사건인데 검사가 저렇게 표현한 것이다.

어쨌든 더는 은밀하지 않다. 왜냐하면 앞으로 낙태는 은밀하게 이뤄지지 않을 것이며, 여성에 대한 그 어떤 재판도 비밀리에 열릴 수 없을 것이기 때문이다.

보비니 재판에 관한 책은 출간 금지나 압수 처분이 나올 줄 알았는데 그런 일은 일어나지 않았다. 더욱이 우리는 기소도 당하지 않았다. 사법적으로 중요한 일이었다. 앞서 말했듯 당시 프랑스는 선거를 앞두고 있었다. 그것도 대통령 선거였다. 우리로서는 행운이라고 할 수 있었다. 현직 대통령과 예비 후보들은 저마다 낙태금지법에 대한 소견을 밝혀야 했다. 조르주 퐁피두(Georges Pompidou) 대통령은 이 문제에 "격분한다"면서 현재 시행되고 있는 법은 시대에 뒤처졌으므로 개정해야 한다는 사실을 인정했다. 차기 대통령 자리를 노리는 발레리 지스카르 데스탱(Valéry Giscard d'Estaing)도 여론을 주도하기 위해 자유주의적 태도를 보였다. 그리고 자크 뒤아멜(Jacques Duhamel)도 몇 차례

고무적인 발언을 쏟아냈다.

좌파 정당들은 낙태를 처벌하는 내용의 법을 모두 폐지하라고 요구했다. 이 같은 요구는 특히 사회당과 공산당 그리고 좌파 급진주의자들이 서명한 정부 공동 프로그램에 반영됐다. 그렇지만 공산당이 완전한 낙태의 자유를 고려하지 않았다는 것은 주지의 사실이다. 공산주의자들은 "사회적 경우"●를 포함해 "경우에 따라 적용되는" 법의 지지자들일 뿐이었다. 그러나 그런 '경우'가 연간 80만 건의 불법 낙태 중 95%를 차지하더라도, 여전히 여성의 선택권을 거부하는 것이기 때문에 이 법은 원칙적으로 억압이다. 우리는 이런 모순에 관해 거듭해서 강조했다.

그동안 우리는 피임과 낙태의 자유에 관한 법률안을 보완했다. 〈선택〉 협회 그르노블(Grenoble) 지부에서 활동하는 외과 의사이자 미국 뉴욕 법안을 심층적으로 연구한 J. L. 브르니에(J. L. Brenier)의 조언을 최종 반영해 법안을 완성했고, 1973년 4월 그 누구도 신뢰성을 문제 삼을 수 없는 이 법안을 좌파 정당들에 제안할 수 있었다. 그리고 프랑수아 미테랑(François Mitterrand)과 가스통 드페르(Gaston Defferre)◎의 지지 덕분에 사회당에서 상정하기로 결정됐다.

● | 사회가 나서서 책임져야 할 정도의 사회적 소외를 초래한 경우를 말한다.
◎ | 프랑스의 정치인(1910~1986). 마르세유(Marseille) 시장과 내무부 장관을 지냈다.

제4장

형법 제317조

다른 나라들도 마찬가지겠지만 프랑스에서 국가의 유기적·구조적·정치적 최상위법인 헌법을 제외하면 법보다 더 높은 것은 없다. 그런데 법은 국민의 의지를 반영한다. 그리고 그 의지가 반영된 법안을 입법부인 국회에서 상정해 가결한다.

하지만 보비니 재판을 통해 산산조각 난 1920년법은 프랑스에서 그 누구도 제대로 이해하지 못했다. 사람들은 낙태가 불법임을 알고 있었고, 동시에 매년 수십만 명의 여성들이 낙태를 한다는 사실도 알고 있었다. 그들 중 일부가 재판을 받는다는 것도 알고 있었다.

그러나 그게 전부였다. 불투명한 위선, 두려움, 죄책감 등이 침묵을 유발했고 오랫동안 이 비극을 은폐해왔다. 기소당한 여성들은 누구인

여성의 대의

가? 그들은 왜 낙태했는가? 그들은 어떻게 재판을 받았는가? 그들은 무엇에 대해 유죄선고를 받았는가? 이런 물음도, 물음에 대한 답도 없었다. 우리는 이 침묵을 깨야만 했다.

우리가 1920년법이라고 부르는 이 법은 53년 동안 여러 차례 개정을 거쳐 오늘날 형법 제317조가 됐다.[1] 하지만 1920년 이후 갖가지 조처로 그 범위를 제한했는데도 본질적 내용에는 변함이 없었다. 현재의 억압은 1920년법 법안 초안에서부터 존재했다(그때도 형법 제317조였다).

1920년 7월 23일 하원에서는 원래 사면을 논의하기로 돼 있었다. 그런데 예상치 못한 일이 일어났다. 의장이 낙태 문제가 의제에 포함됐다고 예고한 것이었다.

이때의 상황은 회의 내용을 기록한 〈관보(Journal Official)〉에 상세히 나온다. 두 좌파 의원인 베르통(Berthon)과 모뤼치(Morucci)는 여당이 속전속결로 끝내려는 안건에 의사 진행 발언을 했다. 이들은 그와 같은 억압은 아무런 기대 효과가 없다고 비판하면서 여성들과 부부들에게 더 나은 생활 조건을 제공해야 한다고 주장했다. 이에 우파 의원들은 두 사람에게 야유를 퍼부었다. 그중에서 레옹 도데(Léon Daudet)와 자비에 발라(Xavier Vallat)가 가장 심하게 반응했다(이들은 훗날 나치의 협력자가 된다).

이 억압을 지지하는 다른 의원들도 굳이 에둘러 말하고자 애쓰지 않았다. 그들은 낙태가 인종을 위협한다고 주장했다. 제1차 대전 때 인명손실이 엄청났기 때문에 아이를 많이 낳아야 한다는 논리였다. 피임을 옹호하는 자들은 독일의 첩자이며, 독일로부터 돈을 받고 그런 선동을 한다고도 강조했다. 의원 대부분이 군인 출신이기에 '청회색● 의회'라고 불리는 하원에서 이들의 계략은 제대로 적중했다.

그러자 뱅상 오리올(Vincent Auriol), 바이앙-쿠튀리에(Vaillant-Couturier), 레옹 블룸(Léon Blum) 등의 의원이 토론을 연기하자고 요구하며 반격을 시도했다. 하지만 이들의 요구는 500 대 81로 거부됐다. 분노한 베르통이 소리쳤다.

"당신들의 윤리는 이 한 문장으로 요약될 수 있소. 부르주아지에는 자유를! 인민들에는 그들을 속박할 수 있는 아이를!"

그가 연단에서 내려오자마자 법안은 표결에 부쳐졌고 521 대 55라는 압도적인 차이로 가결됐다. 엿새 뒤인 7월 29일, 상원은 하원이 가결한 법안을 토론 없이 채택했다. 한 의원이 법안의 취지를 설명하자 우파 상원의원 셰이롱이 발언했다.

"간단히 말하겠습니다. 입법부는 방금 의무를 다했습니다. 이제 사법부가 이 법을 적용해 의무를 다하기를 바랍니다!"

큰 박수 소리가 쏟아져 나왔다. 법안은 즉시 가결됐다. 1920년법은 이처럼 히스테릭한 상황에서 통과됐다.

● | 제1차 대전에서 제2차 대전 전까지 프랑스 육군의 군복 색깔.

낙태와 관련한 억압은 독일이 프랑스를 점령했을 때 가장 극심했다. 1943년 패탱(Pétain) 법원은 낙태 수술을 해줬다는 이유로 마리−루이즈 지로(Marie−Louise Giraud)라는 여성에게 사형을 선고했다.[2] 실제로 이 여성은 처형됐는데, 이는 프랑스 사법 역사에서 매우 드문 일이었다. 같은 시기에 나치도 낙태행위를 처벌코자 사형제도를 제정했다. 나치 독일 형법 제218조의 이 극단적 조치는 이렇게 정당화됐다.

"낙태는 독일 민족의 생명력을 해친다."

1920년법을 만든 우리의 부지런한 입법자들도 다른 식으로는 추론하지 못했다.

형법 제317조는 근본적으로 차별적 성격을 띠고 있었다. 보비니 재판에서 봤듯이 억압은 늘 같은 여성들에게 가해진다. 나는 변호사 활동 20년 동안 기업 최고경영자의 아내, 검찰 고위직의 아내, 장관의 아내가 낙태 또는 낙태 공모 혐의로 법정에 선 모습을 본 적이 단 한 번도 없다. 이 높은 분들의 애인들도 본 적이 없다. 그렇지만 우리는 이 여성들도 마찬가지라는 사실을 잘 알고 있다. 이들도 우리처럼 임신하고 낙태한다. 다만 더 나은 조건에서 낙태를 할 뿐이다. 남몰래 영국이나 스위스행 비행기를 타는 것이다. 물론 파리에도 안락하고 쾌적한 병원들이 널렸다. 설사 부주의해서 의사가 체포되고 경찰이 주소록이나 노트를 압수하더라도, 보기만 하면 누구인지 바로 알 수 있는 이름들은 다 지워져 있다.

1943년 패탱 재판에서 유죄를 선고받은 461명의 여성 중에는 기업체 고위 간부 2명과 기업 경영자 2명이 있었다. 그리고 나머지 여성들 가운데 141명은 노동자, 132명은 가정부, 123명은 말단 공무원, 61명은 소상인이었다.

1973년 1월 앙제(Angers)에서는 82명의 여성이 기소됐다. 그들 중 20명은 노동자의 아내이거나 서민 가정 출신의 가정주부였고, 16명은 가정부와 식당 종업원, 15명은 사무직 직장인, 11명은 노동자, 2명은 간호사, 1명은 사회복지사, 1명은 평생교육원 교사였다.

이 두 수치는 낙태가 결국 계급 재판이라는 사실을 보여준다는 점에서 서로 일치한다.

형법 제317조는 가장 억압적인 조항이기도 했다. 이 조항은 형법의 기본원칙과 다르게 '의도'를 처벌한다. 즉, '불가능한 범죄'를 처벌하는 것이다. 단적인 사례가 있다.

낭시(Nancy)에서 가정부로 일하는 여성의 열여섯 살 딸이 자기가 임신한 줄 알고(사실은 임신이 아니었는데) 난소호르몬 주사를 맞았다가 발각돼 15일 구류 집행유예를 선고받았다. 그런데 알다시피 그 난소호르몬은 낙태가 아니라 오히려 임신을 돕는 물질이다. 친구의 친구를 통해 소개받은 의대생이 어설픈 지식으로 잘못 주사한 것이었다. 어쨌든 임신했다는 것도 착각이었고 낙태를 유발하는 주사를 맞은 것도 아니었다. 그런데도 이 여성은 형법 제317조에 의해 처벌받았다.

이는 '불가능한 범죄'다. 임신하지 않았고 낙태 물질을 사용하지 않은 여성은 낙태죄를 저지를 수 없다. 생리적으로 불가능한 일이다. 이를 처벌한다는 것은 시체에 총을 쏜 사람을 살인죄로 처벌하는 것과 마찬가지다.

따라서 재판부는 '의도'를 처벌한 셈이다. 어떤 의도에 대한 재판은 공정할 수가 없다. 억압이라고밖에 말할 수 없다. 그렇다면 무엇을 억압했을까? 내가 보기에 그 대답은 명료하다. 여성이 자기 몸을 자기 마음대로 할 수 있는 권리를 갖지 못하도록 억압한 것이다.

그녀는 자신이 임신했다고 믿었다. 실제로는 임신하지 않았다. 하지만 그녀는 원하지 않은 임신을 중단하는 것이 자신의 권리라고 생각했다. 재판부는 자신들이 볼 때 비난받아 마땅한 이 생각, 다시 말해 자유를 향한 여성의 욕구를 처벌한 것이다. 나는 바로 이것이 형법 제317조의 감춰진 의도라고 여겼다.

〈선택〉은 협회 설립 직후부터, 보비니 재판이 열리기 훨씬 전부터, 재판 이후 1920년법 개정에 주목한 사람들보다 훨씬 앞서 법안을 준비했다. 새로운 법안을 준비해 의원들의 서명을 받은 뒤 국회에 제출한다는 것이 〈선택〉 협회의 야심 찬 계획이었다. 그러나 모두가 우리처럼 생각하는 것은 아니었다.

무엇보다 중요한 일은 우리가 벌이는 운동의 명분을 확보하는 것이었다. 왜 우리가 1920년법(여성의 머리와 배 그리고 자유 위에 매달려 있는 다모클레스의 검)을 폐지하려는지 설명해야 했다. 이 법을 재판해야 하는 것이었다. 아울러 이 법이 부당하고 시대착오적이라는 사실을 보여주는 동시에 외국의 자유주의 체제를 설명하는 것도 중요한 일이었다. 나아가 우리를 반대하는 사람들의 주장을 반박하는 것도 중요했다. 겉으로는 애국과 휴머니즘을 내세우면서도 속으로는 여성을 노예처럼 부려먹을 생각뿐인 위선자들.

그렇지만 여기까지는 우리가 가야 할 길의 절반에 불과했다. 억압을 철폐하는 것은 좋은 일이나 실질적인 자유를 확실히 되찾아야 했다. 바로 이것이 우리의 진정한 목적이었다. 자유가 허울뿐인 형식으로 유지되지 않으려면 어떻게 해야 하는가? 여성이 자유를 효과적으로 실천하려면 어떤 수단이 제공돼야 하는가? 어떻게 하면 여성이 생명 탄생의 선택을 자유롭게 할 수 있는가?

언뜻 생각하면 왜 법을 새로 만들어야 하는지 의아할 수 있다. 1920년법을 폐지하는 것만으로 충분하지 않을까? 그런 뒤 자기가 하고 싶은 대로 행동하는 것은 여성의 몫이다. 결국 자기 몸의 주인이 된 것 아닌가? 굳이 새로운 법이 필요할까?

몇 가지 이유가 있다. 우선 우리 세상에는 자연적 자유가 없다. 자연은 정글의 법칙이 지배한다. 제대로 된 안전장치가 없으면 힘 있는 자들이 다른 사람들의 자유를 억압하고 훼손하게 된다.

여성의 대의

그런 억압이 불러일으킨 끔찍한 비극이 있다. 다니엘 메투아(Danièle Métois)라는 이름의 스무 살 여성에 관한 이야기다. 그녀는 세 살 딸을 둔 미혼모로, 샤텔로(Châtellerault)에서 살고 있었다. 1973년 4월 어느 날, 다니엘 메투아는 자신이 임신했음을 알게 됐다. 그녀는 다른 선택이 없어 낙태하려고 했다. 그녀는 바에서 서빙을 하며 생계를 유지하고 있었다. 낙태에 쓸 수 있는 돈은 수중에 있던 100프랑이 전부였다. 그녀는 싼값에 낙태 수술을 해준다는 사람의 주소를 받았다. 본래 직업은 정원사라고 했다. 내가 볼 때 이 사람은 기술도 없고 양심도 없는, 그저 돈이나 벌겠다고 굳게 결심한 인간이었다. 프랑스에서 불법 낙태는 돈을 꽤 많이 벌면서 의뢰인의 죄책감 덕분에 적발될 위험도 낮은 일이었다.

다니엘 메투아는 이 남자를 만났다. 거래가 성사됐다. 그는 100프랑을 받고 낙태 수술을 해주기로 했다. 그는 중고 소식자를 그녀의 자궁에 집어넣었다. 철사가 배 속으로 들어오자 그녀의 몸이 경직됐다. 이어서 그는 따뜻한 식초를 주입했다. 수술은 잘 끝났다고 했다. 다니엘 메투아는 집으로 돌아갔다. 그러나 그녀는 극도로 고통스러운 밤을 보냈다. 그때가 화요일이었다. 그녀는 다음날인 수요일 내내 배를 부여잡고 울부짖었다. 목요일 아침, 상태는 더 심각해졌고 결국 병원으로 옮겨졌다. 목요일 오후, 그녀는 사망했다.

1920년법이 그녀를 살해한 것이다.

법이 사라지면 이 같은 일이 일어나지 않을까? 그렇지 않다. 후속 조치로 다른 법을 만들지 않으면, 병원에 입원해 자격을 갖춘 의사에게 낙태 수술을 받고 병원비를 환급받는 사회보장제도를 어떻게 마련할 수 있겠는가? 법이 없다면 프랑스의 모든 다니엘 메투아는 당장 내일이라도 똑같은 식으로 죽어 나갈 것이다. 왜냐하면 이들 또 다른 다니엘 메투아는 그런 돌팔이 낙태 시술자를 찾을 수밖에 없기 때문이다. 그들에게는 100프랑뿐이고, 법이 폐지된다고 해서 갑자기 돈이 생기지는 않는 것이다.

법이 폐지될 때 달라지는 점은 억압이 사라진다는 것이다. 낙태가 더는 불법이 아니게 된다. 지금까지 다니엘 메투아는 고발당했지만, 이제부터는 법이 폐지된 덕분에 고발도 기소도 당하지 않을 것이다.

이것으로 충분할까? 이것이 우리가 추구하는 목표일까? 억압을 없애는 것은 여성이 자유를 누리기 위한 필요조건이지 충분조건은 아니다. 더 나아가야 한다. 법과 제도까지 마련해야 한다. 〈선택〉 협회가 강조한 여성의 건강과 육체적·정신적 온전함은 새로운 법을 세우기 위한 투쟁을 전제로 한 것이었다.

"낙태는 이제 범죄가 아니니, 예전에 낙태한 적 있는 이웃집 부인에게 소식자 사용법을 배울래요"라고 말할 수 있다면 그 여성(특히 그녀가 돈이 궁색할 때)은 자유롭다고 주장하는 사람들이 있다. 나는 이들이 무책임할 뿐만 아니라 궁극적으로 범죄자라고 생각한다.

이와 관련해 1973년 5월 의사 아니 페레이-마르탱(Annie Ferrey-Martin)이 불법 낙태 시술 혐의로 기소된 직후 그르노블 지부에서 열렸던 집회가 생각난다. 연합집회였는데 그다지 큰 모임은 아니었다. 주요 좌파 정당은 빠졌고 대신 MLAC[3]가 참석했다. 당시 나는 제대로 된 정보를 확보하지 못한 채 집회에 나갔지만, 그렇다고 해서 불편하지는 않았다. 나는 발언권을 얻어 〈선택〉 협회가 준비한 법률안을 설명하고 있었다. 그 순간 MLAC 부회장이자 가족계획협회 회장 시몬 이프(Simone Iff)가 매우 큰 목소리로 내 말에 동의하지 않는다고 소리쳤다.

"아이를 낳을지 말지를 결정하는 데 법은 필요 없습니다!"

그가 외치자 사람들이 열렬히 환호했다. 일종의 선동이었다. 그리고 한 무리의 사람들이 나를 불러 세우더니 이렇게 말했다.

"혹시라도 우리가 〈선택〉의 법안을 통과시키고자 꼭두각시 의원들이 시키는 대로 할 거라고 생각했다면 큰 오산입니다."

GIS 의사들도 발언권을 얻어 MLAC의 입장을 지지했다. 법은 필요 없다는 것이었다.

프랑스에서 권력관계는 매우 불균형하기 때문에, 심지어 형식적 자유의 틀 안에서도 법의 부재는 경제적·사회적 약자인 여성에 불리하게 작용할 수밖에 없었다. 나는 자유라고 할 때 모든 것을 포함해서 생각했지만, 대부분 사람에게 자유란 경제적 자유에 불과했다. 자유주의자라는 자들도 자유의 횃불을 손에 들고 자신들의 특권을 조직화할 뿐이었다.

푸조(Peugeot) 자동차 공장 노동자도 원한다면 아카풀코(Acapulco) 해변에서 여유로운 주말을 보낼 수 있다. 그가 떠나지 못하도록 오를

리(Orly) 공항으로 가는 길을 막을 수는 없다. 그는 완벽하게 자유롭다. 하지만 문제는 그가 부자를 꿈꾼다는 사실이다. 모든 사람의 경제적 평등을 보장해주는 법은 없다. 그는 분명히 자유롭다. 그렇더라도 푸조 자동차 공장 노동자들이 그들의 고용주처럼 자유롭게 살고 있다고 말할 수 있을까?

낙태도 마찬가지다. 낙태금지법 폐지로 억압이 사라지면 비록 낙태는 자유로워지겠지만, 갖춰진 병원을 찾지 못하는 수많은 다니엘 메투아가 좋은 환경에서 수술받을 수 있도록 해줄 법이 필요한 것이다. "강자와 약자 사이에서 자유는 억압하고 법은 해방시킨다"는 앙리 라코르데르의 말을 떠올려보자. 억압받던 여성들에게 "이제 낙태는 불법이 아니니 병원에 가도 돼요", "낙태는 자유니까 알아서 잘해보세요"라고 말하는 것으로 그친다면, 그들은 과연 어디로 갈 것인가?

보비니에서의 외침처럼 실질적 분열은 그대로 남아 있는 것이다. 낙태 시장에서 '자유로운 시도'나 '자유로운 선택'은 가난한 여성들에게는 여전히 다른 세상 이야기다. 뇌이(Neuilly)●의 시설 좋은 병원은 오직 부유한 여성들을 위한 것이다.

● | 프랑스 북부의 부유한 도시.

나는 이 새로운 법안을 제안하기 전 이렇게 생각했다.

'어느 정당에서 이 법안을 상정할 수 있을까?'

나는 이 법안을 당에 상관없이 여러 국회의원에게 제안했다. 이 부분이 중요했다. 국회에 법을 제안했다는 사실로부터 시작해 여론에 호소하는 투쟁을 계속할 수 있는 것이다. 그런 뒤 나는 사회당 대표 프랑수아 미테랑과 의원협회 회장 가스통 드페르에게 법안에 관해 이야기했다. 사회당은 법을 제안할 때가 됐다고 판단했다. 개인적으로 무척 기뻤지만 놀라지는 않았다. 반면 중도우파인 UDF●의 미셸 포니아토프스키(Michel Poniatowski)◎가 〈선택〉 협회의 법안을 지지한다고 했을 때 나는 내심 놀랐다.

우리의 이 투쟁은 비정치적이기에 계속해서 이런 방향으로 여론을 형성해갔다. 〈선택〉은 대중운동이며, 누구라도 우리의 대의에 동참한다면 환영받을 수 있다.

좌파와 극좌파 정당, 노동조합은 낙태의 자유에 찬성했다. 우파와 극우파 정당 그리고 UDR⁴은 낙태에 반대했다. 이것이 엄연한 현실이었다. 여성 해방이라는 대의는 좌우 정치 이데올로기를 초월하는 것이지만, 이 사실로부터 어떤 결론을 이끌어내느냐는 각자의 몫이다.

● | 프랑스민주연합(Union pour la Démocratie Française). 1978년 발레리 지스카르 데스탱 대통령을
지지하는 정당의 연합으로 결성됐다.

◎ | 프랑스의 정치인(1922~2002). 1974년에서 1977년까지 보건부 장관을 지냈으며, 1973년에서 1974년
까지 국무부 장관 겸 내무부 장관을 지냈다.

결국 사회당이 〈선택〉의 법안을 약간 수정해 채택했다. 예컨대 18세 이하 미성년자의 경우에는 부모 중 한 사람에게 낙태 허락을 구해야 한다는 조항을 삽입했다. 그러나 내 생각에는 그다지 바람직하지 않은 조처였다. 승인이 필요한 '정보'는 심각한 결과를 낳을 수 있기 때문이다. 즉, 이 정보를 알게 된 부모가 낙태에 대해 적대감을 드러낸다면 부모와 자식 간에 감정적 불화가 발생할 수밖에 없다.

어떤 이들은 '정치적 회유'라고 비난했다. 사람들은 이 말을 유행어처럼 아무렇게나 사용했다. 이것이 어떻게 회유인가? 우리 법안이 국회를 통과해 법이 된다면, 우리 행동이 새로운 힘을 만들어내 결집을 가능케 한 덕분일 것이다. 어떻게? 보비니 재판을 본보기 삼아서. 여성의 자유에 반하는 억압적이고, 부당하고, 시대착오적인 법의 타당성을 인정하지 않음으로써. 생테티엔(Saint-Étienne)에서처럼 최상의 의료 환경에서 엄격하게 시행된 낙태를 지지함으로써.[5]

투쟁이 고조되고 여론의 지지를 얻어 단체, 정당, 활동가 등 모든 사람이 힘을 실을 때, 살아있는 권력이 도저히 무시할 수 없을 만큼 강력한 사회적 요구에 직면할 때, 그것은 회유가 아니라 승리다.

어떤 단체와 활동가들은 개인의 사사로운 문제와 투쟁 성과에 대한 집착 때문에 실패하기도 한다. 그러나 〈선택〉 협회는 그런 실수를 저지르지 않았다.

결과적으로 사회당이 〈선택〉 협회의 법안을 받아들였다. 사회당은 투쟁을 거듭하면서 모든 좌파 세력이 이 법을 지지하는 운동을 벌이도록 힘쓸 것이다. 브라보(bravo)!

방금 나는 '브라보!'라고 외쳤다. 그렇다고 해서 우리가 사회당에 입당하거나 사회주의자들이 〈선택〉 협회에 가입하는 것은 아니다. 그렇다면 회유란 어떤 회유를 말하는가?

1973년 6월 6일, 정부도 법안을 내놓았다.[6] 이 법안이 제출됐다는 것은 우리가 어느 정도 승리를 거뒀고 우리 투쟁이 열매를 맺었다는 증거였다. 정부는 굴복했으며, 1920년법을 개정한다는 원칙을 받아들여야 했다. 어느 날 저녁, TV에서 피에르 메스메르(Pierre Messmer)●가 당황한 표정으로 정부 입장을 합리화하는 모습을 시청한 사람들은 승리를 만끽했을 것이다. 우리는 18개월도 채 안 되는 기간에 이 같은 결과를 이끌어냈다.

그런데 정부안은 내용은 어땠을까? 임신부의 생명이 위험할 경우, 태아가 기형일 경우, 성폭행이나 근친상간에 의한 임신일 경우, 여성의 신체적·심리적·정신적 건강에 심각한 위협이 될 경우에는 낙태를 허용한다는 것이 골자였다.

이 법안은 '사회적 경우'를 전혀 고려하지 않았다. 졸속으로 만들었

● | 프랑스의 정치인(1916~2007). 1972년부터 1974년까지 조르주 퐁피두 정부에서 총리를 지냈다.

다고밖에 말할 수 없는 법안이었다. 통계에 따르면 낙태 대부분은 이미 자녀가 있고 아이를 더 키울 수 없는 여성들에게서 이뤄진다. '사회적 경우'가 낙태를 선택하는 가장 빈번한 이유였다. 이는 설문 조사 결과만 봐도 알 수 있다.[7] 프랑스 젊은 부부들에게 출산을 제한하려는 이유를 물었더니 "수입이 충분하지 않아서", "일자리 찾기가 쉽지 않아서", "고용이 불안정해서", "교육비가 부담돼서", "주거 문제 때문에", "일과 육아를 병행하기 어려워서", "미래가 불안해서", "어린이집 비용이 많이 들어서", "가족수당이 너무 적어서"라는 대답이 대부분을 차지했다.

법을 만들 때는 구체적 현실을 그 출발점으로 삼아야 한다. 다시 말해 현실을 반영해야 한다. 낙태를 입법화할 때 오늘날의 현실이란 다름 아닌 매년 수만 건에 달하는 불법 낙태다. 정부안은 이 비극적 현실을 무시했다. 현실을 모르는 척하는 국가는 비난받아 마땅하다. 여성들은 지금도 국가의 무능과 위선에 대한 대가를 자신의 건강, 자유, 생명으로 치르고 있다.

'사회적 경우'가 빠진다는 것은 새로운 법이 제정돼도 또 다른 보비니 재판이 열릴 수 있고 유죄 선고를 받을 수 있다는 의미다. 미셸 슈발리에 등의 여성들이 행동에 나선 까닭은 그들의 생활 형편상 아이를 낳아서 키울 수 있는 능력이 안 됐기 때문이다.

하지만 이렇게 말하는 사람도 있을 것이다.

"사회적 경우에 집착할 필요 없이 심리적 경우만으로도 충분할 것

여성의 대의

같은데.”

그렇지 않다. 예를 하나 들어보자. 이미 네 아이의 어머니이자 가난한 노동자의 아내인 여성이 임신했다. 그녀는 워낙 아이를 좋아했고 또 한 번의 임신에 전혀 당황하지 않았다. 그런데 다섯 번째 아이는 도저히 키울 형편이 못 됐다. 심사숙고한 끝에 그녀가 '사회적 경우' 때문에 아이를 낳지 않기로 한다면 법은 이렇게 말할 것이다.

“유감이지만 부인께서는 공식적으로 낙태할 수 없습니다. 다만 뜨개질바늘을 구하는 것까지 말릴 수는 없겠네요.”●

이에 그녀가 태도를 바꿔 말한다.

“아니에요. 이건 '심리적 경우'예요. 다섯 번째 아이를 낳게 되면 저는 아마도 미쳐버릴 거예요.”

그러면 법은 그녀에게 낙태를 승인할 것이다. 법이 여성에게 위선자가 되라고 요구하는 셈이다. 경멸의 시대다.

이런 법의 법리적 개념은 여성에게 모욕적이기까지 하다. 타르튀프(Tartuffe)◎가 군림하는 것이다. 여성이 연극을 하도록, 자기 자신이 되지 않도록, 낙태를 선택한 그들의 주관적·객관적 이유 말고 다른 이유를 애써 말하도록 강제하려는 것이다. 타르튀프가 군림하는 정부는 여성들에게는 “연기만 잘하면 봐드릴게요” 하면서 구슬리고, 반대파와

● | 뜨개질바늘을 스스로 자궁에 삽입해 낙태하라는 의미.
◎ | 몰리에르(Moliere)의 희곡 〈타르튀프(Le Tartuffe)〉의 주인공. 겉으로는 독실한 성직자이지만 속으로는 탐욕스러운 위선자.

보수주의자 그리고 가톨릭 근본주의자들에게는 "사회적 경우는 허용하지 않았으니 이 정도는 눈감아주세요" 하면서 넘어간다.

이런 법은 법이 아니다. 법은 견고해야 하며 틈이 있어서는 안 된다. 우리는 법이라는 그물의 코를 뚫고 나가 낙태하고 싶지도 않고, 낙태했다는 이유로 정신과 의사와 판사들에게 불려가고 싶지도 않다. 우리는 스스로 결정으로 죄책감 없이, 두려움 없이, 부끄러움 없이, 콤플렉스 없이 낙태할 수 있는 권리를 갖고 싶을 뿐이다. 낙태 때문에 치사한 연극을 할 필요 없이 자신의 의지대로 선택하는 자유롭고 책임감 있는 여성이 되고 싶을 뿐이다.

법은 곧 사회적 관계다. 이 관계는 가능한 한 최대치로 진보에 적응하고 변화를 표현해야 한다. 프랑스는 세속 국가다. 헌법에 명백히 명시돼 있다. 세속 국가에서 법은 그 어떤 경우라도 특정 종교를 대변해서는 안 되며 특정 집단의 윤리를 표현해서도 안 된다. 그러나 현재의 억압적인 법은 유대−그리스도교의 계율과 암묵적으로 연결돼 있다. 이 법은 종교적 믿음과 상관없이 모든 여성이 이 금지사항에 따라 결정을 내리도록 강요한다.

이런 상황을 절대로 받아들일 수 없다. 모든 여성은 자신이 원하는 아이를 가져야 하고, 자신의 종교적 신념이나 철학적 확신에 따라 임신하거나 임신을 중단할 수 있어야 한다.

관용과 책임과 선택, 이것이 〈선택〉 협회가 추구하는 법이다.

제5장

낙태와 성

〈선택〉 협회의 법안 제2조에서 낙태의 위험성과 피임의 중요성을 명시하고 있다는 사실은 의미심장하다. 〈선택〉의 투쟁노선은 낙태를 위한 십자군을 만드는 것이 아니다. 우리는 낙태의 권리를 위해 싸우는 십자군이 아니다. 어머니가 되는 일이 여성 스스로 선택하는 권리가 되도록 싸우는 것이다. 우리는 낙태를 산아제한 수단으로 삼고자 한 적도 없을뿐더러 "낙태는 나의 것!"이라는 구호를 퍼뜨리려고 한 적도 없다.[1]

낙태는 최후 수단이다. 하지만 여성들은 최상의 조건에서 이 수단에 접근할 수 있어야 한다. 그런데 피임이 이상적으로 이뤄질 수 있는 상황, 즉 여성들이 아무 제한 없이 자유롭고 간편하게 피임할 수 있고

TV, 라디오, 신문, 잡지 등 대중매체를 통해 피임 관련 정보를 손쉽게 얻을 수 있는 상황에서도 낙태 문제가 발생할 수 있을까? 유감스럽지만 여전히 그렇다. 성폭행, 근친상간, 피임 실패, 실수, 망각 같은 경우가 아직도 존재한다. 낙태를 선택할 수밖에 없는 사정은 언제나 생길 수 있다.

만약 우리가 낙태의 자유를 위한 선전이나 운동을 벌이지 않는다면, 적극적인 피임을 촉구하는 범사회적 차원의 캠페인을 펼쳐야 할 것이다. 낙태도 불법이고 피임도 활성화되지 않은 루마니아나 헝가리 같은 국가들은 쓰디쓴 실패를 겪었다. 여성들은 피임에 얽매이지 않았다. 피임법에 관한 정보가 없었기 때문이다. 그들에게는 낙태가 곧 피임이었다.

이는 책임의 관점에서 볼 때 근본적으로 잘못되고, 위험하고, 무책임한 행동이다. 낙태는 그 어떤 경우에도 피임의 수단이 될 수 없다. 낙태는 삶의 실패를 막고, 망각을 되새기고, 실수를 반복하지 않도록 하는 최후 수단에 불과하다. 그래서 피임이 중요하다. 임신하지 않으면 낙태할 일이 벌어지지 않는다.

뤼시앵 뇌비르트(Lucien Neuwirth)●의 발의로 제정된 이른바 '뇌비르트법'이 프랑스에서 피임을 대중화했다고 말할 수 있을까?[2] 당연히 아니다. 제대로 적용되기 어렵기 때문이다. 18세 미만 미성년자는 승인 절차를 밟아야 하고, 경구 피임약을 판매하려면 허가증이 있어야 하는 등 이런저런 조건이 제동을 건다. 그리고 홍보도 되지 않았다. 모든 것이 깊은 침묵과 은밀함에 둘러싸여 있다. 크고 작은 언론과 ORTF은 침묵하고 있다.[3] 여성들이 더 간편한 방법으로 피임할 수 있게 해주는 설명이 없다. 요컨대 피임을 합법화하기만 했지 피임을 어떻게 해야 하는지는 관심이 없다.

피임이 정확히 무엇을 의미하는지 알고 있는 사람은 전문가, 실무자, 연구원, 의사뿐이다. 이들은 자기들끼리 논문이나 학술지를 돌려 읽는다. 일반 여성은 무지의 어둠 속에 남겨져 있다. 전문직 종사자나 기업체 간부 등 특권층 여성과 물질적·정신적·사회적·문화적 여유를 누리는 여성들 정도만 피임이 무엇인지 알고 있으며 실제로 피임을 하고 있다.

이런 상황이니 프랑스에서 피임하는 여성 비율이 6~7%밖에 되지 않는다는 통계가 전혀 놀랄 일은 아니다.[4] 대부분 여성이 피임에 관해 아는 정보라고는 황색 매체에 실린 기사뿐이다. 피임약을 복용하면 살이 찌고, 암에 걸리고, 머리카락이 빠지고, 태닝하면 안 된단다. 그리고 시간이 흐르면 흐를수록 점점 더 그렇다고 믿게 된다.

● | 프랑스의 정치인(1924~2013). 프랑스가족계획운동(Mouvement français du Planning familial)과 연대해 산아제한을 합법화하는 법안을 만들었다.

임신에 대한 자유로운 해결책을 명확하고 공개적으로 제시해주지 않는 상황은 역선전을 초래한다. 피임의 신뢰성이 떨어진다고 생각한 여성들은 이와 같은 역선전에 의문을 제기하는 대신 오히려 역선전에 넘어간다.

정부는 피임의 보편화를 바라지 않는다. 그래서 관습이 되지 못하도록 막는다. 왜일까? 종교적 금기를 어길 수 없기 때문이다. 교황은 피임을 규탄했다. 가톨릭에서 허용하는 유일한 피임법은 오기노법이라 불리는 월경주기법이다. 그러나 정확히 말하면, 과학과 신의 이름으로 여성에게 허락되는 단 하나의 피임법은 '금욕'이다. 여성들이여, 아이를 원하지 않으면 섹스를 하지 마라. 그러면 아무 문제도 일어나지 않는다. 생식이 아닌 쾌락을 위해 섹스하는 범죄를 저지르면, 원치 않는 아이의 탄생이라는 종신형을 받게 된다. 이것이 피임을 인정조차 하지 않는 자들의 철학이다.

하지만 피임을 관습이 되게 할 방법이 있다. 〈선택〉 협회는 아르튀르 콩트(Arthur Conte) ORTF 사장에게 1주일에 한두 차례 라디오에서 피임에 관한 이야기를 할 수 있도록 프로그램을 편성해달라고 부탁했다. 낙태가 아니라 피임이었다. 피임은 프랑스에서 분명히 이뤄지고 있는 일인 데다, 사람들 표현대로 여성은 허리만 숙이면 피임약을 얻을 수 있으니까 말이다. 그러니 상품 정보를 소비자에게 알려주듯이, 생명 탄생과 관련한 문제에 대한 정보를 여성에게 제공하면 좋을 것 같았다.

그러나 콩트 사장은 우리 제안에 아무런 답변도 하지 않았다.[5]

피임은 전혀 이상한 일이 아니다. 프랑스에는 이미 피임약이나 피임 기구를 심지어 무료로 나눠주는 곳이 있다. 고속도로의 거대한 광고판에서도, TV나 라디오에서도 피임의 장점을 선전한다. 어미 캥거루 새끼주머니 속에 둘째 캥거루가 들어 있고, 그 앞에서 첫째 캥거루가 "엄마, 둘이면 충분해요!"라고 말하는 모습을 표현한 스티커도 있다. 이 스티커는 경찰서나 학교 현관 유리문과 자동차 앞 유리에 붙었다. 이곳에서는 이렇듯 가족계획이 일상적으로 시행되고 있다.

이곳이 어디냐고? 프랑스가 아닌 것 같다고? 프랑스 맞다. 다름 아닌 마다가스카르 동쪽에 있는 섬이자 프랑스의 해외 도(道, région) 레위니옹(Réunion)이다. 엄연히 프랑스다. 피임이 해외 도에는 필요하지만 프랑스 본토에는 걸맞지 않다는 정부의 판단만 다를 뿐이다.

수차례 장관을 지냈으며 레위니옹 국회의원으로서 인구 정책을 주도한 미셸 드브레(Michel Debré)는 몹시 흥분된 목소리로 "프랑스에는 1억 명의 프랑스인이 필요하다"고 말한 바 있다. 그때 그는 자기가 말한 프랑스인이 프랑스 국적의 흑인, 혼혈인 그리고 해외 도인 마르티니크(Martinique)나 레위니옹 시민은 아니라는 사실을 솔직히 밝혔어야 했다.

최소한의 논리로 이런 질문을 던질 수 있다. 여성이 출산을 할 것인가 말 것인가의 문제에 종교적 금기, 정치적 이해관계, 인구통계학적 필요와 같은 요소가 개입돼야 하는가? 프랑스 해외 도에 사는 여성과 프랑스 본토에 거주하는 여성은 다른 존재인가?

똑같이 최소한의 논리로 이 질문에 대답할 수 있다. 종교적 금기, 정치적, 이해관계, 인구통계학적 필요가 억압적이고 퇴행적인 피임 정책의 명분은 될 수 없다고, 모든 여성에게 동일하지 않은 규칙은 차별이라고 말이다.

이 머나먼 지역들에 대한 프랑스의 식민지 정책은 처음부터 크게 왜곡돼 있었다. 해외 도에 대한 무분별한 인구 증가 정책은 머지않아 발생할 혼란의 전조였다. 해가 지남에 따라 출생률은 기하급수적으로 올랐다. 고용 불안과 실업 문제가 불거졌다. 정부는 산업화로 일자리를 창출해 위기를 극복하는 대신, 피임 정책으로 인구를 줄이고 이들의 노동력을 프랑스 본토에서 소비하는 방식을 취했다. 물론 이들에게 제공된 일자리는 값싸고 보잘것없는 것이었다.

이것이 식민지 '펌핑(pumping)'이라고 부르는 과정이다. 식민지가 보유한 자원을 식민지인들을 이용해 모조리 퍼낸 뒤 그 가공품을 다시 식민지에 팔아치우는 식이다. 식민지의 굴레는 이렇게 씌워진다. 이때부터 고용 안정과 인구 조절은 식민지 시스템을 유지하기 위한 필수조건이 된다.

프랑스가족계획협회(Le planning familial en France)[6]의 350개 센터,

자원봉사 의료진 1,500명, 자원봉사 직원 1,500명은 피임법 도입과 보급을 위해 부단히 노력했다. 하지만 이들은 정부로부터 아무런 지원도 받지 못했다. 보비니 재판 때 우리는 내무부 장관 레이몽 마르슬랭이 가족계획의 공공 효용에 관심이 없을 뿐 아니라 매우 부정적이라는 사실을 알았다. 정부에서 정책적으로 지원했더라면 더 다양한 수단으로 더 많은 활동을 할 수 있었을 것이다. 불행하게도 이 협회는 이후 존속 자체가 어렵게 됐다.

피임을 자유화하고 활성화하겠다는 의지를 공식적으로 표명하면서도 피임이 수월하게 이뤄지도록 돕는 조치는 전혀 없다. 이는 명백한 모순이다. 정부 정책에는 틈이 없어야 한다. 더욱이 오직 정부만이 피임의 중요성과 효과적인 피임법을 가장 널리 전파할 힘과 수단을 갖고 있다.

모든 여성이 피임법을 활용한다면, 모든 여성이 각자 알아서 임신과 피임을 조절한다면, 낙태는 부차적인 문제가 될 것이다. 이미 말했듯 낙태는 피임이 아니다. 최후의 수단이다. 하지만 자신의 생식 능력에 문제가 없음을 확인하거나 출산율 조절 도구로 낙태를 바라보는 시각도 있다.[7] 확실히 말하건대 잘못된 관점이다. 일부 여성에게 나타나지 않는 병리적 현상이며 피임에 대한 오해에서 비롯된 착각이다.

여성에게 중요한 것은 피임이 자기 몸을 자기 뜻대로 할 수 있는 가장 좋은 수단이라는 사실을 인식하고 확신하는 일이다. 정부는 여성이 이 일차적이고 본질적인 자유를 인정받도록 해야 한다. 피임할 수 있는 권리가 법률로 보장돼 있는데도 많은 수의 의사와 약사가 피임에 맹렬히 반대한다. 법만 만들어놓았을 뿐 그 시행 조항이 모호하기 때문이다.

비시(Vichy)에 거주하는 〈선택〉 협회 회원 여성이 생각난다. 어느 일요일 피임약이 떨어져서 사러 나갔는데, 휴일이라 당번 약국 두 곳만 문이 열려 있더란다. 그런데 첫 번째 약국에서는 "날짜가 지났네요" 하면서 처방전의 유효기간을 문제 삼아 피임약을 팔지 않았다. 두 번째로 찾아간 약국에서는 약사가 "유감이지만 나는 피임에 반대합니다!"라고 소리치며 그녀를 문전박대했다.

이는 얼마나 많은 사람이 피임에 거부감을 가졌는지를 보여주는 수많은 사례 중 하나에 불과하다. 그러나 피임은 낙태를 막는 가장 나은 방법이다. 진정한 선택의 자유인 것이다.

내가 매우 안타깝다고 느끼는 또 한 가지는 성에 관한 정보 부재다. 이는 남녀를 불문한 문제이지만, 남성보다 여성에게 더 심각하다. 여성이 무지로 인한 대가를 더 크게 치르기 때문이다.

그렇다면 성정보란 무엇일까? 우선 성정보는 성교육과 다르다. 성정보는 생식 메커니즘은 물론 섹스의 쾌락과 기술 등 모든 것을 포함하는 개념이다. 반면 성교육은 생식 메커니즘만 다룬다. 1974년 교육부

여성의 대의

편람에 따르면 반드시 수업시간에 '자격을 갖춘' 교사가 진행해야 하며, 이때 학생은 생식과 관련한 '토론'에 참여할 수 있다. 즉, 생식과 관련 없는 성정보는 교육에서 배제된다.

언제까지 우리가 성행위를 생식과만 연결하는 이 오래된 위선 속에서 살아야 하는가? 진짜 필요하고 중요한 성정보는 은밀한 침묵 속에 가둔 채 우리 아이들에게 왜곡된 정보와 고정관념만을 전달하는 이 위선을 언제까지 지속할 것인가?

제도권 성교육은 생식기, 임신, 출산만 이야기할 뿐 사랑과 쾌락에 대해서는 함구한다. 하지만 섹스는 생식만을 위한 것이 아니며 어떤 이들에게는 인생에서 가장 중요하고 또 어떤 이들에게는 상대적인 필요이자 균형이라는 사실을, 성은 인간의 본성이지만 늘 생식의 의무만 동반하지는 않는다는 사실을 아이와 부모 나아가 세상 모든 사람이 알아야 한다.

다른 한편으로 반드시 선행해야 할 인식이 있다. 섹스를 해야 아이를 가질 수 있다는 사실과 더불어, 섹스를 하면 기분 좋고 행복하기 때문에 섹스를 할 수 있다는 사실도 인정해야 하는 것이다. 그러려면 아이가 최대한 일찍 자신의 몸에 대해서 알고 있어야 한다. 자기 몸이 어떻게 구성돼 있고 각각 어떤 역할을 하는지, 어떻게 하면 쾌감을 느끼고 어떻게 하면 아픈지 등을 확실히 인지해야 한다. 성은 그 자체로 순수하고 숭고하다. 완전한 성정보는 성을 있는 그대로 바라볼 수 있게 해준다. 불완전한 성정보는 성을 뒤틀리고 비뚤어진 시각으로 보게 만든다.

성에 대한 인식이 앞으로 어른이 될 아이의 인생 전반에 큰 영향을 미친다. 삶의 온전한 한 부분으로서 성생활이 자리 잡도록 해야 한다. 무슨 일이 있어도 속임수를 써서는 안 되며 억눌러서도 안 된다. 침묵은 곧 억압이다. 완전한 성정보를 제공하는 대신 거짓말하거나 에둘러 말하고 꽃에 비유하는 식은 결국 억압으로 작용한다.

내게 인상 깊었던 성교육은 덴마크의 어떤 학교에서 진행한 방식이다. '아담'인 남자 인형과 '이브'인 여자 인형이 있다. 아이가 이 인형을 갖고 놀다 보면 아주 자연스럽게 아담과 이브를 서로 맞추게 되고, 그러면 영락없이 플러그 같은 아담의 페니스가 소켓 같은 이브의 구멍으로 들어간다. 아이가 신기하다는 표정으로 물으면 이렇게 대답한다.

"남자와 여자가 사랑할 때 그렇게 한단다. 너도 그렇게 태어난 거야."

단, 이 플러그-소켓 놀이를 할 때 매번 반드시 아이가 생기는 것은 아니라는 사실을 설명해줘야 한다. 이렇듯 아이의 눈높이에 맞추면서도 정확한 성정보를 제공하는 게 중요하다. 장차 어른이 될 아이에게 성에 대한 올바른 관념을 심어줘야 한다.

내가 기존 성교육에서 우려하는 부분은 생식 목적 외에 성의 쾌락이나 자유와 같은 차원은 언급하지 않는다는 사실이다. 성교육을 한다며 제1강에서는 인체 해부도를 걸어놓고 제2강에서는 매독과 임질 같은 성병을 거론하며 겁을 준다. 학생들에게 트라우마가 생길까 봐 심히 걱정된다(몇몇 고등학교에서는 실제로 이런 일이 일어났다).

섹스, 오르가슴, 자위, 쾌감과 같은 단어는 금기어다. 이런 단어를 입에 올리면 왠지 모를 죄책감이 밀려든다. 이미 인간의 삶에 존재하는 것들인데 없는 척을 해야 한다.

언젠가 성을 주제로 공개토론을 할 때 사회복지사인 한 여성이 이런 이야기를 했다. 열일곱 살 딸을 둔 한 부부와 상담하면서 "따님에게 꼭 피임하라고 말씀하셔야 합니다"라고 조언했더니 무척 난감해하더라는 것이었다. 이 부모는 선량한 사람들이고 피임이 왜 중요한지 인지하고 있었지만, 아마도 자신들이 자란 환경과 어려서부터 받은 교육 그리고 종교의 영향 때문인지 딸에게 피임 이야기를 꺼내는 게 곤혹스러웠다. 여태껏 한 번도 딸아이와 성에 관한 대화를 나눈 적이 없었다.

그들은 결국 대화의 물꼬를 트는 데 실패했다. 도저히 피임이라는 말을 꺼낼 수 없었다. 단순히 그 말을 하기가 부끄러워서는 아니었다. 인정할 수가 없었다. 피임 이야기를 하는 순간 딸에게 섹스를 허락하는 셈이었다. 그들도 이미 딸이 섹스할 수 있는 나이가 됐다는 사실, 그것을 막을 수 없다는 사실, 임신이 가능하다는 사실, 바라지 않은 임신이 될 수도 있다는 사실을 알고 있었다. 따라서 피임은 꼭 필요했다. 그런데도 말할 수 없었다. 딸에게 섹스해도 된다는 의미와도 같은 말을 해줄 수가 없었다. 그들에게는 그리도 힘든 일이었다. 딸에게 피임을 권유한다는 것은 생식과 무관한 성관계를 공식적으로 받아들인다는 뜻이었다. 그것은 그들에게 혁명이었다. 그들은 이 혁명을 할 수 없었다.

결국 부부끼리 머리를 맞대고 고민을 거듭한 끝에 이들은 이렇게 결정했다.

"우리 딸은 보호받아야 해. 그러니 피임약을 먹어야 해. 하지만 자기가 피임약을 먹는 줄은 몰라야 해."

그래서 그들은 매일 밤 피임약을 음식이나 음료에 녹여서 딸에게 먹였고, 그녀는 그런 사실을 모른 채 보호받았다.

피임이 일반화되려면 우선 여성이 본질적으로 남성 지배적 이데올로기와 단절한 섹스를 체험해야 한다. 여성이 출산을 선택할 권리에 찬성하느냐 반대하느냐를 놓고 찬반 여론이 갈린 까닭은, 얼핏 여성에게 한정된 것으로 보이는 이 문제가 사실은 우리 사회의 구조 자체를 문제 삼기 때문이다.[8] 〈선택〉 협회의 투쟁은 빙산에 비유할 수 있다. 우리 눈에 보이는 부분은 피임 그리고 피임에 실패할 경우 낙태할 수 있는 권리다. 그러나 빙산 대부분을 차지하는 바다에 잠긴 아랫부분에는 금지된 섹스와 쾌락, 일부일처제와 가부장제, 여성 해방, 남녀관계, 가사노동 등이 마치 해초처럼 서로 뒤엉켜 연결돼 있다. 이처럼 온갖 문제들이 복잡하게 얽혀 있었기 때문에 빙산의 꼭대기가 수면 위로 떠오르자 여론이 거세게 들끓은 것이다.

그런데 이 빙산의 뿌리들 가운데 가장 깊숙이 감춰져 있고, 가장 비

여성의 대의

밀스러우며, 가장 부끄럽게 여기는 것은 다름 아닌 성이다. 성은 생명, 죽음, 쾌락, 생식과 연결돼 있다. 성은 인간의 가장 본질적이고 실존적인 요소다.

여성이 자신의 성을 자유롭게 다룰 권리를 인정한다는 것은 섹스의 분리를 받아들인다는 의미한다. 여성이 출산을 할지 말지를 선택할 수 있다면, 그녀는 아이를 갖기 위해 섹스할 수도 있고 오직 쾌락을 얻기 위해 섹스할 수도 있는 것이다.

얼마 전 이런 일이 있었다. 프랑스 북부 발랑시엔(Valenciennes) 인근의 퀘누아(Quesnoy)에서 〈선택〉 협회 주최로 세미나를 열었다. 그때 우리는 병원 조산사로 일하는 자클린 마니콤(Jacqueline Manicom)을 초빙해 그 지역 주민들과 토론을 벌였다. 분위기가 심상치 않았다. 문화원이 우리를 초청했다는 사실이 알려지자 세미나 시작 전부터 소란이 일어났다. 반대자들이 문화원에 항의 서한을 보내고 세미나 개최에 반대하는 전단을 돌렸다. 우리는 이에 아랑곳하지 않고 질의응답 형식의 세미나를 시작했다. 우리는 자신들에게 숭고한 도덕적 사명을 부여한 반대자들로부터 맹렬한 공격을 받았다. 신문기자 한 사람이 일어나더니 내게 다짜고짜 이렇게 말했다.

"당신은 오직 자기만 생각할 뿐 아이가 없는 사람들 생각은 안 하는군요. 아이를 원하지 않는다면 아이를 낳고 나서 포기하면 될 것 아닙니까?"

나는 그의 말이 너무 터무니없어서 쏘아붙였다.

"여자는 새끼를 낳는 가축이 아닙니다. 저는 아이를 낳으면 어른이 될 때까지 잘 돌볼 거예요. 그러지 못할 거면 아예 안 낳을 겁니다."

그러자 그가 신경질적으로 소리쳤다.

"당신은 이기주의자일 뿐입니다!"

바로 그때 또 다른 남자가 어둠 속(조명 때문에 그를 잘 볼 수 없었다)에서 몸을 일으키더니 우리를 향해 큰소리로 외쳤다.

"당신네는 쾌락에 목마른 짐승일 뿐이오!"

너무나도 무례하고 모욕적인 말에 숨이 막힐 정도로 감정이 격해져 응수하려는데, 자클린 마니콤이 의자에서 벌떡 일어나더니 아무 말 없이 무대 한쪽 끝에서 다른 쪽 끝까지 몇 번을 왔다 갔다 했다. 스포트라이트가 그녀의 움직임을 따라 이동했다. 그녀의 그림자가 어마어마하게 커져서 무대 뒤쪽 커튼에 비쳤다. 마치 여성의 삶과 자유를 표현한 그림자극 같았다.

이윽고 그녀가 청중석에 앉아 있는 그 남자를 향해 복수심에 불타는 손가락을 흔들며 말했다.

"선생님, 선생님은 섹스할 때 기분이 안 좋습니까? 쾌감을 못 느끼세요? 어떻죠? 대답해보세요! 선생님은 쾌락의 짐승이 아닌가요?"

그때 문화원 원장 베르나르 뱅상(Bernard Vincent)이 나를 향해 몸을 굽히더니 조심스러운 말투로 속삭였다.

"저분은 신부님이에요."

성의 전통적 개념은 항상 여성이 섹스에서 쾌감을 느낄 권리를 부정해왔다. 반면 남성이 쾌감을 느끼기 위해 섹스할 권리는 인정했다. 에피날(d'Épinal) 판화에도 그런 이미지가 등장한다. 사람들은 바람피우는 남자를 보면 결코 눈살을 찌푸리지 않았다. 그저 남자답다고 여겼다. 어머니도 이렇게 말했다.

"남자잖니. 남자는 뭐든지 다 할 수 있단다."

그런데 여자가 쾌락을 요구하면 엄청난 추문이 된다. 고전 문학작품만 읽어봐도 알 수 있다. 몇백 년 전만 해도 쾌락을 얻고 쾌락을 주는 여성은 매춘부였다. 이른바 '정숙한 여성'은 쾌락을 말하지도 요구하지도 않았다. 정숙한 여성은 쾌감을 느끼지 않는다는 이유 때문이었다.

그래서 사람들은 모든 남성이 여성의 성적 해방을 바라야 한다고 생각한다. 하지만 그렇지 않다. 그렇게 되려면 모든 문제가 해결됐다는 가정 아래 여성들은 물론 남성들까지 짓누르는 수많은 금기가 사라져야 할 것이다.

나는 여성 해방에 대해 일종의 두려움이나 불안감을 표현하는 남성들의 주장을 많이 접했다. 피임에 거세게 반대하는 남성들에 관한 이야기도 자주 들었고 실제로 보기도 많이 봤다. 그들은 인구가 늘어야 나라가 부강해진다거나 아이를 많이 낳는 게 애국이라는 구실을 꾸며댔고, 윤리적·종교적 핑계를 내세웠다. 어느 토론 때는 한 남성이 논리적으로 궁색해지자 느닷없이 이렇게 호통치기도 했다.

"여자에게 피임과 낙태를 할 수 있는 권리를 주면 남자처럼 될 거요! 남자들처럼 방탕해질 거란 말이오!"

심지어 어떤 남성은 자신도 이유는 잘 모르겠지만 피임한 여성에게서는, 달리 말해 임신할 두려움이 없는 여성에게서는 쾌감이 덜 느껴진다는 이상한 고백을 하기도 했다. 자기가 덜 남성적이라고 느낀다는 것이었다. 무기력해지는 기분이 들기도 한다고 했다. 그 이유는 무엇일까?

왜냐하면 전통적인 가부장 체제에서 남녀의 사랑은 지배하는 남성과 지배당하는 여성의 관계를 전제로 했기 때문이다. 이런 지배관계가 형성된 까닭은 여성이 남성에게 경제적으로 종속됐기 때문이다. 유혹, 자기애, 욕구 등에 관한 정신분석학적 연구에서 여성이 자신의 성을 성욕과 충동의 결과로 받아들이는 일은 드물다. 그저 의지할 남성을 찾고, 그의 환심을 사기 위해 자신을 꾸미고, 마침내 그와 결혼해 그의 아이를 낳아주는 오래된 톱니바퀴에 맞물려 들어갈 뿐이다. 여성의 성은 남성의 성 그리고 일부일처제와만 연결돼 있는 것이다.

대부분 남성에게 섹스란 힘의 관계를 지배하는 행위이자 그 지배를 확인하는 행사다. 힘의 관계에서 지배한다는 것은 곧 여성보다 우위에 있음을 의미한다. 즉, 여성을 억누른다는 것을 뜻한다. 임신에 대한 두려움과 임신할 가능성에 따른 위험 부담을 지고 섹스할 때 여성이 느끼는 억제적 긴장은 스스로를 소외시키는 요인으로 작용한다. 여성은 말 그대로 대상이 된다. 남성이 품는 욕망의 완전한 대상이 되는 것이다. 여성은 두려움에 사로잡혀 아무것도 느끼지 못한다. 반면 여성이 느끼는 두려움이 때로는 남성을 더욱 흥분시키기도 한다. 더욱이 남성들의 피임에 대한 거부감에는 그 시절 중세시대 순결의 미덕이 사라지면 어떡하나 하는 걱정도 포함한다. 피임으로 임신 공포에서 벗어나면 섹스의 쾌감에 집중할 수 있을 것이며, 파트너를 고를 수도 있을 것이며, 내친김에 바꿀 수도 있을 것이다. 요컨대 남자들과 똑같아지는 것이다.

그러나 성적으로 정상적인 현대 여성이 어떤 여성인지 알려준다는 황색 언론의 기사는 조심해서 읽어야 한다. 이런 기사는 일테면 주 5회 이상 섹스하지 않고 오르가슴을 느끼지 못하는 여성은 비정상이라는 식으로 말한다. 어떤 여성들은 이 내용을 곧이곧대로 믿고 섹스에 집착하거나 심리적 불안에 휩싸인다. 육체적 쾌락은 사람마다 모두 다르며, 규칙도 없고 잣대도 없고 공통되는 방식도 없다.

수백 차례 낙태 시술을 했다는 혐의로 의사 윌리엄 피어스(William Peers)가 체포되고 얼마 지나지 않았을 때 나는 벨기에의 한 라디오-TV 방송에 패널로 출연한 적 있다. 방청객이 질문하면 대답하는 방식의 토론 프로그램이었다.

나는 섹스에서 쾌락을 느낄 권리를 인정하면 여성에게 새로운 세계가 열린다고 말했다. 그때 자신을 주부라고 소개한 어떤 여성이 담담하게 자기 이야기를 했다.

"저는 남편 한 사람과만 오랫동안 관계를 가졌는데, 사실 오르가슴을 단 한 번도 느껴보지 못했어요. 그래서 말씀하신 그 쾌락이 어떤 느낌인지 잘 몰라요. 그래도 행복하고 마음도 편해요."

그런 뒤 그녀는 내게 이렇게 물었다.

"그런데요, 제가 진정으로 온전한 쾌락을 얻으려면, 그러니까 오르가슴을 느끼려면 남편과 헤어지고 다른 남자를 찾아야 할까요? 아니면 남편에게 다른 남자와 해보겠다고 양해를 구해야 할까요?"

방금 나는 황색 언론 기사에 현혹되지 말라고 이야기했는데, 그녀에게도 그런 방향으로 대답했다.

"쾌락을 느낄 권리이지 의무가 아니에요. 더구나 집착해야 한다면 쾌락이 아니겠죠. 부인께서는 행복하고 마음 편하다고 하셨지요? 그게 가장 본질적이고 무엇보다 중요하다고 생각합니다."

함께 출연한 정신과 의사도 이렇게 설명하면서 내 관점에 동의했다.

"몸과 마음이 편안하게 느껴지신다면 굳이 육체적 쾌락을 찾고자 애쓰지 마세요. 몸과 마음의 평안이야말로 완벽한 쾌락입니다."

진정한 성적 자유는 그 자유를 선택한다는 데 있는 것이다.

가혹하고 비인간적인 현대 산업 세계가 여러 모순을 드러내고 여성의 투쟁이 더욱 격렬해지면서 이제 '남성성'은 남성에게 짊어지기 무거운 짐으로 작용하고 있다. 많은 남성은 이 짐이 더는 신화적 차원에 머물러 있지 않다는 사실을 안다. 힘의 균형이 무너졌다는 생각은 남성들에게 불안감을 초래한다.

남성의 태의

오늘날 소비사회는 남성의 이와 같은 '불행'을 치료하는 척하면서 또다른 소비를 부추긴다. 인위적이고 작위적인 환상을 설정해 남성들의 성욕을 자극한다. 포르노 잡지와 영상을 마구 찍어내고, 섹스숍과 스트립쇼를 늘리고, 섹스파티에 초대한다. 여기에서 여성은 마음대로 할 수 있는 대상이며, 남성을 안심시키는 역할을 맡는다. 지친 남근에 다시 힘을 불어넣기 위한 필사적 시도다.

여성도 마찬가지일까? 그렇지 않다. 여성에게 성은 지배하는 게 아니라 지배당하는 것이었다. 여성은 그렇게 키워졌다. 따라서 여성에게는 남성을 지배하거나 억눌러야 할 의무가 없다. 그런 의무는 남성 스스로 부여한 것이다. 하지만 그마저 완수하지 못하는 남성들이 점점 더 많아지고 있다.

나는 자연과 자연법칙을 들먹이며 여성 해방을 반대하는 사람들에게 프랑수아 자코브 교수처럼 이렇게 말하고 싶다.

"자연에는 오직 현상만 존재한다. 법칙을 만들어낸 것은 인간이다."

인간은 상부 구조를 만들 듯 법칙을 만들어왔다. 사회 발전의 순간 순간마다 그 시대의 '필요'와 '정의'라고 인식하는 가치와 윤리를 법칙으로 세워 올렸다. 그러고는 슬쩍 '자연'과 연결했다. 인간, 그중에서도 남성에 의해 가공된 가치와 윤리는 그대로 자연법칙에 버금가는 것이

됐다. 위대한 고대 철학자들은 한 범주의 인간(여성)이 다른 범주의 인간(남성)에 속한다는 생각을 전혀 이상하게 여기지 않았다. 오늘날에도 마찬가지로 자연법칙을 내세워 여성 억압을 정당화한다.

남성들의 노예 상태는 자연스럽게 받아들여졌고, 여성들의 노예 상태는 그보다 두 배 더 자연스럽게 받아들여졌다. 일찍이 아우구스트 베벨(August Bebel)●은 이렇게 지적했다.

"여성은 속박을 견뎌야 했던 최초의 인간존재다. 왜냐하면 노예가 있기 전부터 노예였기 때문이다."

특히 성에서는 어느 것도 자연적이지 않은 동시에 모든 것이 자연적이다. 후천적인 것은 선천적인 것보다 훨씬 강하다. 우리가 실천하는 '자연적인' 성의 목적이 이 세상의 경제적·사회적 질서를 어느 정도 유지하고 있는 것이다.

여성의 성이 억압받는 까닭은 사회가 여성에게 하나의 '운명', 즉 '어머니'와 '모성'의 운명을 부여했기 때문이다. 그리고 여성이 이 운명을 더 꼼짝없이 받아들이도록 '출산'을 빛나는 업적으로 추켜세웠다. 가정을 인생의 거점이자 피난처로 만들었다. 이 모든 것은 사이비 대중적 감상주의에 빠져 있다. 감동적인 이미지가 형성된다. 모성이 운명이라는 것은 일부일처제 가정이 진리라는 뜻이다. 여성은 남편과 아이들에

● | 독일의 사회주의 사상가이자 독일 사회민주당 설립자(1840-1913). 여성해방운동에 큰 영향을 미친 인물.

게 속해 있는 존재인 것이다. 나폴레옹 시대 형법을 만든 자들은 이미 자신들의 법안에 이렇게 명시했다.

"여성은 남성에게 주어져 아이를 낳게 한다. 그러므로 과실수가 정원사의 소유물이듯 여성은 남성의 것이다."

이 시스템에 대한 설명은 순전히 경제적이다. 요리나 빨래와 같은 여성의 가사노동은 단순하며 현실에 이바지하지 않기 때문에 교환가치가 없다고 여겨진다. 나아가 이 모든 것이 영속하려면, 여성이 계속해서 프리드리히 엥겔스(Friedrich Engels)가 가족의 '첫 번째 하인'이라고 표현한 존재가 되려면, 여성은 사회적 생산에서 제외돼야 한다. 그래서 감성적 이유를 들어가며 이런 필요성을 설득함으로써 여성을 가정에 붙잡아두는 것이다. 바로 이것이 가정의 필요조건이며 여성을 억압하는 방식이다.

남성은 시장이 들어서는 광장의 한가운데 서고, 여성은 가정의 한가운데 갇힌다. 소외되고 보수도 주어지지 않는 일에 꼼짝 못 하도록 함으로써 여성을 거의 완전히 종속시킬 수 있다. 여성을 가정에 매어둠으로써 계급적으로 착취(여성은 현대 경제 체제에서 인정하지 않는 잉여가치의 생산자이므로)하는 동시에 특수한 방식으로도 착취(가정에서 남성은 부르주아이며 여성은 프롤레타리아다)할 수 있는 것이다. 이 시스템을 영속화하고 정당화하기 위해서는 가족이라는 제도가 필요하다. 그리고 이 같은 억압의 본질적 요소는 여전히 '출산'이다.

이런 가족 조직의 주된 특징은 아내에 대한 남편의 권위와 자식에 대한 부모의 권위다. 아버지가 맨 위에 있고 그 아래에 어머니, 맨 아래쪽에 자식이 있는 가정의 위계는 여성과 자녀들에게 매우 억압적인 구조다. 이 구조에서 가정의 주인은 아버지(남성)다. 결정권은 그에게 있다. 경제력을 갖고 있기 때문이다.

지금도 이 가족제도는 안전판 구실을 하면서 어떻게든 유지되고 있다. 가정을 감싸는 끈끈한 애정은 얼음처럼 차가운 세상에서 서로 의지할 수 있게 해준다. 가족 이야기를 할 때는 극도로 신중해야 한다. 나는 가족을 부정하려는 게 아니다. 잘못된 구조를 문제 삼는 것이다. 이와 관련해 우리에게는 이미 훌륭한 고전이 있다. 가족에 관한 가장 완벽한 분석과 제안은 일찍이 엥겔스가 해놓았다.

"여성 해방의 첫 번째 조건은 모든 여성이 공공산업에 재진입하는 것이다. 그런데 한편으로 이 조건이 성립되려면 사회를 구성하는 경제단위로서의 가족제도는 폐지돼야 한다."

가족은 존속할 수 있으며 정서적 내용은 그대로 남을 수 있다. 그러나 가족제도의 억압적 내용은 무슨 일이 있어도 완전히 제거해야 한다. 그러기 위해서는 아버지의 권위[9]는 물론 지금까지 가족 조직을 특징 짓던 모든 소유관계를 폐지해야 한다.

나는 여성의 경제적 종속이 부부의 성관계에 해를 끼친다고 주장한다(반대로 남성이 경제적으로 종속되는 경우에도 마찬가지지만 예외적인 경우다). 아울러 나는 결혼을 통해서든 다른 방식으로든 간에 경제적으로 독립적인 여성이 종속된 여성보다 남성과 섹스에서 더 큰 쾌락을 주고

받을 수 있다고 주장한다. 왜냐하면 여성이 자신의 경제적·사회적 중
요성(그 수준에 상관없이)을 인지하고, 실패나 단절에 직면해 스스로 선
택한다는 확신을 가지면 일종의 동질성과 충만함을 느낄 수 있기 때문
이다.

이때의 섹스는 그야말로 주종관계 없이 내 의지와 욕망에 따른 자유
로운 행위이자 남녀가 함께 주고받는 평등한 쾌락이 된다. 이런 섹스
는 루이 아라공(Louis Aragon)이 묘사했듯 "돈에 의한 남성의 여성 지배
또는 여성의 남성 지배로 더럽혀진 기사도 로맨스에 아무것도 빚진 것
이 없기 때문"에 더욱더 강렬하고 진실하다.[10]

제6장

그르노블 사건

그르노블 에이벤(Eybens) 지역 경찰들이 성실성과 사명감을 발휘해 법무부의 발뒤꿈치에 아름다운 가시 하나를 박아 넣은 사건이 있다. 이 그르노블 사건은 우리의 투쟁을 한 걸음 더 앞으로 나아가게 해준 또 다른 기회였다. 무슨 일이 일어났던 것일까?

1973년 5월 8일 이른 아침 6시, 느닷없이 아니 페레이-마르탱과 그녀의 남편 그리고 다섯 살과 일곱 살 두 아이가 사는 아파트에 경찰이 들이닥쳤다. 의사인 그녀가 불법 낙태 시술을 했다는 제보를 받고 현행범으로 체포하기 위해서였다. 곤히 자고 있던 그녀와 가족은 깜짝 놀라 일어났다. 하지만 그녀는 경찰이 말하는 여성의 낙태 수술을 한 적이 없었다.

이 사건은 자신의 18세 딸이 이탈리아 출신 42세 유부남과 2년 동안 불륜관계를 이어오다 최근 임신까지 했다는 사실을 알게 된 이탈리아 출신 석공의 분노로 촉발됐다. 그는 아내가 〈선택〉 협회에 도움을 요청해 딸의 낙태 수술을 받게 했다는 사실을 알게 됐고 즉시 그 이탈리아 남성을 미성년자 간음죄로 고소했다. 딸에게도 피해가 갈 줄 알았지만 도저히 용납할 수 없었다. 이 이탈리아 출신 아버지는 자신의 명예가 실추되는 것을 견딜 수 없었고 무슨 일이 있어도 그 남성을 처벌받게 하고 싶었다.

당연히 딸은 피해자로 경찰 조사를 받게 됐는데, 그 과정에서 자신이 낙태 수술을 받기까지의 과정을 상세히 진술했다. 가족계획협회가 언급됐고, 자신의 어머니에게 〈선택〉 협회의 연락처를 알려준 의사 이름이 거론됐다. 〈선택〉은 이들 모녀와 상담을 마친 뒤 낙태 수술을 받을 수 있는 센터와 연결해줬다. 그런데 그 센터는 아니 페레이-마르탱이 사는 아파트에 있었다. 분명한 사실은 아니 페레이-마르탱이 이 시술을 하지 않았다는 것이다.

사실 아니 페레이-마르탱과 나는 기묘한 우정으로 맺어져 있었다. 서로 얼굴을 보기 전부터 이미 가까운 사이였다. 2년 전 나는 그르노블 지역에서 휴식을 취할 때 〈르도피네리베레(Le Dauphiné libéré)〉의 기사에서 한 무리의 의사들이 1920년법 폐지를 위한 위원회를 결성했다는 내용을 보게 됐다. 나는 즉시 해당 기사를 쓴 기자에게 연락해 이 의사들이 누구인지 물었다. 이들을 꼭 만나서 우리가 얼마 전에 설립한

〈선택〉 협회와 협력해 활동하자고 제안하고 싶었다. 그렇게 입수한 연락처에 아니 페레이-마르탱이 있었다. 여성 의사라서 자연스럽게 가장 먼저 관심이 갔다.

그날 저녁 나는 연락처에 있는 번호로 전화를 걸었다. 남편인 듯한 남성이 전화를 받았다. 그는 내 이름을 묻고는 깜짝 놀라며 아내에게 소리쳤다.

"여보! 지젤 알리미 씨가 바꿔달래!"

수화기 너머로 이들의 목소리가 다 들렸다. 아니 페레이-마르탱이 대답했다.

"뭐라고? 지금 장난하는 거지?"

"정말이야!"

다음 날 나는 그녀와 함께 저녁 식사를 하면서 왜 남편이 자기를 놀린다고 생각했는지 그 이유를 알게 됐다. 그녀는 다섯 살 딸을 데리고 왔는데, 아이 이름이 바로 자밀라(Djamila)였다. 혹시나 했는데 그 자밀라가 맞았다. 내가 변호했던 알제리 여성, 프랑스 군인들에게 무지막지한 고문과 성폭행을 당한 자밀라 부파차(Djamila Boupacha). 나는 당시의 사건을 책으로 펴냈었다.[1] 자밀라의 이야기는 프랑스는 물론 전 세계에 엄청난 충격을 안겼고, 알제리 전쟁 중 벌어진 추악한 식민지 탄압 정책과 알제리 여성들의 저항 및 투쟁을 알리는 계기가 됐다.

아니 페레이-마르탱은 이 책을 읽고 그녀를 영원히 기억하고자 딸에게 자밀라라는 이름을 지어준 것이었다. 이후 아니는 내가 걸어간

길을 계속 따라갔다. 아니는 그동안 내가 해왔던 모든 행동이 자기가 하려는 행동과 일치한다는 사실을 본능적으로 느꼈다고 했다.

이렇게 나는 아니를 만났고 그녀에게서 깊은 인상을 받았다. 내가 기묘한 우정이라고 표현한 것은 바로 이런 이유에서다. 아니는 나와 같은 좌파 페미니스트였고, 내가 파리에서 하는 활동을 그르노블에서 똑같이(서로 협의한 것은 아니었지만) 하고 있었다. 그리하여 아니와 그르노블 조직은 〈선택〉 협회와 함께하게 됐다. 〈선택〉 협회 그르노블 지부가 설립된 것이었다.

다시 돌아와서, 결국 아니는 경찰에 의해 구금됐다. 구금 상태의 '용의자'는 정식 기소되거나 무혐의로 풀려날 때까지 아무도 만나지 못한다. 독방에 갇혀 있어야 한다. 자유와 수감의 중간 상태로 기다릴 수밖에 없다.

아니가 긴급 체포된 지 몇 시간 뒤 나는 그녀가 에이벤 경찰서 유치장에 있다는 소식을 듣게 됐다. 나는 내가 할 수 있는 모든 수단을 동원해 그르노블 검찰에도 전화하고 그르노블에 사는 내 동료 지보르(Givors) 교수에게도 도움을 청했다. 그가 검사와 판사에게 연락을 취해준 덕분에 아니와 연락이 닿을 수 있는 가능성이 열렸다. 곧바로 나는 법무부 장관 비서실에 전화를 걸었다.

"이게 도대체 무슨 일이죠? 이제는 의사까지 잡아들이나요?"

내가 따지자 비서실장이 꽤 놀라는 눈치였다. 사법 시스템은 작동되기 시작했고 그것을 멈추는 일은 점점 더 힘들어질 터였다. 다행히

지보르 교수의 동료이자 〈선택〉 협회 회원인 변호사 모니크 미뇨트
(Monique Mignotte)에게 아니와의 면회가 허용됐다.

나는 모니크 미뇨트의 입을 통해 아니에게 메시지를 전달했다. 말을
할 것, 아무것도 숨기지 말 것, 모든 것을 〈선택〉 협회와 연결하고 우리
가 함께 벌이는 투쟁의 의미를 설명할 것. 요컨대 나는 그녀의 사건을
〈선택〉 협회의 사건으로 확대해 변호하려고 한 것이다.

그러나 경찰들은 계속 고집을 부렸다. 그들은 이 사건에 관한 〈선택〉
협회의 입장에 대해서는 전혀 관심이 없었고, 오로지 이탈리아 출신
석공의 딸에게 행한 낙태 수술에 대해서만 진술을 받아내려고 애썼다.
아니는 없던 일을 실토하라고 추궁하는 경찰과 한동안 실랑이를 벌이
다가 결국, 하지 않은 낙태 수술에 대해서는 할 말이 없지만, 책임이
있는 다른 낙태 수술에 대해서는 말하겠다고 진술했다.

"저는 마취과 의사예요. 그동안 의사가 아닌 시술자들에게 낙태 수
술을 받다가 잘못돼 병원에 실려 왔다가 결국 사망하는 여성들을 수없
이 봐왔습니다. 〈선택〉 협회 활동을 하면서 제게 오는 여성들을 그냥
돌려보내는 건 비겁한 행동이라고 생각하게 됐어요. 그래서 의사와 의
과대학생으로 팀을 만들어 여성들이 최대한 안전한 조건에서 낙태 수
술을 받을 수 있도록 했습니다."

그야말로 폭탄 발언이었다. 그녀의 이 진술로 사건은 걷잡을 수 없이
확대됐다. 그르노블에서 활동하는 여러 명의 의사가 법을 어긴 셈이
었다. 물론 이들 뒤에는 〈선택〉 협회가 있었다. 〈선택〉 협회의 주도 아

래 이 팀의 낙태 수술이 이뤄졌기 때문이다. 내가 그녀에게 사건을 〈선택〉 협회와 연결하라는 메시지를 보낸 것도 이런 이유에서였다. 우리는 낙태를 개인을 넘어 사회문제로 확장시켜야 했다.

5월 10일 아니 페레이–마르탱은 정식 기소됐고, 이 사건은 그르노블과 프랑스뿐 아니라 영국, 벨기에, 이탈리아, 미국 등 외국에서도 큰 파문을 불러일으켰다. 투쟁은 새로운 국면으로 들어섰으며, 우리는 또다시 새로운 걸음을 내디며 모든 영역에서 싸우기 시작했다.

우리는 낙태를 죄로 규정한 법을 상대로 투쟁하는 것이기에 끝까지 적법하게 싸워야 했다. 그러려면 부르주아지 자신들이 끊임없이 위반하는 부르주아지의 적법성은 돌이킬 수 없이 솟아오르는 대중의 요구를 통제할 힘이 없다는 사실을 증명해야 했다. 이런 점에서 우리는 일부 극단주의자들이나 좌파 급진주의자들, 혁명주의자들과는 근본적으로 다르다. 분노를 감정으로 분출하면 분노로서의 자격을 잃는다. 시위는 우리가 가진 수단 중 하나다.

나는 알제리 전쟁 때 법정에서 벌였던 정치적 투쟁을 떠올렸다. 나는 그 투쟁에서 변호사 법복을 입고 형법과 인권선언문을 손에 든 채, 프랑스 정부가 법과 원칙을 동시에 수호해야 마땅한데 오히려 위반하고 있음을 증명했다. 자신을 옹호해야 할 상황에 몰린 사법 체제가 예외

권한을 설정하거나 고문을 제도화함으로써 주저 없이 자신의 적법성을 침해했다는 사실을 밝혀낸 것이다.[2]

비록 압제자들이 부르주아지의 적법성을 보호하고자 원형경기장을 세웠더라도, 그 안으로 들어가 내부와도 싸우고 외부와도 싸워야 했다. 보비니에서의 방식도 그랬다. 그런데 이번에는 한 걸음만 더 나가면 불법이었다. 우리 팀 의사들과 의과대학생들은 진공 흡입술이라 불리는 하비 카먼(Harvey Karman)●의 이른바 '카먼식' 시술법에 대해 잘 알고 있으며, 아무리 엄한 처벌이 내려지더라도 자신들을 찾아오는 여성들의 낙태 수술을 진행할 것이었다.

강조컨대 우리가 아무에게나 낙태 수술을 받도록 도움을 준 것은 절대로 아니었다. 아니와 그녀의 동료들이 낙태 수술을 해준 이들은 심리적 상처를 크게 받은 소외 계층 여성이었다. 성폭행을 당해 임신한 젊은 여성들이었다. 계속해서 되풀이된 임신에 몸도 마음도 지칠 대로 지친 이민자 여성들이었다. 이런 여성들은 무서울 정도로 차분하게 말했다.

"만일 낙태를 하지 못하면 전 스스로 목숨을 끊을 거예요. 제 인생은 더이상 아무 의미가 없고, 더는 앞으로 나아갈 수 없어요. 제 삶은 이정도로 충분한 거 같아요."

● | 미국의 심리학자(1924~2005). 조기 낙태에 사용하는 흡입용 캐뉼라(cannula)를 발명했다.

우리는 중요한 한 걸음을 다시 내디뎠다는 사실을 감출 수 없었다. 투쟁의 전망과 한계를 설정할 필요가 있었다. 전망은 투쟁을 확대하고 여론의 관심을 끄는 것이었다. 한계는 낙태 수술이라는 의료행위의 명확한 정의, 의사와 의과대학생들의 시술 교육, 시술에 필요한 병원 환경 조성이었다.

프랑스에서 시위가 증가했다. 전보, 청원, 편지도 늘었다. 〈선택〉의 각 지부는 활동을 주도하면서 많은 인원의 참여를 이끌어냈다. 예를 들어 랭스(Reims)에서는 우리 협회 회원들이 200명에서 300명 정도를 동원하는 데 성공했다. 시청 앞에 모인 이들은 장 테탕제르(Jean Taittinger) 시장(당시 법무부 장관을 겸임하고 있었다)와의 면담을 요구한 끝에 〈선택〉 협회뿐 아니라 다수의 좌파 단체에서 아니에 대한 기소 중지와 1920년법의 즉각 폐지 및 새로운 법 공포를 요구하는 성명서를 그에게 전달하는 데 성공했다.

그르노블에서는 대규모 거리시위가 펼쳐졌다. 다음 날 우리는 그르노블 노동자 회관에서 기자회견을 열어 〈선택〉 협회가 어떤 이유로 낙태 수술을 지원했으며 의료진을 어떻게 교육(영국 병원 연수, 카먼식 진공흡입술 연구 등)했는지 설명했다. 그런데 기자회견이 끝나갈 무렵 갑자기 장발에 콧수염을 기른 의과대학생 한 명이 마이크를 잡더니 이렇게 외쳤다(이후 나는 그 학생이 혁명주의 활동가라는 사실을 알게 됐다).

"여기 계신 모든 기자 여러분께 제안합니다! 내일 밤 11시 〈선택〉 협회 본부에서 실시하는 낙태 수술을 보러 오세요! 모든 시술 과정이 공개됩니다!"

나는 아연실색했다. 전혀 들은 바가 없었다. 그 순간 회견장에 있던 기자들이 우리를 향해 몰려들었다.

"저 말이 사실입니까?"

"협회도 동의한 일인가요?"

"내일 예정된 것 외에 공개 낙태 수술 계획이 또 있습니까?"

나는 너무 놀라고 앞이 캄캄해서 아무 대답도 하지 못했다. 그다음 날이 돼서야 공식 성명을 통해 〈선택〉 협회의 입장을 밝혔다. 우리는 이 성명서에서 〈선택〉은 공개 낙태 수술 계획을 세운 적도 없고, 그런 계획이 있다는 소식도 들은 적도 없으며, 어떤 경우에도 그 같은 행위를 하지 않음을 분명히 했다. 의도가 무엇이든지 공개적으로 낙태 수술을 하겠다는 발상은 〈선택〉이 추구하는 목적을 원칙적·본질적으로 거스르는 것이었다.

낙태는 사사로운 일이 아니다. 책임이 따르는 행위다. 낙태 수술은 이벤트가 아니다. 구경거리가 될 수 없다. 투쟁의 선전 도구로 이용해서도 안 된다. 여성의 신체적·정신적·도덕적 존엄성을 해치는 행위는 결단코 용납할 수 없다. 여성이 두 다리를 벌리고 낙태 수술을 받는 광경을 보러 오라니. 물건 사러 시장에 가듯, 박람회 구경 가듯 부담 없이 많이들 오라고 외치던 그 혁명주의 활동가 의대생은 결국 남성의 시각에서 한 치도 벗어나지 못한 것이다.

그렇다고 해서 투쟁에 도발은 전혀 필요 없다고 말하려는 것은 아니다. 여론이 무의식적으로 반응하고 들끓어 오르도록 하려면 도발도 필요하다. 적법한 틀 안에서 사회적 물의를 일으키는 것도 투쟁에 필요한 요소다. '343 선언'은 분명히 물의를 일으켰다. 부인할 수 없는 사실이다. 하지만 나는 이 선언이 탁월한 방식이었고, 우리가 계속해서 투쟁을 이끌어가는 데 큰 힘이 됐다고 믿는다. 그러나 도발에도 선이 있다. 대의를 훼손하면 안 된다.

그르노블의 활동가들이 다소 흥분한 나머지 하비 카먼의 행동에서 아이디어를 얻은 건 아닌가 하는 생각도 든다. 카먼은 1973년 1월 22일 미국 연방대법원의 이른바 '로 대 웨이드(Roe v. Wade)' 사건 판결로 낙태죄가 위헌이라는 판례가 나올 무렵 자신의 낙태 시술법을 널리 알리기 위해 공개 시술을 감행했다. 그것도 동시에 다섯 명을 시술했다. 이 과정이 뉴욕 공영 TV를 통해 방송됐다. 지원자를 모으기 위해 여러 대의 버스가 동원됐다.

자신들이 수술받을 공간에 TV 카메라가 설치된 것을 본 여성들은 얼마나 놀라고 황망했을까. 그들은 카먼에게 도대체 이게 무슨 일인지 물었다. 카먼은 사실 시술은 공개리에 이뤄질 것이며, TV로 방송돼 수천만 명의 미국 시청자들이 보게 될 것이라고 대답했다. 그러자 대다수 여성은 비록 원치 않은 임신으로 무료 낙태 수술을 받으려던 것이었지만 공개 수술을 한다는 말에 집으로 돌아갔고 다섯 명만 남았다.

물론 하비 카먼이 불순한 의도로 공개 낙태 시술 이벤트를 진행하진 않았을 것이다. 그럼으로써 여성이 처한 참혹한 현실과 낙태를 처벌하는 법률이 잘못임을 널리 알릴 수 있다고 생각했을 것이다(실제로 그는 낙태의 자유를 위해 투쟁한 활동가이기도 했다). 하지만 획기적인 시술법을 개발하는 등 공적이 적지 않은데도 불구하고 그의 행위는 명백히 잘못된 것이었다. 그는 공개 낙태 시술을 감행함으로써 여성의 대의를 왜곡하고 변질시켰다는 사실을 이해하지 못했다.

나는 관음증 환자이자 변태성욕자라고도 볼 수 있는 공개 낙태 시술자들의 수상한 동기에 대해서는 더이상 분석하지 않기로 했다. 정말이지 우리는 앞으로도 많은 잘못과 실수를 바로잡아야 할 것이다. 우리가 앞으로 나아가는 과정에서 이런 일들이 얼마든지 벌어질 것이다. 투쟁은 끝나지 않았다.

〈선택〉은 많은 여성의 고민을 해결해주고자 노력했다. 우리는 수백 건의 낙태 시술 요청에 응했다. 여성들은 〈선택〉에 자신의 사정을 편지에 담아 보내거나 사무실에 직접 찾아왔다. 유감스럽게도 우리가 그들을 도울 방법은 제한돼 있어서, 모든 여성을 전부 챙기지는 못했다. 앞서 말했듯이 성폭행 등 극단적인 상황 외에는 협회 지원의 낙태 시술을 하지 않았다. 더욱이 우리가 확보한 인력과 역량에도 한계가 있었다.

그래도 우리는 최선을 다해 상담하면서 그들이 얼마나 어려운 환경에서 살아가고 있는지 구체적으로 알게 됐다. 이 여성들의 공통된 특징은 사회적·정치적으로 매우 낙후된 환경에 속해 있다는 것이었다. 육체노동자의 아내, 이민자 여성, 스페인이나 포르투갈 출신 가정부 등이었다. 우리는 낙태가 합법인 영국, 네덜란드, 스위스 등의 병원 주소를 제공했다. 그러나 그들에게 여행경비조차 없다는 어두운 현실에 직면할 수밖에 없었다.

이 같은 우리의 고민은 결국 "프랑스 내에 이런 여성들을 돕는 기관이 있어야 하지 않을까?"라는 보다 근본적인 질문으로 이어졌다.

그 시점에서 여러 일이 한꺼번에 벌어졌다. 그르노블에서 아니 페레이-마르탱이 기소됐고(1973년 5월 10일), 〈선택〉이 제안한 법안을 보완한 법률안을 사회당이 국회에 상정했으며(5월 16일), 정부안이 제출됐다(6월 6일). 이런 흐름을 타야 했다. 마침내 출산조절센터(centre d'orthogénie) 설립 추진이 결정됐다.

출산조절센터란 무엇이고, 우리는 이 센터를 통해 무엇을 하려는 것일까? 우선 이 센터는 낙태를 원하는 여성이라면 누구나 수술을 받을 수 있는 그런 곳이 아니다. 그리고 너무 은밀하고 시민들과 단절돼 있던 그르노블의 센터처럼 운영해서도 안 된다. 거듭 강조하듯이 이곳은 소외 계층 여성을 위한 시설이다. 그렇지만 이는 낙태 수술 지원의 경우이며 센터에서 진행하는 다른 프로그램은 누구나 참여할 수 있다.

출산조절센터에서 하게 될 일은 성교육 및 보급, 피임법 교육 및 보급, 피임기구 및 피임약 제공, 무료 진찰 및 처방전 제공, 실무자 훈련 (의과대학생과 준의료진에게 카먼식 낙태 시술법 교육) 등이다. 모임도 진행한다. 센터에는 여성들이 서로 만나 대화하고, 경험을 나누고, 조언해주고, 성에 관한 문제를 공유하는 별도의 공간이 있다.

센터는 오직 의사의 책임하에서만 운영해야 한다. 1901년법에 의거해 프랑스 각지의 이 센터들은 시의회와 〈선택〉 협회 및 참여 단체들이 관리한다. 각 센터의 센터장은 해당 도시의 시장이 맡게 된다.

그리고 센터는 10주 넘은 태아의 낙태 수술은 하지 않는다. 그렇다. 출산조절센터에서는 낙태 수술이 이뤄질 것이다. 그런데 어떤 여성을 대상으로 낙태 수술을 할 것인가? 몇 명이나 할 것인가? 출산조절센터가 모든 여성의 요구 충족을 목표로 할 수 없다는 것은 자명한 사실이다. 정치적인 요인이 크다. 정부 당국을 대신하고 정부의 결함을 대신하는 것은 우리가 할 일이 아니다. 우리의 목적은 그 결함의 구체적 증거를 제시하고, 그 결함이 범죄와 다름없다는 사실을 밝혀내고, 그 결함을 없애기 위한 투쟁을 전개해나가는 데 있다. 프랑스에서 낙태 수술을 받는 여성이 연평균 70만 명에서 80만 명임을 고려할 때, 매년 이들을 책임지는 것이 현실적으로 불가능하다는 사실도 인정할 수밖에 없다.

따라서 출산조절센터는 너무나도 가난해서 외국 병원에 갈 여력이 없을뿐더러 낙태 시술자나 의사에게 비용을 지급할 능력도 없는 소외 여성들에게만 낙태 수술을 할 것이다. 요컨대 도움이 절실히 필요한 소외 계층 여성, 다시 말해 '가장 눈에 띄는 사회적 경우'에만 혜택을 제공한다.

여전히 이 수술은 불법일 것이다. 정부 제출 법안은 비록 가결되더라도 낙태 수술을 처벌할 수 있다. 게다가 법 자체가 사라지기 전까지 우리는 법을 위반했다는 사실을 인정하고 증언할 것이다. 우리는 멈추지 않는다. 정부는 계속해서 우리를 기소하든지 아니면 정부안을 철회하든지 둘 중 하나를 선택해야 한다. 우리는 다음과 같은 본질적인 질문을 던질 것이다.

"우리는 출산조절센터에서 낙태 수술을 할 것이다. 당신들의 법은 그것을 허용하지 않을 것이다. 그렇다면 당신들은 이 여성들을 어떻게 하겠는가?"

이로써 우리는 중요한 사실 한 가지를 보여주고자 한다. 소외 계층 여성은 수도 가장 많고 가장 큰 관심을 받아 마땅한데도 정부안에서는 고려되지 않는다. 그래서 이 법 또한 1920년법과 마찬가지로 시대착오적이다. 사람들은 이 법을 거부할 것이다. 1973년법 또는 1974년법이 될지 모를 이 법은 애초에 사산아로 태어나는 것이다.

제7장

알리바이

낙태에 필사적으로 반대하는 사람들은 대개 다음과 같은 가정에 근거해 자신들의 주장을 합리화한다. 즉, 인간존재는 정자와 난자가 만나 수정란이 될 때 형성된다는 것이다. 생식 세포인 정자와 난자는 세포일 뿐인데 그 둘이 합쳐진 세포는 생명이란다.

그런데 남녀의 생식 세포인 정자와 난자가 하나의 세포로 융합된 것을 인간존재의 시작이라고 생각한다면 각각의 정자와 난자도 허투루 여겨서는 안 된다. 이 둘의 만남으로 탄생한 세포보다 결코 덜 중요하지 않다는 사실을 알아야 한다. 그렇다면 인간의 생명과 직접적인 관련이 있는 두 가지 행위인 금욕과 자위는 생명 존중이라는 명목으로 규탄받아야 한다.

이성적으로 생각해보자. 수정란이 인간존재, 다시 말해 생명체라는 개념은 과학적이지도 논리적이지도 않다. 종교적일 뿐이다. 믿음이다. 인정하든 하지 않든 종교적 원칙과 연결된 개념이다. 대개의 종교에서는 낙태를 비난한다. 그중에서도 가장 맹렬하고 완강한 종교는 가톨릭이다.

가톨릭교회는 인간은 수정란 때부터 온전하게 존재한다는 교리를 뒷받침하고자 1971년 낙태에 관한 교리를 발표했다. 이 교리는 '연속성'과 '목적성'이라는 두 가지 명분에 기반한다. 먼저 '연속성'은 특별한 관심을 불러일으켰는데, 따져보면 이 논거에 반대할 까닭이 없기 때문이다. 연속성 논거는 〈선택〉 협회에서 우리가 사람들을 이해시키려고 애쓰는 방향으로 펼쳐진다.

우리의 반대자들은 "과학은 배아가 인간이 아닌 것에서 인간이 되게 만드는 질적 한계를 알지 못한다"고 주장한다. 그래, 좋다. 노벨생리의학상을 받은 자코브 교수도 달리 설명하지 못했다. 보비니 재판에서 그는 분명하게 말했다.

"생명은 시작되지 않습니다. 생명은 계속되는 것입니다. 인간의 존엄성을 부여하는 특별한 순간도 없으며, 결정적 단계도 없습니다. 점진적인 변화가 있고, 비약 없는 일련의 반응과 종합으로 태아가 자신의 모습을 조금씩 만들어가는 과정이 있을 뿐입니다. 인간의 자아는 특정 순간에 나타나는 것이 아닙니다."

그런데 〈선택〉 협회는 이와 같은 연속성을 해석하는 데 우리의 반대자들과 다른 관점을 갖고 있다. 다시 말해 언제부터가 생명인지 알 수 없기에 오히려 연속성은 낙태의 명분이 될 수 있다고 본다. 인간의 생명이 언제 시작되는지 모르므로 '연속성'에 기반한 낙태 반대는 순전히 '불확실성'에 근거한 주장이다. 우리는 불확실성을 추론에서 배제한다. 확실하다고 간주할 수 있는 것만을 찾는다. 그것이 합리적인 생각이다.

오늘날 과학에서 우리는 어떤 확신이 있는가? 유일하게 확실한 과학적·의학적 사실은 임신 24주가 되기 전에 임신부에게서 분리된 태아는 자가 생존할 수 없다는 것이다. 포르루와얄(Port-Royal) 산부인과 전문가들은 27주에서 28주 미만까지도 희망이 없다고 설명한다. 그 어떤 의사, 교수, 과학계 인사도 이 확실성을 반박하지 않는다.

한편으로 확실한 법리적 사실은 "180일째부터 아이로 규정한다"는 것이다. 프랑스 형법 제56조에 대한 만장일치의 법리적 해석이다. 법은 "180일째부터"라고 분명히 말한다. 이는 180일 이전의 태아는 시민이 아니고 법 적용 대상도 아님을 의미한다. 요컨대 180일 이전의 태아는 인간존재가 아니라는 것이다. 임신부를 죽인 살인범은 두 건이 아니라 한 건의 살인죄로 기소된다는 사실도 이를 방증한다.

종교적 믿음과 과학적 사실은 분리해서 다뤄야 한다. 가톨릭에서 말하는 '연속성'은 인간존재가 언제 시작되는지 알 수 없다는 '불확실성'에 의지한다. 논리가 아닌 신념이다. 우리는 그것을 분리하고자 할 뿐이다. 언제 시작되는지 모른다고 이 문제의 본질을 회피하지 말고 제대로 질문을 던지자는 것이다.

"인간의 수정란은 해초나 물고기가 아니라 반드시 인간이 된다. 그렇다면 정확히 어느 순간에 인간이 되는가?"

나는 이 세상만큼이나 오래됐으며, 수많은 성직자와 신자가 관심을 기울였지만 여전히 답을 찾지 못한 이 문제를 '연속성'이라는 개념으로 해결할 수 있다고 여기는 그 자신감이 매우 놀랍다. 나는 이들이 취하는 태도의 밑바탕에는 일종의 생물학적 테러리즘이 자리 잡고 있다고 생각한다. 왜냐하면 이들은 다른 사람들이 생명에 관해 자신들이 부여한 것과 다른 차원으로 생각할 권리를 깡그리 부정하기 때문이다. 최후 수단으로 낙태를 선택한 여성들의 상황은 안중에도 없이 섬망(譫妄, delirium)이라고밖에 표현할 수 없는 말장난과 결합한 생물학적 테러리즘이다.

낙태, 즉 '자발적 임신중단'은 살인이 아니며 살인이 성립할 수도 없다. 정자와 난자가 만나서 생긴 세포는 아이가 아니다. 없는 아이를 만들어 제멋대로 생명을 부여하고는, 죽이면 살인이고 천벌을 받는다고 겁박한다. 사기극이 아닐 수 없다.

낙태 문제의 시금석은 생명에 관한 정의다. 이와 관련해 내가 노벨생리의학상을 받은 자코브 교수와 모노 교수 그리고 뛰어난 생물학자 장 로스탕 교수보다 박식하진 않겠지만, 적어도 이 문제를 명확히 할 수 있는 몇 가지 정보와 기준은 있다.

나는 인간존재가 되려면 반드시 '자율성'이 있어야 한다고 생각한다. 내 몸속의 태아가 인위적 또는 자연적으로 배출됐을 때 생존할 가능성이 전혀 없다면, (실현되지 않은 생명체로서 잠재력을 부인하진 않겠지만) 그 태아는 인간존재가 아니다. 이때 밖으로 나온 태아는 내 몸의 일부에 불과하며 별개의 존재가 아니다. 반면 내 몸 밖으로 나온 태아가 스스로 생존한다면 자율성을 가진 인간존재다.

자율성이 어느 시점에서부터 생기느냐가 중요하다. 과학과 법률은 태아의 자율성이 뇌파 발산이 아니라 리드미컬한 호흡운동을 하면서부터 확보된다고 말한다. 형법에서 호흡은 낙태와 영아 살해를 구분하는 중요한 요소다. 부검으로 태아의 폐가 호흡한 적이 없다는 사실을 확인하면, 낙태 수술을 받은 여성을 영아 살해가 아닌 낙태로만 기소할 수 있다.

생물학적 자율성은 태아 스스로 영양을 취하고 배설할 수 있을 때 확보된다. 학계에 따르면 이 가능성은 24주 이전에는 존재하지 않는다. 탯줄을 잘라낼 때 시작되는 순환계 자율성도 있다. 아울러 신경계 자율성도 있다. 내가 이에 관해 질문하자 우리의 대표적 반대자 제롬 르죈(Jérôme Lejeune)● 교수도 신경세포는 임신 3주째가 돼야 생성된다고 답변했다.[1] 따라서 몇 가지 세포 출현과 신체 조직이 자율성을 확보하는 중간 어느 지점에 인간의 생명이 자리 잡는다고 볼 수 있다.

나아가 법은 뇌의 기능이 완전히 멈춰 회복할 수 없는 상태, 즉 '뇌사'를 인정한다. 죽음으로 규정하는 것이다. 이 또한 자율성이 없기에 인간존재가 아니다. 뇌사자의 심장, 간장, 신장, 폐, 골수, 안구 등의 장기는 기능을 유지하고 있으므로 다른 사람에게 이식해 소중히 쓰일 수 있다. 법은 또한 뇌사자의 장기를 적출해 타인에게 이식하는 행위를 허용한다. 살아있는 생명체가 아니라는 것이다. 인간 뇌의 기능을 상실한 개체는 인간존재가 아니다.

전세계 모든 생명과학 분야 학자들은 태아가 자신의 신체 기관을 통해 호흡, 순환, 배설 기능을 수행할 수 있는 자율성이 임신 24주에서 26주 이전에는 존재하지 않는다는 관점에 동의한다.

우리의 반대자들이 내세우는 또 다른 명분은 '목적성'이다. 태아는 그 원인에 의해, 임신부와의 관계에 의해 이미 목적성을 확보했으며 인간관계의 세계에 속한다는 것이다. 그럴지도 모른다. 하지만 그 전에 원인, 관계, 목적, 인간관계의 세계를 확실히 따져야 한다.

임신의 원인이 여성의 자발적 선택과 책임이라면 당연히 그렇다. 목

● | 프랑스의 유전학자이자 소아과 의사(1926~1994). 가톨릭 신자로서 낙태에 적극적으로 반대한 인물. 2021년 1월 프란치스코 교황의 승인으로 가경자(可敬者, venerable) 칭호를 받았다.

적성이 있는 것이다. 나는 아이를 원하고, 아이를 가지려 하고, 아이를 가져서 행복하다. 이제 관계가 시작된다. 나는 아이를 기다리고, 아이를 받아들인다. 아이는 인간관계의 세계에 속한다.

그러나 잘못된 원인, 원하지 않는 임신이면 관계는 형성되지 않는다. 임신과 출산 사이에 연결고리가 생기지 않는다. 인간관계의 세계에 속하지 않는다. 철저히 거부된다. 극단적으로 말하면 이와 같은 상황에서 임신을 거부하려는 여성의 자궁 속 태아는 잠재적 인간 아이가 아니다. 관계가 없기에 아이도 없다. 임신부인 모체에 아무런 욕망이 없기 때문에 태아에게도 생명이 없는 것이다.

모든 근본주의자의 사고방식이 그렇듯 수정란이 그 자체로 인간존재라는 주장은 자궁 내에서의 발달과 후천적 획득 과정의 중요성을 거부하는 것이며, 역설적이게도 '목적성'을 부정하는 것과 같다. 수정란 세포를 인간 생명으로 간주하는 것은 일테면 앙드레 뒤마(André Dumas)● 교수가 이야기한 것처럼 종교의 개념을 생명의 개념으로 바꾸는 셈이다. 그는 비뚤어진 생명 신격화가 결국 이단에 빠질 수 있음을 지적했다.

근본주의자들의 강령은 인간존재를 생물학적 차원으로 축소하고 심리적·사회적 여건 등과의 상호작용은 완강히 거부하는 세속적 물질주

● | 프랑스의 개신교 목사이자 신학자(1918~1996). 알제리 전쟁 중 자행된 고문에 반대했고 낙태 및 피임 합법화에 찬성했다.

여성의 대의

의로 뒷받침된다. 사실 잉태하는 순간부터 영혼을 갖게 된다는 가톨릭의 믿음은 그 개념에서부터 아리스토텔레스에게 영감을 받은 것이다. 가톨릭교회가 천사들의 성을 구별한 적이 있다는 사실도 지적해야겠다. 그리고 성 토마스 아퀴나스(St. Thomas Aquinas)에 따르면 태아의 성이 남성일 때는 임신 후 40일째 되는 날 영혼을 갖는다. 태아가 여성이라면 80일째에 영혼이 깃든다. 여성에게는 영혼이라는 생명의 보충제도 부족했다.

원하지 않은 임신 문제로 돌아가보자. 많은 사람이 이 심각한 문제를 가볍게 생각한다. 더욱이 우리의 반대자들은 대체로 이 문제를 거론하지 않는다. 낙태의 권리를 요구하는 이유를 아는 것이 매우 중요하다. 이유는 대부분 의식적이지만 무의식적이기도 하다. 정당방위와 비슷한 일종의 반사적 행동이 있다. 그것은 살겠다는 요구이며 살고 싶다는 외침이다. 바라지 않은 침략으로부터 자신의 삶을 지켜내려는 것이다.

태아의 생명을 존중해야 한다는 명목으로 여성이 외치는 생명의 호소를 외면하는 것이야말로 수치스러운 역설 아닌가? 무엇이 중요한지 주위에 물어보라. 태아가 중요한가, 태아를 원하지 않아 스스로 목숨을 끊는 여성이 중요한가?

전세계에서 매일 일어나는 자연 낙태는 어떤가? 병원에서 폐기물로 처리되는 이 '합법적' 태아들에게도 가톨릭교회는 성사를 베풀지 않는다. 그들의 관점에서 달라야 하지 않은가? 몸속 태아를 원하지 않는다고 외치며 창밖으로 몸을 던지는 여성보다 낙태로 배출되는 태아가 더 소중한가? 이런 외침이 들려오는데 어떻게 귀를 막을 수 있는가? 이런 여성은 자신의 삶을 살 수가 없다. 자기 뜻대로 할 수도 없고 자기 결정권을 발휘할 수도 없다. 자기 뜻과 상관없이, 원하지 않는 아이를 낳으라는 강요만이 있을 뿐이다.[2]

수많은 연구 결과에 따르면 이렇게 태어난 아이들 가운데 상당수가 성격장애와 정신질환을 앓는다. 일반적으로 임신을 원하지 않은 여성은 의식 또는 무의식 속에서 태아가 죽기를 바라는데, 이것이 태아 발달 과정에서 부정적인 영향을 미치며 태어난 이후 성장 과정에서 심리적·정신적 결핍 증상을 보인다. 애초부터 잘못된 출발이다.

한편 어머니는 의식적이든 무의식적이든 아이를 죽였다는 죄책감으로 보이지 않는 상처를 입는다. 낙태를 원했지만 하지 못하고, 마음속으로 임신을 격렬히 거부한 상태에서 원치 않은 아이를 낳은 어머니가 통상적으로 취하는 두 가지 태도가 있다. 억압 아니면 과잉보호다. 이는 공격성이나 의지박약과 같은 성격장애를 유발한다.

아무리 무신론자이고 영혼의 존재 여부에 관심 없는 사람일지라도 나는 그들에게 태아의 '진정한 영혼'은 모체인 어머니의 사랑 속에서 형성되고 성장한다고 말하고 싶다. 인간은 단순한 생물학적 존재가 아니다. 인간이 되는 것은 환영받아 마땅한 존재가 되는 일이다. 이는 성장한 어른들에게도 해당한다. 태어날 아이에게는 더욱 그렇다. 태어났을 때 자신의 자리가 있다는 것, 환영받는다는 것, 이것이야말로 인간 존재가 되기 위한 필요충분조건이다. 아무런 기쁨도 없고, 아무런 관심도 없는 생명을 탄생시키는 것은 고통이며 불행이지 조금도 숭고한 일이 아니다.

가톨릭교회가 낙태를 절대 거부하고 완강한 태도를 고수하는 까닭은 "사람을 죽이지 말라"는 계명을 지키기 위해서다.

그런데 생명 존중의 이 확언은 인류 역사의 모든 영역과 모든 시대에 무형의 의미만을 가질 뿐이다. 가톨릭교회의 실제 행보와 양립하지 않는다. 십자군 원정과 같이 신의 이름으로 자행한 살인은 어떻게 볼 것인가? 역사에서 대규모 학살이 일어났을 때 가톨릭교회가 "사람을 죽이지 말라"는 계명을 내세우며 그것을 막으려 한 적이 있던가? 비교적 최근 사례로, 히틀러와 나치 일당이 600만 명 이상의 유대인을 학살할 때 바티칸은 그 권위를 앞세워 이 극악무도한 대량학살을 멈추려고 애썼는가?

로마 바티칸 출판부에서 나온 자료를 보면 교황 비오 12세(Pius XII)는 1939년부터 1944년까지 독일 주교들에게 모두 124통의 서신을 보냈다. 그러나 124통의 편지 중 겨우 3통에서만 유대인에게 자행된 학살과 박해에 관해 언급했다. 게다가 그마저도 지엽적이었다. 그리고 이 서신 가운데 그 어느 것에도 콘라드 폰 프레이싱(Konrad von

Preysing) 베를린 주교의 고뇌에 찬 질문 "이 수많은 무고한 사람들을 위해 성하께서 개입하실 수는 없습니까?"에 대한 답변은 담겨 있지 않았다.

국가의 법이 종교법이나 도덕법을 포함할 필요는 없다. 과학이 되기를 원하고 생명 존중을 내세우는 이 형이상학적 혼합물이 비난받아야 하는 이유는, 낙태 문제의 본질을 줄기차게 외면하는 지독한 위선에 있다. 수정란과 태아의 생명을 그렇게도 존중하는 사람들이 난세포와 생명을 가진 사람의 생명은 전혀 존중하지 않는다. 여성의 생명을 존중하지 않는 것이다. 이는 무시무시한 죄악이다.

〈선택〉 협회가 가장 존중하는 것은 다름 아닌 여성의 생명이다. 아이의 생명을 존중하는 것만큼 여성의 생명과 자유를 존중한다. 바로 이것이 "그들이 살게 합시다"라고 말하는 거짓 휴머니스트들과 우리가 다른 점이다.

다시 한번 낙태는 최후 수단임을 강조하겠다. 우리는 피임과 성정보를 무엇보다 중요하게 여긴다. 우리는 아무리 가벼운 낙태 수술이라도 너무 잦으면 언젠가 이뤄질 출산에 해로운 영향을 초래한다는 사실을 분명히 인식하고 있다. 포르루와얄 산부인과 의사이자 〈선택〉 협회 회원인 알렉상드르 민코프스키(Alexandre Minkowski) 교수는 여성이 낙태를 자주 할수록 조산 또는 장애아를 낳을 확률이 높아진다는 사실을 밝혀냈다. 그의 연구에 따르면 낙태 수술을 한 번도 받지 않은 여성들의 경우 10.1%, 한 번 받은 경우 14.4%, 두 번 받은 경우 16%, 세 번

받은 경우 20.5%로 증가했다.

이 비율에 주목해야 한다. 이런 요소를 고려하지 않는다는 것은 여성 그리고 여성이 갖게 될(원할 때) 아이의 건강에 무관심하다는 의미다. 우리 모두에게 책임이 있다.

⚜

우리의 반대자 중 일부는 인구통계학적 명분을 내세운다. 낙태를 허용하면 여성 대부분이 임신해도 거리낌 없이 낙태할 것이며, 출생률 및 인구 감소로 이어져 프랑스 국력 쇠락을 가져온다는 논리다.

이는 도저히 받아들일 수 없는 주장이다. 우선은 그 발상이 너무나 충격적이고 비윤리적이다. 여성의 생식을 국가의 생존과 발전이라는 물리적 필요로만 고려하기 때문이다. 여기에서 여성의 역할은 사회적·경제적·군사적 목적을 위한 출산으로 축소된다. 축소된 역할을 거부할 수 있는 여성의 입장은 무시된다.

게다가 이 주장은 인구통계학적으로도 맞지 않는다. 실제 통계를 봐도 낙태 금지와 출생률 유지 및 증가 사이에는 인과관계가 없으며 그 반대도 마찬가지다. 예를 들어보자. 10월 혁명이 일어나기 전 소련에서는 낙태를 강력하게 탄압했다. 그런데 혁명 후 개인의 자유가 중시되면서 법률을 개정해 규제를 완화했다. 그리고 이후 낙태가 자유화됐다. 그런데 이 시기별로 출생률을 살펴보면 눈에 띄는 낙폭 없이 규칙적으로 조금씩 하강했음을 확인할 수 있다.

출생률이 낙태의 영향을 아예 받지 않는다고 할 수는 없겠지만, 그렇다고 오직 그 영향만 받는 것은 아니다. 한 나라의 산업화가 진행될 때마다, 생활·문화·문명 수준이 높아질 때마다 출생률은 낮아진다. 어떤 국가건 일반적인 현상이다. 요컨대 선진국이라고 불리는 나라에서는 저개발 국가보다 아이를 덜 낳는다.

그렇다면 전세계에서 가장 억압적이고 가장 낡아빠진 낙태금지법을 보유한 프랑스에서는 인구가 급증하고 있을까? 그렇지 않다. 출생률은 대체로 큰 변화가 없었고 어느 해에는 감소하기도 했다.[3] 낙태 자유 국가와 금지 국가의 출생률을 비교하면 거의 같다는 사실을 알 수 있다. 1971년 기준 낙태가 자유로운 국가의 출생률은 일본 19.2%, 유고슬라비아 18.2%, 소련 17.4%, 미국 17.3%였으며, 낙태가 금지된 국가의 출생률은 캐나다 17.2%, 프랑스 17.2%, 이탈리아 16.2%였다. 프랑스를 포함해 캐나다와 이탈리아에서도 매우 강력한 낙태금지법이 발효 중이었다.[4]

현재 프랑스의 출산 장려 명분은 자본주의적 필요에 의한 것이다. 산업화 국가에서 인구가 증가하면 값싼 노동력을 확보할 수 있으리라는 희망을 품어서다. 생산수단을 소유한 사람이라면 누구나 노동력이 싼 사람을 선택하게 마련이다. 이는 고용시장에서의 수요 및 공급에 관한 오래된 경제법칙으로서 단체협약이나 최저임금제로도 이 법칙을 쉽게 약화하지 못한다. 지방 도시와 중소기업에서는 더욱 그렇다.

나아가 이와 같은 명분은 〈미뉘트(Minute)〉●를 위시한 극우 세력을 결집하고 프랑스에서 인종차별주의가 또다시 부각하리라는 희망도 불러일으킨다.

"알제리인은 이 땅에서 나가라! 이민자를 받지 마라!"

그들의 생각대로라면 프랑스 여성들이 아이를 많이 낳으면 '도둑놈들의 집단'인 이민 노동자들은 없어도 된다. 하지만 프랑스 인구가 늘어야 할 필요성을 요구하려면, 여성들에게 아이를 낳도록 설득할 만한 객관적 조건을 마련해야 한다. 억압으로 해결하려고 하지 말고 어린이집 증설이나 주거 환경 개선 등 제대로 된 국가적 출산 장려 정책을 펴야 한다. 아울러 여성 인권과 노동권 및 여성들이 자유롭고 책임감 있는 온전한 인간존재로서 살아갈 권리를 찾아야 한다.

낙태를 금지하는 이 모든 엉터리 명분을 반박하다 보면 알제리 전쟁을 생각하지 않을 수 없다. 가장 오랫동안 알제 특별군사재판소 소장을 지내면서 침묵과 열의로 고문행위를 은폐하고, '프랑스 국민의 이름으로' 알제리 민족해방전선(Front de Libération Nationale, FLN) 활동가들에게 가장 많은 사형선고를 내린 프랑스군 대령이 있다. 그는 알제리에서의 근무를 마친 뒤 까맣게 그은 얼굴로 행복해하며 자랑스러운 프랑스 본토로 돌아갔다. 임무를 완수한 것이었다. 공로를 인정받는 일만 남았다.

● | 프랑스의 극우 성향 주간지.

그는 어떤 공로를 세웠을까? 그는 그 어려웠던 시절 어려움을 겪고 있던 이슬람교도를 프랑스의 법으로 위로했다는 공로를 인정받았다. 휴머니즘은 그에게 고문과 탄압이었다. 생명을 존중한다면서 여성들이 스스로 자궁 속에 뜨개질용 바늘을 집어넣게 만드는 프랑스의 법도 위로라고 할 수 있을까?

제8장

투쟁의 동력

　여성의 투쟁은 20세기 말의 가장 중요한 사건이다. 억압 맞서는 투쟁의 고전적 도식, 이른바 마르크스주의적 도식에 의문을 제기하기 때문이다.

　내가 '고전적 도식'이라고 표현한 까닭은 역사에서 대부분 그런 방식이 전통으로 내려왔기에 그렇다. 고전적 도식은 중세 교부들과 스콜라 철학자들의 전통이며, 강단 마르크스주의자들과 사회민주주의자들의 전통이다. 요컨대 계급 투쟁은 역사의 동인이기에 오직 특정 계급만이 투쟁의 권리와 의무를 갖고 있다. 주된 모순이 부르주아와 프롤레타리아 사이에 있으므로 프롤레타리아트만이 투쟁의 선봉에 설 수 있다는 논리다. 그리고 만약 어떤 사람들(예를 들면 여성들)이 자주적 투쟁 성향을 지녔다면, 그들은 부르주아지와 프롤레타리아트 중간 계급인 프티-부르주아지(petite-bourgeoisie) 이데올로기에 지배당하는 동맹자로서 비난받아야 할 것이다.

그러나 나는 바로 앞에서 "이른바 마르크스주의적 도식"이라고 말했다. 많은 사람이 그렇다고 믿는 마르크스적 도식이다. 실제로 마르크스는 그런 식으로 추론한 적이 없다. 엥겔스나 레닌도 마찬가지다. 이들은 여성을 배제하지 않았다. 암묵적이든 명시적이든 특정 성에 대한 억압의 존재를 부정한 적이 없다. 계급 투쟁과 동시에 성의 투쟁도 있다. 여성 노동자는 한편으로는 프롤레타리아로서, 한편으로는 여성으로서 억압당한다. 남성과는 다른 식으로 억압당한다. 프롤레타리아 남성보다 더 심하게 억압당한다. 이처럼 이중으로 억압당하기 때문에 단순한 계급 분석으로는 여성에 대한 억압을 설명할 수 없다.

사물을 총체적으로 이해할 필요가 있다. 마르크스주의적인 가치는 마르크스주의를 온전히 이해할 때 되새길 수 있다. 마르크스주의자라면 모든 형태의 억압을 설명하고 그 메커니즘을 분석하고자 애써야 하지 않겠는가? 일찍이 엥겔스는 가족 개념을 설명하면서 다음과 같이 언급했다.

"역사에서 드러난 최초의 계급 억압은 결혼에서 남녀 사이의 적대감이 발전하는 것과 일치하며, 남성에 의한 여성의 억압과 일치한다."

상황은 이른바 마르크스주의 전문가들이 우리가 믿기를 바라는 것보다 단순하지 않다.

머지않아 소비에트 방식의 혁명이 실패했다는 결론을 도출해야 하기에 더욱 그렇다.[1] 생산관계의 단순한 변화는 문화 혁명으로 이어지지 않는다는 사실을 인정해야 한다. 진정한 문화 혁명이 일어나지 않는다면 여성은 종속과 소외라는 오래된 틀 속에 갇힌 채 계속 살아가야 한다.

나는 내가 매우 민감한 문제에 접근하고 있다는 사실을 알고 있다. 내 비방자들이 나를 "프티−브루주아 성차별주의자"라고 비난하는 소리가 들리는 듯하다. 그들이 나를 비난하는 이유는 전형적이다. 내가 여성을 착취당하는 다른 사람들로부터 고립시키고, 프롤레타리아 연대를 무너뜨리고, 자유주의 이데올로기에 기대어 분파투쟁을 조장한다는 것이다. 이른바 '고립 효과'를 초래하는 데 앞장선다는 것이다.

나는 너무나도 잘 알고 있다. 그래서 내 대답은 간단하다. 단순하고, 무엇보다 정치적이다. 그렇다. 프롤레타리아 여성과 프롤레타리아 남성 모두에게 착취가 일어난다. 따라서 이 공통된 착취를 향해 공동투쟁으로 대응해야 한다. 그렇지만 여성에게는 '과잉 착취'라는 계수가 추가된다. 이 계수가 사라지도록 하려면 더 특별한 투쟁, 공동투쟁에 모순되지 않으면서 연장된 투쟁을 해야 한다. 이것이 내가 이해하는 페미니즘이다. 두 가지 투쟁을 종합하는 것이다. 계급 억압과 성 억압에 정면으로 맞서는 것이다. 자본주의에 여성 억압의 대부분 책임이 있는 것은 확실하지만, 모든 것이 자본주의의 책임은 아니다.

마찬가지로 사회주의로의 이행이 필요조건이기는 하지만 충분조건은 결코 아니다.[2] 소련과 인민민주주의 국가들 그리고 중국에서도 여성이 남성과 같은 비율로 정치 권력에 접근하지 못했다는 사실은 국가사회주의가 저 '고전적 도식'을 유지한 결과다.

소비에트 연방 공산당 정치국에는 여성이 몇 명이나 있을까? 중화인민공화국 수뇌부에는 여성이 몇 명이나 있을까? 아니면 이곳 프랑스에서 계급도 없고 여성 차별도 없는 미래를 만들겠다는 사회당에는 여성이 몇 명이나 있을까?

10명 정원의 소련 공산당 정치국에는 여성이 딱 한 명이다. 프랑스 사회당 전국사무국 정원은 11명이지만 그중에 여성은 단 한 명도 없다.[3] 사회주의를 지향한다는 거의 모든 좌파 단체에서도 사정은 다르지 않다. 68 혁명 이후 수많은 여성이 좌파 투쟁에 뛰어들어 열심히 활동했다. 이들 여성은 이렇게 활동하다 보면 책임 있는 자리에 오르고, 행동을 이끌어내고, 나아가 계급 불평등과 성 불평등이 사라지게 할 수 있으리라고 믿었다. 그러나 그것은 환상에 불과했다. 패배를 인정하지 않을 수 없었다.

조직에서 이 여성들에게 할당된 임무는 전단 배포와 봉투 제작, 식사 및 커피 준비, 사무실 청소와 그 밖의 허드렛일뿐이었다. 물론 이와 같은 임무 역시 사설을 쓴다든가 대중 연설을 하는 것처럼 투쟁에 필요한 일로 분류돼 있었다. 하지만 사설 집필이나 대중 연설은 남성들만

맡았다. 남성이 생각을 더 잘한다는 이유에서였다. 요컨대 남성들이 진정한 제국주의자로서 진짜 권력을 차지한 것이었다. 결정을 내릴 수 있는 권력, 혁명 활동을 이론적으로 분석하고 실천할 수 있는 권력은 남성에게 있었다.

이는 엄연히 성 억압이다. 누가 감히 마르크스주의를 말하는가? 누가 마르크스주의의 이름으로 성 억압을 부정하는가?

그러나 중요한 사실이 하나 있다. 비록 마르크스, 엥겔스, 레닌, 안토니오 그람시(Antonio Gramsci), 로자 룩셈부르크(Rosa Luxemburg)가 여성 해방을 투쟁의 객관적 요구라고 여겼을지라도 그것에 특별한 별도의 해결책이 필요하다고 여긴 적은 없다는 사실이다. 별개의 문제로 인식하지 않았기 때문이다. 계급이 타파되면 당연히 여성 해방도 이뤄진다고 여긴 듯하다. 여성 해방은 계급 타파의 즉각적 결과가 되는 것이었다.

이제 우리는 그렇게 되지 않음을 안다. 오늘날 우리 여성은 남성과 다른 경험을 쌓은 자기 자신에 대해 깊이 성찰해야 한다. 그리고 그것에 맞게 어떤 식으로 투쟁할지 스스로 결정해야 한다. 여성을 짓누르는 억압적 구조의 뿌리 자체를 뽑기 위해서는 또 다른 투쟁이 필요한 것이다.

그렇기에 나는 고전적 도식이 지금 시대에도 여전히 유효한지에 대해 의문을 품는다. 성 억압에 맞서는 투쟁을 하기 위해 좌파 및 극좌파 정당들이 '사회주의로의 이행'을 시작할 때까지 기다려야 하는지에 대해서도 의구심을 가진다. 아울러 정치 혁명 이후에 문화 혁명이라는 오래된 마르크스-레닌주의의 단계에 대해서도 재고할 때가 됐다고 생각한다.

또다시 비방자들의 비난 소리가 들려오는 것 같다. 그러나 거의 모든 혁명은 결국 다르게 생각한 이단자들 덕분에 성공했다는 사실을 기억할 필요가 있다. 레닌 대 카우츠키(Kautsky)의 대결은 경제 혁명에 대한 정치 혁명의 우위로 마무리됐다. 정통 마르크스주의자 카우츠키는 수정주의를 내세웠지만, 결국 1917년 10월 혁명을 성공시킨 쪽은 레닌이었다. 마오쩌둥 대 스탈린은 도시에 대한 농촌의 우위를 의미했다. 스탈린은 검증된 방법을 반복했지만, 마오쩌둥은 혁신을 두려워하지 않았다.

이렇듯 매번 이단자들이 이겼다. 그렇다면 이번에는 왜 안 되겠는가? 투쟁 순서를 문제 삼을 수는 없는가? 고전적 도식이 정한 순서가 성스러운 규칙이라도 되는가? 최소한 작업 가설로라도 정치 혁명보다 문화 혁명을 우선할 수 있다고 생각하지 못하는 이유는 무엇인가? 지난 수년 동안 모범적 투쟁 대부분은 바로 이런 방향(인종차별 문제, 이주 노동자 문제, 교도소 수감자 인권 문제 등)으로 진행됐다. 여성의 투쟁도 이런 방향으로 이뤄가면서 결정적 변화를 이끌어낼 수 있다.

여성의 대의

서구사회의 변화 과정에서 몇 가지 요소가 이 같은 방향 전환의 근거를 제공하고 정당화하는 듯 보인다. 나는 남성과 여성의 관계가 지배구조를 만들어내는 일종의 용광로라고 생각한다. 그러므로 이 관계를 제대로 맺는 것에서부터 투쟁을 시작해야 한다. 다시 말해 여성의 투쟁은 여성을 넘어서야 한다. 여성의 문제가 아니라 남성과 여성 모두의 문제다. 여성의 투쟁이 기존 지배구조를 해체하면 여성은 객관적으로 완전한 해방에 이를 수 있다.

그리고 나는 현재의 자본주의가 마르크스 시대에서처럼 경제 지배력이 모든 것을 좌우하는 자본주의라고 여기지 않는다. 어쩌면 우리는 지배력이 이동하는 역사적 현장의 한가운데 서 있는지도 모른다. 경제 지배력(여전히 결정적 역할을 하고는 있지만)에서 정치 및 문화 지배력으로 옮겨가는 것이다. 실제로 오늘날 자본주의는 문화가 지배하는 기술주의적 자본주의로 변모하고 있지 않은가?

사회계급을 경제적·정치적·문화적 구조가 사회적 관계에 미친 영향의 결과로 규정하는 마르크스주의 분석과 여성 억압을 연결하면 꽤 합리적인 도식이 나온다. 즉, 여성에 대한 억압은 경제 지배력의 직접적 결과일 수 있다. 그러므로 여성 투쟁에서의 우위 문제는 지배력의 문제가 될 수도 있다.[4] 내가 이를 통해 어떤 페미니즘 이론을 펼치려는 것은 아니다. 더욱이 이제 마지막 장인 이 책에서 그럴 만한 여유도 없다. 그저 몇 가지 질문을 던지는 것이다. 그러면서 계속 그 해답을 찾으려는 것이다.

내가 기본 지배구조를 해체하면 '완전한 해방'에 이를 수 있다고 말한 이유는 이 작업의 중심에 여성이 있으며 여성에게 이 혁명의 사명이 있기 때문이다. 끊임없이 억압받아온 여성은 이 투쟁에 대한 전체적 관점을 가질 수 있다. 정해진 운명이 그렇다기보다는 내가 방금 이야기한 구조적 현상인 지배력 이동에 따라 그렇다. 여성이 투쟁의 최전선에 설 수 있는 것은 정치적·문화적 투쟁이 그 어느 때보다 지금의 문제이기 때문이다.

하지만 모든 곳에서 늘 그렇지는 않다. 위기에 처한 국가에서는 여성 투쟁의 전략과 우선순위가 달라질 수 있다. 전국적 규모의 파업, 혁명, 독립 전쟁, 대중 투쟁이 한창인 사회에서 여성은 그 분위기에 적응하는 것만으로도 엄청난 비약을 이룰 수 있다. 알제리 전쟁과 미국의 공격에 대한 베트남 국민의 저항이 대표적인 사례인데, 모두 내가 직간접적으로 목격한 투쟁이다.

알제리 전쟁이 벌어지는 동안 여성들은 누구의 동의도 구하지 않고 혁명의 제단 앞에 자신들이 쓰고 있던 베일과 조상 대대로 전해 내려온 편견을 불태웠다. 그들은 항불 무장단체 무자히딘(moudjahidins)에 뛰어들어 간호사, 연락책, 테러리스트가 됐다. 보통은 이 경우 미인계를 이용해 적국의 정보를 빼내는 첩보 활동이 떠오르겠지만, 마타-하리(Mata-Hari)나 마르트 리샤르(Marthe Richard) 같은 여성은 여성의 대의를 조금도 발전시키지 못했다. 오히려 그 반대였다.

이 알제리 여성들은 산악지대와 아랍인 거주구에서 소총과 수류탄

여성의 대의

및 메스 다루는 법을 배웠다. 무자히딘 은닉처로 돌아오면 지도와 연필을 손에 들고 군사전략과 조직도를 설명했다. 어제까지만 해도 봉건 가부장제에 복종했던 그들이었으나, 이제 조직원들과 함께 형제처럼 자고 보초를 섰다. 전쟁 앞에서 남성과 여성 구분은 아무런 의미가 없는 것이었다.

수년 동안 알제리 독립을 위해 싸우다 체포된 자밀라 부파차가 프랑스 군인들에게 무참히 성폭행을 당할 때까지 처녀였다는 사실은 시사하는 바가 있다. 전쟁은 남성과 여성의 차이와 서로에 대한 유혹을 초월해 두 성을 융합시켰다. 남성은 여성이 스스로 혁명을 일으킬 수 있음을 알고 놀란다. 남성은 투쟁이나 사랑을 할 때 여성보다 우위에 설 필요성을 잊는다. 지배구조를 해체한다는 것은 이런 의미다.

1967년에 내가 러셀 법정(Tribunal Russell)● 조사위원회 위원장 자격으로 베트남을 방문했을 때 나는 북베트남의 깊게 갈라진 상처를 목격했다.[5] 빈(Vinh)과 타인호아(Thanh Hoa)의 폐허, 다친 사람들로 발 디딜 틈 없는 병원, B-52 폭격과 고엽제 살포의 희생자들….

그러자 여성들이 일어섰다. 생산의 80%를 여성들이 맡았다. 방공,

● | 미국이 베트남 전쟁으로 저지른 범죄와 패악을 전세계에 알리고 국제법에 따라 심판하고자 영국의 철학자 버트런드 러셀(Bertrand Russell)이 제창해 발족한 민간 법정. 장 폴 사르트르를 집행위원장으로 시몬 드 보부아르, 지젤 알리미, 귄터 안더스(Günther Anders), 앨리스 워커(Alice Walker) 등 25명의 지식인과 정치인들이 참여했다. 재판은 스웨덴 스톡홀름(Stockholm)과 덴마크 로스킬데(Roskilde)에서 두 차례에 걸쳐 진행됐으며 30명 이상이 증언했다. 미국 정부는 러셀 법정의 재판 결과를 무시했지만, 베트남 전쟁의 참상을 널리 알리는 데 크게 이바지했다.

지방행정, 교육… 어디에나 여성이 있었다. 그들은 타고난 용기를 발휘했다. 마치 이미 오래전부터 지휘권자나 관리자로 일해 온 듯 능숙했다. 어느 날 내가 이끄는 조사위원회가 응에안(Nghe An) 지역에 있는 센터에 도착했다. 약 15명의 책임자들이 우리를 맞이했다. 그중 3명이 여성이었다. 각각 병원장, 군사 책임자, 행정 책임자였다.

전쟁 중인 베트남의 이 지역은 이들 세 여성의 어깨에 달려 있었다. 잘못된 현상이나 비정상적인 일은 일어나지 않았다. 이 베트남 여성들은 어떤 순간에도 우리에게 깊은 인상을 남기고자 뭔가를 꾸미거나 계획하지 않았다. 여성들은 뭔가로 간주되지 않았다. 그들은 그냥 그곳에 존재했다. 지적할 가치조차 없이 당연한 일이었다. 남성과 여성 사이에 아무런 분열이 없었다. 마음속에서 대립이 사라졌기에 사고방식이 근본적으로 바뀐 것이었다. 여성들이 있다. 최선을 다해 일한다. 놀라울 것도, 이상할 것도 없다. 한마디로 특기할 만한 게 전혀 없다. 지배구조가 해체된 것이다.

그러나 이 격변과 혼란의 시기가 지나면 불행하게도 과거로의 회귀가 시작된다. 남성들은 조상 대대로 전해 내려온 가부장적 패턴으로 돌아간다. 어느새 예전처럼 그들은 여성들에게 쿠스쿠스를 만들고 아이를 낳아야 한다고 말한다. 하지만 이미 늦었다. 과거로 돌아가는 것은 불가능해졌다. 집에 갇혀 있던 삶의 무거운 뚜껑을 들어 올린 여성들은 독립에 눈뜨게 됐다. 그들은 새로운 투쟁을 시작할 수 있을 만큼 성숙했다. 그들은 전국적 규모의 투쟁에 합류했다. 그들은 옳았다. 그들은 진보했다.

　자밀라 부파차는 결혼해 세 아이의 어머니가 됐다. 이제 그녀는 피임을 한다. 그녀는 〈선택〉 협회의 외국인 회원이다. 그녀는 노동부 장관의 협력자이고, 알제리 민족해방전선[6] 준비위원회 위원이다. 그녀와 함께 항불 무장단체의 일원이었던 남편은 이제는 그녀가 여성 해방을 위해 헌신하는 것을 달가워하지 않았다. 두 사람은 자주 충돌했다. 그래도 상관없었다. 그녀는 주방으로 돌아가기를 거부하고 남편이 자신의 선택을 받아들이도록 만들었다. 그녀는 나라를 움직이는 책임자 가운데 한 사람이 됐다. 그녀는 계속해서 전진하고 있다.

　그렇지만 유감스럽게도 이는 예외적인 경우다. 여성들이 더 많아져야 한다. 후방 지원이나 침묵하는 다수의 여성이 아니라, 모든 영역에서 여성들이 나서야 한다. 특히 책임 있는 위치에서 일할 수 있는 여성들이 많이 나와야 한다. 이것이 내가 무엇보다 여성들이 일해야 한다고, 생산(어떤 유형이든 간에)에 합류해야 한다고 주장하는 이유다.

　물론 아직 대중에게 환영받을 만한 주장이 아니라는 사실을 알고 있다. 집안일에 시달리는 여성에게 더 많은 걸 요구한다는 것은 쉬운 일이 아니다. 그 또한 분명한 사실이다. 그럼에도 불구하고, 가야 할 길이 아무리 힘들더라도, 어떤 일이든 생산활동을 해야 한다. 그렇게 해서 사회에 참여해야 한다. 소외감을 느낄 수도 있다. 낯설어서 그렇다. 안 해봐서 그렇다.

이미 노동자라면 시야를 확대해 투쟁에 참여해야 한다. 이미 하루하루가 힘들고 할 일이 쌓여 있는데 땀과 눈물을 더 흘려야 하느냐고? 안타깝지만 그렇다. 여성 해방으로 갈 수 있는 길은 이 좁은 길뿐이다. 자유는, 해방은, 누가 선물로 주는 것이 아니다. 여성이 쟁취해야 하는 것이다. 남성들이 우리를 억압으로부터 해방시켜주고 공정한 세상을 만들어주기를 기다리는 것은 무척이나 위험하다. 설사 그런 세상이 온다 해도 가짜다. 독이 든 선물이다. 정치적 훈련 없이, 투쟁 경험 없이, 이런 역학에 뛰어들지 않고 무임승차한 여성은 결국 스스로 해방되지 않았기에 계속 억압당하게 될 것이다.

밖에서 일함으로써 여성은 게토와 같은 집, 고독, 고립에서 벗어날 수 있다. 노동은 어렵고 힘들다. 하지만 노동이 현실 세계로 통하는 문이다. 그 세계 역시 소외의 세계이지만, 행동과 결정의 세계이기도 하다. 노동으로 인해 여성과 현실 세계의 관계가 근본적으로 변화하게 된다. 전업주부로 집 안에 갇히면 현실에서 유리된 상상의 세계에 파묻히게 된다. 자신만의 세계를 구축함으로써 현실과의 유폐에 반응한다. 소외로부터 자신을 지키고자 자기도 모르게 자신만의 세계를 만드는 것이다. 그곳은 꿈과 환상, 환영과 거짓 가치로 이뤄진 세계다. 그곳만의 언어와 논리를 갖는 세계다. 그곳은 현실 세계와 끝없이 평행을 이루는 세계다.

내가 왜 이토록 여성 노동의 필요성을 강조하는지 이해하기를 바라 마지않는다. 경제 지배력을 분리하는 것이 지배구조 해체의 시작이기 때문이다. 경제 지배력은 경제권을 얻는다(말 그대로 얻는 것이다)고 해서 확보되는 게 아니다. 생산활동 없는 경제권은 그저 역할놀이에 불과하다. 남성이 지배하는 세계에 이의를 제기하기는커녕 되레 그 지배구조를 존속하고 권력을 유지하는 데 이바지할 뿐이다. 그 울타리를 반드시 깨부숴야 한다. 모든 종속의 근원인 경제적 종속에서 벗어나야 한다.

일상생활도 주요 투쟁 영역이다. 절대로 작은 투쟁이 아니다. 일테면 결혼한 여성이 자신의 성씨를 버리지 않고 계속 쓰는 것은 중요한 일이다.[7] 기혼 여성이 남편의 성씨를 따를 때 일반적으로 이름까지 쓰게 된다. 자신을 드러내는 것은 '부인' 뿐이다. 그러면 결국 자신의 정체성은 남편 이름에 묻혀 사라지고 만다.

고등학교 친구들이 보내온 편지를 보면 결혼 후 자기 성씨와 이름을 버리고 남편 것을 쓰는 친구가 있다. '피에르 뒤랑 부인(잔 뒤발)' 하는 식으로 남편 이름과 성씨 뒤에 '부인'을 붙이고는 결혼 전 이름은 괄호를 쳐서 넣었다. 너무 민감하게 여긴다고 생각할 수 있지만 단순한 문제가 아니다. 자기 남편의 성씨(그리고 이름)를 쓰는 여성은 부지불식

간에 자신이 새로운 정체성을 가졌다고 느낀다. 자발적으로 변모하는 것이다. 새로운 피부가 원래 피부를 덮는다. 그 피부는 남편 것이다. 남편 피부를 뒤집어쓰고 그의 아내라는 정체성을 부여한 채 살아가는 것이다.

그리고 시험에 응시할 때 응시 자격을 '남성' 또는 '여성'으로 제한한 시험에는 지원하지 않는 것도 투쟁이다. 나아가 이런 성차별 시험제도를 만들어낸 입법부, 행정부, 기업을 상대로 소송을 제기하거나 소송에 힘을 보태면 더 적극적인 투쟁이다. 성평등을 선언한 헌법과 법률을 위반한 제도다. 그럴 만한 이유와 원칙을 내세우겠지만, 현실에서는 즉시 차별로 이어진다. 응시 자격을 여성으로 제한한 시험에 1등으로 합격한 여성은 응시 자격을 남성으로 제한하거나 성별과 관계없이 응시할 수 있는 시험에서 1등을 한 남성에 비해 자격이 부족하다는 소리를 듣게 된다.

남성과 여성의 임금평등이 추상적인 도덕 원칙이 아니라 현실이 되도록 요구하는 것도 투쟁이다. 1958년 유럽경제공동체(EEC)가 출범할 때 여성과 남성의 '동일 노동에 대한 동일 임금' 원칙을 명기한 로마 조약 제119조는 좋은 것이다. 이를 프랑스 노동법에 명시한 1972년 11월 21일법은 더 좋다. 그러나 여전히 최저임금(월 800프랑 미만) 노동자 3명 중 2명은 여성이며, 자격 미달이나 채용 거부와 같은 절차가 노동법을 무력화시키는 데 자주 사용된다. 그래도 다행히 오늘날의 여성들은 이에 저항하고 있다. 조인트 프랑세(Joint français)라는 회사에서 일어난 파업 참가자 900명 중 600명이 여성이었고, 이들이 파업을 주도하고 이끌어 마침내 승리를 거뒀다. 티옹빌(Thionville)의 누벨 백화점 (Nouvelles Galeries) 파업에서는 여성들이 기동 경찰대와 몸싸움을 벌이기까지 했다. 벨기에에서도 여성들이 파업을 벌여 좋은 결과를 이끌어냈다. 하지만 지금도 일부 고용주들은 여성들이 불안정하고 변덕스러우며, 심지어 생리를 하기 때문에 고용할 수 없다는 말을 공공연하게 한다.

여성을 가둬놓기 위해 남성이 만든 울타리도 깨부숴야 한다. 남성이 만든 여성의 아름다운 이미지가 있다. 거기에 넘어가서는 안 된다.

"사랑하는 남성을 기쁘게 해주는 것이 나쁜가요?"

때때로 이런 질문을 받는다. 나는 이 질문에 늘 이렇게 대답한다.

"나쁘지 않죠. 하지만 기쁘게 해준다는 것이 어떤 제품을 구매하고 사용하는 거라면, 여성을 하나의 대상으로 만들기 위해 제조된 상품과 서비스의 소비자가 되는 거라면, 저는 아니라고 말하겠습니다. 남성을 기쁘게 하고자 특정 브랜드의 옷을 입고 화장품을 사용하고 미용실에 들를 필요는 없죠. 우리는 우리 자신이 돼야 해요. 저마다 자기만의 아름다움이 있으니까요. 자기 자신이 된 여성에게서는 자연스럽고 편안한 매력이 풍깁니다. 당신을 진정으로 사랑하는 남성이라면 그런 모습에 더 기뻐할 거예요. 자기 자신이 된다는 것은 사회의 고정관념, 다시 말해 남성 중심 사회가 만들어낸 '여성의 이미지'를 거부한다는 의미입니다."

게다가 말(용어·표현)도 투쟁 대상이다. 친절과 기사도 정신을 가장한 사탕발림에 넘어가지 말고, 아무리 듣기에 좋은 말이라도 차별을 담고 있다면 없애야 한다. 의식적이든 무의식적이든 여성을 지배하려는 의도를 감춘 채 환심을 사고자 흘리는 말은 무조건 제거해야 한다.

다시 정치 이야기로 돌아오자. 그렇다면 투쟁을 어떻게 조직화해야 하는가? 당연한 말이지만 개인의 힘으로는 불가능하다. 뭉쳐야 한다. 단체와 정당 그리고 여론을 이용해야 한다. 1968년 이후 주변 투쟁과 간헐적 활동은 전통적인 정당보다 GIS, GIP, ASTI 그리고 〈선택〉 협회처럼 특정 상황을 해결하고자 조직된 단체에 의해 더 많이 이뤄졌다. 정당은 중개자 역할을 해냈다. 시위와 단식, 사회 저명인사와 지식인들의 목소리는 여론을 움직여 대중의 관심을 끄는 데 이바지했다.

혼자서는 안 된다. 개인행동은 자기파괴와 동의어다. 조직과 구조를 거부하면 그 어떤 행동도 목적을 이룰 수 없다. 물론 개인의 창의력과 자기희생도 필요하다. 그렇지만 그것이 조직 속에 녹아들어야 한다. 더욱이 자유 개념을 확실히 이해해야 한다. 개인의 방종은 대의를 이루는 데 걸림돌만 될 뿐이다.

사실 나도 아직 잘 모르겠다. 그래서 지금도 찾고 있다. 한 가지 확신은 바로 지금이 여성을 위해 투쟁의 틀을 마련해야 할 때라는 것이

여성의 대의

다. 이 틀은 앞서 설명한 두 가지 투쟁, 즉 계급 억압과 성 억압에 맞서는 강력한 도구가 될 것이다. 계급과 성이라는 이중 억압에 저항하는 틀이기에 논리적 이율배반에 봉착할 수도 있다. 그러나 모든 여성은 깊은 성찰을 통해 이 틀을 확보해야 한다. 과거 몇 차례의 투쟁에서 승리해 상황을 읽어낸 '지식의 힘'을 가진 여성은 특히 앞장서야 한다. 모든 여성이 전부 해방되는 세상이라야 진정으로 해방될 수 있다. 일부의 승리만으로는 또다시 예전으로 회귀하게 된다. 그만큼 힘든 싸움이다. 모든 여성이 완전히 연대해 함께 이 길을 헤쳐나가야 한다. 비효율적이고 소심하고 수동적이라는 이유로 다른 진영을 구축해서는 안 된다. 개인적 해방을 이루려고 그 진영에 합류해서는 안 된다. 그것은 가짜 해방이다. 금세 다시 갇혀버린다.

하지만 개인적 해방이 꼭 집단적 움직임을 거스르는 결과로 나타나기만 한 것은 아니다. 나는 진보와 역사가 개인적 성공(또는 예외적 운명)과 거대한 집단 운동 모두의 어우러짐으로 이뤄졌다고 생각한다. 그 접점으로부터 충동과 활력이 탄생한다. 관건은 개인적 해방을 경험한 여성들이 자신의 경험을 다른 여성들과 나누는 데 있다. 이때 그동안 어떤 문제와 어려움이 있었는지 조금도 숨기려 해서는 안 된다. 만약 사회적으로 성공한 여성이 자신은 별다른 억압도 받은 적 없고 남성들과 대립하거나 반목한다고 느껴본 일이 없다고 공언한다면, 그녀는 속임수를 쓰는 것이다. 여성으로서 해방을 쟁취한 게 아니다. 숨기고 싶은 일련의 타협으로 성공을 거둔 기회주의자일 뿐인지도 모른다.

훗날 모든 것이 드러난다면 여성 전체에 해악으로 작용하게 된다.

나 자신을 예로 들어보자. 나는 일종의 특혜를 누리고 있다고 볼 수 있다. 남성들 가운데서 한 자리를 차지했으면서도 여성으로서 그 자리를 유지하고 있기 때문이다. 그래서 한편으로 생각, 행동, 표현 등에서 내가 아직 완전히 해방되지 않았다는 사실을, 나와 다른 여성들을 위해 계속 투쟁해야 한다는 사실을 매일 스스로 상기시킨다.

나는 사회적 위치, 정치적 성향, 환경적 조건과 상관없이 모든 여성이 다 함께 만나 펼치는 대규모 대중운동을 생각한다. 이 대중운동은 궁극적으로 더 전체적이고 더 종합적인 사안까지 목표로 삼는 광대한 〈선택〉 협회 같은 것이다. 여성이 완전한 권리를 갖고 남성과 동시에, 평등하게 존재하는 세상을 만들어나갈 것이다.[8]

대중운동은 교육적 효과도 발휘한다. 지금까지 단 한 번도 투쟁해본 적 없고, 많은 사람 앞에서 말할 엄두도 내지 못했고, 페미니즘의 역학과 구조에 대해 아무런 지식이 없던 여성들에게도 행동을 조직하고, 수단을 생각해내고, 앞으로 나아가는 방법을 알릴 수 있다.

전통적인 정치운동은 여성과 남성이 함께할 수 있다. 여성운동에 참여하면서 내부 교육과 더불어 남성과 여성이 함께 받는 다른 교육에 참여할 수도 있을 것이다. 그러나 내가 말한 이 대중운동에는 오직 여성들만 참여해야 한다. 이 운동이 교육적 역할을 해내고, 그동안 여성들이 분석 및 투쟁 기술에서 잃어버린 시간을 따라잡도록 하려면, 남성과 여성이 함께해서는 안 된다. 현대 페미니즘 이론의 정립과 그것에 기반을 두는 투쟁은 오롯이 여성들의 몫이다.

그리고 나는 이 대중운동에 참여하는 여성들이 어느 계급에 속하느냐는 문제가 될 수 없다고 믿는다. 나는 부르주아지 여성과 프롤레타리아트 여성이 같은 투쟁을 할 수 있다고 생각한다. 프티–부르주아지 여성도 마찬가지다. 물론 부르주아지 여성에 대한 억압과 프롤레타리아지 여성에 대한 억압은 질적으로도 다르고 양적으로도 다르다. 그렇지만 억압받는 이유는 같다. 모두 '여성'이라는 성에 속해서다.

마르크스 또한 부르주아지 여성의 소외에 관심을 가졌다. 소외가 실제로 존재했기 때문이다. 그런데 그 소외는 계급 억압이 아니라 같은 계급 내에서의 성 억압이었다. 그는 이렇게 썼다.

"부르주아지 남성에게 자신의 아내는 생산 도구에 불과하다."

이로써 그는 모든 계급의 여성들 사이에 튼튼한 다리를 놓았다. 그래도 프롤레타리아트처럼 독자 계급을 구성하지는 못한다고 봤다.

그러면 부르주아지 여성은 계급 억압을 받지 않는다고 주장할 수도 있을 것이다. 얼핏 보면 그렇다. 하지만 그들은 체면 유지, 부의 과시, 사회적 성공을 보여주는 수단, 즉 '생산 도구'로 아내를 이용하는 부르주아지 남편에게 지배받고 착취당한다. 이런 상황에서 부르주아지 여성이라고 자신의 억압이 계급에 따른 것은 아니라고 여길까? 더 깊게 들어갈 것도 없이, 자신들에게 가해지는 모든 억압을 전체적으로 인식할 수는 있을까? 다른 예로 가난한 지식인들이 받는 억압과 착취는 계급 억압이 아닐까?

그렇지 않다면 부르주아 지식인들(남성과 여성 모두)이 사회주의 혁명에 참여하는 것은 프롤레타리아트의 권익을 옹호하고자 자신이 속한 계급을 '배반'하는 행위가 아니고 무엇이겠는가? 혁명에서 전위 집단을 이룬 이들이 누구였는가? 프롤레타리아가 아니라 부르주아였고, 착취당하는 계급이 아니라 착취하는 계급이었다. 그것도 대부분 중산층에 속한 남성들이 혁명의 전위대를 구성했다.

지식인들이 노동운동 이론가와 전략가가 되기로 선택한 이유는 '상황을 이론적으로 판단하는 능력'을 가졌기 때문이다. 지배 계급에 속한 여성들에게도 똑같은 역량과 행동을 요구할 수 없을까? 오늘날 던지고 싶은 질문이다.

어떤 활동가들은 이와 같은 내 생각에 이렇게 반박한다.

"가만 보면 당신은 여성들에게 과도한 역사적 특권을 부여합니다. 마르크스가 프롤레타리아트에 부여한 특권을 가로채려는 것처럼 보입니다. 마치 남성들에게 그 특권이 부여되는 걸 거부하는 것 같습니다. 혁명을 선도할 힘을 남성들에게 빼앗기기 싫은 거죠. 여성들이 해방되면 이 세계도 해방된답니까?"

먼저 표현부터 바로잡자면 "여성들의 해방"이 아니라 "스스로 해방되는 여성들"이라고 말하는 게 정확하다. 여성 해방이 여성들 자신의

여성의 대의

일이 되는 것이야말로 가장 중요하기 때문이다. 게다가 계속 강조하듯이 스스로가 아닌 다른 이들에 의한 해방은 해방이 아니다(물론 연대하고 결속하는 선택은 가치 있다). 그래서 나는 이 물음에 대체로 이렇게 답변한다.

"네, 맞아요. 장기적으로 볼 때 그렇게 될 겁니다. 여성들이 함께 가야 할 길을 끝까지 가면 말이죠."

피상적으로 바라보면 페미니즘 투쟁은 항상 주변적이거나 개량주의적인 것처럼 보인다. 그러나 함께 모여 머리를 맞대고, 생각을 나누고, 분석하고, 자각하다 보면 문제가 새롭게 보이고 결국 거대한 혁명운동 일부를 형성하게 된다. 여성이 선봉에 서는 혁명이다.

낙태 문제로 돌아가보자. 앞서 비유했듯이 이 문제는 수많은 뿌리가 남성과 여성의 의식과 무의식 속에 깊이 박혀 복잡하게 얽혀 있는 빙산을 떠올리게 한다. 여성이 독립적이지 못한 존재(법률적으로는 아니더라도 관습적으로)인 나라에서 벌어지는 투쟁은 여성들이 자신의 상황을 자각하게 만드는 촉매로 쓰인다. 그러면 그때까지만 해도 자연스럽게 받아들였던 다른 억압들도 그 자체로 느끼게 된다. 여성의 삶을 변화시킬 일종의 시동 장치다.

앙제에 거주하는 한 여성이 〈선택〉 협회를 찾아와서 자신의 이야기를 털어놓았다. 그녀가 임신했을 때 농장을 운영하는 남편은 끝내 아이를 원하지 않았다. 구체적으로는 아이를 함께 양육할 생각이 없었다. 여자들 일이라는 것이었다. 그러면서 낳든 지우든 알아서 해결하라고 했다.

그래서 그녀는 자기가 알아서 문제를 해결했다. 심지어 혼자서도 아주 잘 해낸다는 사실을 깨닫게 됐다. 그녀는 낙태했다. 집으로 돌아온 그녀는 농장의 잡일을 더는 하지 않겠다고 선언했다. 아울러 함께 재산을 불렸으니 농장 운영에 대한 자기 몫과 결정권을 달라고 요구했다. 남편은 콧방귀도 뀌지 않았다. 그녀는 소송했다. 그리고 결국 승소해 두 가지를 다 얻어냈다.

궁극적으로 페미니즘 투쟁은 사법적·경제적 구조뿐 아니라 문화적 사고방식까지도 변화시킨다는 전제를 두고 있다. 진정한 문화 혁명이 일어난다는 것은 곧 이 세상이 변화한다는 의미가 아니겠는가? 특히 프랑스, 이탈리아, 스페인 등 그리스도교 세계가 변화할 것이다.

이따금 나 자신의 낙태 경험이 극단적이었기 때문에 저항심이 생겼고 사회·정치 문제에 참여하게 됐다는 지적을 받기도 한다. 틀린 지적은 아니다. 그렇지만 오늘날 낙태와 관련한 내 경험은 별로 유효하지 않다. 그 시절 나와 다른 여성들은 비인간적인 끔찍한 환경과 조건에서 가축처럼 낙태 수술을 받았지만, 지금은 그런 정도로 심각하지는 않다. 낙태 문제에 대한 자각이 덜한 까닭이기도 하다. 그러나 근본적으로 달라진 것은 없다. 나는 과거와 다름없이 여전히 많은 여성이 무지와 고독의 심연에 빠져 두려워하고 있다고 확신한다. 다음은 내가 몇 달 전에 받은 편지다. 전문을 인용하니 찬찬히 읽어보자.

알리미 변호사님께,

안녕하세요. 저는 브뤼에르쉬르와즈에 사는 O 부인이라고 합니다. 남편은 마흔여섯 살이고 배관공입니다. 저는 남편과 동갑이며 파르망에 있는 보육원에서 교사로 일하고 있습니다. 두 아이를 담당하고 있습니다.

저희 부부는 아이가 셋입니다. 큰아들 리오넬은 열여덟 살, 큰딸 아를레트는 열여섯 살, 막내딸 미리암은 아홉 살입니다. 그리고 만약 살아있으면 지금쯤 스무 살이 됐을 아이를 6개월 때 잃었습니다.

제가 지금 감정이 격한 상태라서 전화를 드리려다가 편지를 씁니다. 그러면 변호사님이 제 이야기를 더 잘 이해하실 수 있을 것 같아서요.

그때가 날짜로 1972년 6월 17일 토요일 아침 8시경이었어요. 제가 주방에서 분주하게 아이들 아침 준비를 하고 있는데 막내인 미리암이 불쑥 이렇게 말하는 겁니다.

"엄마, 침대가 다 피야."

미리암은 제 언니랑 같은 침대를 쓰고 있었어요. 그때 리오넬도 와서 말했습니다.

"엄마, 아를레트한테 가보세요. 얼굴이 너무 창백해요. 여기저기 피가 많이 묻어 있고… 아를레트가 이상해요."

리오넬은 방에 옷장이 없어서 동생 옷장에서 자기 스웨터를 꺼내려던 참이었어요. 저는 그 말을 듣자 덜컥 겁이 나서 2층에 있는 아를레트 방으로 뛰었어요. 그런데 제가 뭘 봤는지 아세요? 내 딸 아를레트가 하얗게 질리고 얼이 빠져나간 눈으로 비틀거리며 계단을 내려오는 것이었어요.

"세상에나, 이게 무슨 일이니? 왜 그러는 거야?"

"엄마, 저 씻고 싶어요."

저는 서둘러 아를레트를 데리고 욕실로 들어가 씻는 것을 도왔어요.

"이제 엄마랑 같이 방으로 올라가자. 그러고 나서 의사를 불러야겠다."

방에 들어간 저는 당황하지 않을 수 없었습니다. 침대고 바닥이고 온통 피
투성이였어요.

"안 되겠다. 리오넬 침대로 가서 누워 있어."

저는 아직 아무것도 묻지 않고 옷을 갈아입힌 뒤 창문을 열어 밖에 있던
리오넬에게 소리쳤어요.

"병원에 전화해서 의사 선생님을 찾아! 급하니 지금 당장 오시라고 말씀드
려!"

제가 향수를 뿌려주자 아를레트는 조금 안정됐는지 제 품에 살그머니 안
겼습니다. 그제야 딸아이에게 물었지요. 짐작은 했습니다.

"대체 무슨 일이 있었던 거니? 엄마한테는 괜찮으니까 말해보렴."

"엄마, 제가 바보 같은 짓을 했어요. 용서해주세요."

"그래, 역시 유산을 한 거였구나. 괜찮아, 아무것도 아니야. 용서해줄게. 의
사 선생님이 곧 올 거야. 응급처치를 하겠지만 병원에 가야 할 거야. 그런데
그 전에 우선 말해봐. 야단치지 않을게. 널 이렇게 만든 게 누구니?"

"제라르예요, 엄마⋯."

"오, 이런! 나쁜 놈 같으니! 그놈이 순진한 널 꾄 거였구나! 그런 나쁜 놈은

260

혼이 나봐야 자기가 무슨 짓을 했는지 알 거다!"

저는 아를레트 옆을 계속 지키고 있었어요. 의사 선생님이 도착해서 딸아이를 진찰했습니다.

"부인, 따님은 출혈을 심하게 했습니다. 다행히 지금은 괜찮아요. 하지만 일단 입원을 해야 합니다. 제가 필요한 조처를 하겠습니다."

잠시 후 구급차가 왔고, 리오넬이 간호사와 함께 아를레트를 부축해 1층으로 내려갔습니다. 그때 아를레트가 제게 레인코트를 가리키며 말하더군요.

"저 속에 있어요."

"그래, 알았어. 괜찮아, 불안해할 거 없다. 의사 선생님이 잘 치료해주실 테니 아무 생각하지 마. 일단 오빠가 너랑 같이 갈 거고, 엄마는 정리한 다음에 바로 갈게."

"엄마, 엄마, 아빠한테는 절대로 말하면 안 돼요. 너무 무서워요…."

"그래, 얘기 안 할 테니 아무 걱정 마. 엄마가 보호해줄게."

저는 딸아이가 유산을 했고, 레인코트 속에 사산된 태아가 있을 거라고 예상했습니다. 하지만 들여다볼 용기는 나지 않았어요. 제가 감당할 수 있는 일이 아니었어요. 오후 1시쯤 남편이 아무것도 모른 채 집으로 돌아왔습니다. 아, 그런데 그 순간 의사 선생님이 집에 다시 오셨어요. 불길한 예감이 들었습니다. 표정이 좋지 않아 제가 물었지요.

"선생님, 무슨 일이 생겼나요? 딸아이 상태가 더 안 좋아졌나요?"

"아닙니다, 그게 아니고…. 눈치채셨겠지만 아를레트가 출산을 했어요. 혈장[9]이 나왔다고 병원 측에서 방금 제게 알려왔습니다. 아마도 사산한 것 같은데, 어쨌든 죽은 태아를 병원 영안실에 가져가야 합니다."

그 말을 듣는 순간 저는 그 자리에서 꼼짝할 수가 없었고, 입에서 더는 아무 말도 나오지 않았습니다. 남편은 어리둥절한 표정으로 나와 의사 선생님을 번갈아 바라보고 있었어요.

"부인, 힘내시고, 모든 걸 남편분께 사실대로 말씀드려야 합니다."

저는 몽유병자처럼 남편에게 다가갔습니다.

"여보, 굉장히 심각한 일이 일어났어. 날 죽이려면 죽여. 하지만 우리 아를레트는 제발 그냥 내버려둬. 당신이 도와줘야 해. 아를레트는 지금 병원에 있어. 아까 아이를 낳았는데 죽어 있었나 봐. 저기 레인코트 속에 감춰놓았대. 당신이 좀 봐줘. 난 도저히 용기가 안 나. 너무 힘들어."

남편이 레인코트를 보러 갔고 흐느끼는 소리가 들렸어요. 잠시 후 남편이 제게 다가와 말했습니다.

"어떻게 이런 일이… 난 우리 딸이 순진하다고 믿었는데…. 죽은 아기는 무슨 죄야… 저렇게 예쁜데…. 그런데 누구야? 성령님은 아닐 거잖아. 누구 아들이래? 어느 집 자식이냐고?"

"아를레트 말로는 제라르래."

그러자 남편 얼굴이 벌겋게 달아올랐습니다.

"말도 안 돼. 내 친구 아들이 이런 짓을 하다니. 이럴 수는 없어. 이건 정말 말도 안 돼!"

저희 부부는 이웃 사람에게 부탁해서 자동차를 빌려 죽은 아이를 싣고 병원으로 갔습니다. 남편만 의사와 같이 영안실로 들어갔어요. 얼마 후 남편이 나왔고 저희는 다시 집으로 돌아갔습니다. 그런데 6월 20일 아침 6시에 퐁투아즈 경찰들이 보몽쉬르와즈 경찰 한 명과 저희를 찾아왔어요. 그러더니 느닷없이 아를레트가 야생 동물처럼 혼자 아이를 낳았고, 아이는 질식해서 죽었다는 것이었습니다. 아이가 나오자 겁이 난 아를레트가 허둥지둥 어쩔 줄 몰라 하다가 그 과정에서 질식해 숨졌다는 거였어요. 딸아이는 너무 무서워서 엄마를 부를 엄두도 못 냈던 것 같아요. 사실 그때 저는 아무 소리도 듣지 못했어요. 아무 소리도요. 그래서 더 가슴이 아파요. 막내딸 미리암이 내려올 때까지 그냥 아를레트가 늦잠을 자나 보다 생각했지요. 그날은 토요일이었거든요. 경찰들은 저희에게 이렇게 말했습니다.

"책임져야 할 사람은 따님이 아니고 제라르라는 그 녀석입니다. 그러니 너무 걱정하지 마시고 따님한테 신경 쓰세요. 무척 힘들어하고 있을 겁니다. 이제 저희는 가서 따님을 좀 만나봐야겠습니다."

그랬는데… 결국 지방법원에 출석하라는 소환장이 날아왔습니다. 변호사님, 말씀드릴 게 있어요. 그 이후 저희 부부는 경찰 조사를 받았어요. 저희는 유리한 증언을 해줄 증인들을 확보해놓았어요. 저희가 사는 마을 시장님과 상인들, 제가 일하는 보육원 상담사인 A 씨 그리고 원장님도 저희 부부가 어떤 사람인지 변호사님께 증언해줄 거예요.

남편에 대해 말씀드리면, 제 남편은 정말 손재주가 좋은 사람이에요. 열 손가락으로 못 하는 게 없어요. 하지만 한 번 화가 나면 완전히 다른 사람이 된 것처럼 사나워져서 누가 말대꾸하는 걸 절대로 못 참아요. 저와 아이들은 남편이 그럴 때면 몹시 두려워하죠.

이렇게 아빠가 엄해서 아를레트는 거의 외출도 못 했어요. 딱 한 번, 1971년 8월 마지막 일요일 지역 축제 때 친구와 같이 간 적이 있는데 그때는 친구 어머니인 M 부인이 있었고, 영화관에는 한두 번 갔었지만 그때도 오빠인 리오넬과 같이 있었죠. 이런 말씀은 증인분들이 변호사님께 다 해드릴 거예요.

아를레트는 늘 상냥하고 친절하고 착실한 아이로 소문이 나 있었답니다. 아이들도 무척 좋아해요. 그러니 아이가 살았더라면 키울 수 있었을 거예요. 엄마인 저도 보육원 교사이고, 제가 일하는 보육원 원장님한테도 도움을 받을 수 있었을 테니 더더욱 그렇죠. 제가 돌봤던 아이들이 입었던 옷도 많고, 아무도 안 쓰는 작은 침대도 있어요.

요즘은 예전과 많이 달라져서 용서받을 수 있겠지요? 딸아이가 임신할 수도 있다는 생각을 했어야 했는데 그걸 못해서 제일 슬퍼요. 미리 그런 생각을 했더라면 제가 뭔가를 해줄 수도 있었을 텐데요. 그때 아를레트가 몸이 불어나고 있다는 건 알았어요. 그런데 평소에도 워낙 식욕이 강하고 특히 엉덩이와 허벅지에 살이 찌는 체질이라, 그래서 그런가 보다 했죠. 그저 잔소리만 해댔어요.

"과자랑 사탕 좀 그만 먹어. 이런 말 들으면 기분 상할지 모르겠지만, 계속 그렇게 먹다가는 코코처럼 되고 말 거야."

코코는 남편 쪽 조카딸인데 정말 뚱뚱했어요. 원래 남편 쪽 사람들이 다들 뚱뚱했고, 저희 쪽은 딱히 마른 건 아니지만 보통이었어요. 만약 아를레트가 차라리 좀 불량한 아이였다면 불안해하면서 '저 애가 내게 뭔가 숨기고 있구나' 생각하고 불시에 병원에 데려가 진찰받게 했을 텐데 말이에요.

제라르는 앞집에 사는 이웃 부부의 아들이에요. 제라르 아래로 여섯 살과 두 살 아이가 더 있고요. 저희와 정말 가깝게 지냈고, 그 집 아내도 꽤 친절한 사람이었어요. 이번 일로 제라르 부모님들도 무척이나 미안해하고 있어요. 제라르는 집을 나가 돌아오지 않고 있다고 해요. 마을 사람들은 모두 저희에게 제라르의 부모를 고소하라고 조언해요. 하지만 남편과 저는 고민 끝에 그렇게까지는 하지 말자 했어요. 대신 제라르 아버지가 고아들을 위해 최대한 많은 기부금을 냈으면 좋겠어요. 남편이 정말로 신뢰했던 사람이었어요. 마땅히 그 정도는 하게 만들고 싶대요.

하지만 가장 걱정인 건 아를레트예요. 아를레트는 괜찮을까요?

변호사님, 저희가 사랑하는 딸을 구할 수 있도록 도와주세요. 약속드린 대로 21일 화요일 11시에서 12시 사이에 전화 드릴게요.

진심을 다해 미리 감사드립니다.

1972년 11월 17일, O 부인 드림

끔찍한 일이다. 그러나 이런 일은 분명히 존재한다. 지금도 말이다. 이 진보의 시대에, 파리에서 고작 몇 킬로미터 떨어진 곳에서.

아버지를 무서워했고, 어머니와는 평소에 대화가 별로 없었고, 죽은 아이의 아버지에게는 일찌감치 버려진 이 열여섯 살 소녀는 자신의 침대 밑에서 마치 야생 동물처럼 아이를 낳았고, 결국에는 영아 살해 혐의로 기소된 것이었다. 그것도 아버지와 어머니 그리고 열여덟 살 오빠와 함께.

이 사회는 이렇게 생긴 그녀의 상처에 경찰의 심문, 검사의 흑백논리, 가장 내밀하고 세부적인 것까지 파고드는 정보 수집, 노골적인 질문과 같은 끔찍한 2차 가해를 추가한다.

"이 사건이 일어나기 전에는 처녀였습니까?"

"성관계는 어떤 식으로 했습니까? 집에서? 자동차에서? 모두 몇 번 했습니까?"

"아이를 낳으면 죽이려고 했지요?"

"아이를 살해한 것은 사실입니다. 부인해도 소용없습니다."

아를레트는 힘없는 목소리로 대답하고 설명하려고 애썼지만, 그녀는 아직 잠에서 깨어나지 못했다. 악몽이 계속해서 그녀를 피로 물들이고 있었다. 그녀는 아이를 죽이려고 하지 않았다. 그저 겁이 났고 어쩔 줄 몰랐을 뿐이다. 그녀는 아이를 울게 해 숨 쉬게 하는 법도, 탯줄 자르는 법도 몰랐다. 그 전에 그녀는 성관계가 뭔지도 몰랐다. 임신에 대해서도 몰랐다. 몸이 달라진 걸 느끼면서도 아무에게도 말하지 못했다. 그녀는 성격이 거친 아버지를 무서워했다. 어머니도 남편을 무서워했다. 그런 식이었다. 학교에서도 아무것도 없었다. 학교에서도 성교육은 이뤄지지 않았다. 피임에 대해서도 들어본 적이 없었다.

아를레트는 '커다란 아기'였다. 발그레했고, 통통했고, 둥글둥글했다. 하지만 나는 그녀의 호수처럼 깊고 푸른 눈에 번민이 어려 있음을 봤다. 우리가 어렸을 때, 자기 자신에게 본질적인 질문을 던졌지만 아

266   여성의 대의

무런 대답도 들을 수 없었을 때 느낀 번민이다. 왜 이렇게 힘들어야 하지? 왜 이렇게 두려워야 하지? 왜 이런 세상에서 살아야 하지? 이런 불안에서 벗어나기 위해서는 신경안정제와 심리요법에 의지해야 했다.

아를레트의 아이가 죽은 것은 궁극적으로 그녀의 주변 세계가 침묵하고 적대적이었기 때문이다. 나는 그녀가 아이의 죽음을 슬퍼했다고 생각한다. 아를레트를 만났을 때 그녀는 "내 아이…"라고 말했다. 불쌍한 그녀는 그때 뭘 어떻게 해야 할지 몰랐던 것이다.

나는 그녀와 가족을 변호했다. 현재 아를레트는 전과자가 아니다. 그녀와 가족은 면소판결을 받았다. 소송 자체가 종결됐다. 그녀는 한결 나아졌다. 웃고, 일하고, 투쟁한다. 지금 그녀는 〈선택〉 협회에서 상근 직원으로 일한다. 평생 처음으로 그녀는 따뜻하고, 활동적이고, 친절한 여성들 사이에서 생활하고 있다. 이런 삶은 그녀에게 큰 도움이 될 것이다.

그렇더라도 충격은 충격으로 남게 되는 법이다. 때때로 그녀의 얼굴에서 빛이 사라지고 눈길이 멍해지는 순간이 있다. 아를레트는 아직 치유되지 않은 것이다.

객관적인 관점에서 넓게 바라보면 여성을 해방시키는 것이 곧 남성을 해방시키는 것이며 모두를 해방시키는 것이다. 페미니즘은 휴머니즘이다. 그러나 오늘날 투쟁하는 여성들에게 이 화두는 우선순위도 아니고 단기적 관심사도 아니라는 말을 즉시 덧붙이고 싶다. 내 말이 모순처럼 들릴지도 모르지만 그렇지 않다. 남성은 억압자인 동시에 남성과 여성의 억압적 관계에 묶여 있다. 달리 말해 억압자라는 틀에 매여 있는 남성도 자유롭지 못하다. 그러므로 여성 투쟁의 목표는 명확하다. 억압자를 무력화하고 그 특권을 철폐하는 것이다. 그러면 억압자도 자유를 찾게 된다.

따라서 억압에 맞서 투쟁에 뛰어든 여성들이 "우리의 투쟁은 우리를 억압하는 남성을 위한 것이기도 합니다!"라고 외치는 게 모순이라고, 또는 투쟁의식을 약화한다고 생각할 필요는 없다. 우리의 투쟁은 변증법적으로 그리고 장기적으로 억압자들의 해방도 포함하고 있다. 여성이 해방될 때 남성도 해방되며 억압은 사라진다. 여성이 해방되지 않으면 남성도 해방되지 않으며 억압은 계속된다. 커다란 그림이 그렇다. 하지만 그로 인해 투쟁 전략이 바뀌지는 않는다.

솔직히 말하면 나는 모든 남성이 이 도식을 이해할 수 있으리라고 믿지 않는다. 우리의 투쟁에 기여할 수 있으리라고도 생각하지 않는다. 물론 당연히 예외는 있을 수 있다. 실제로도 많은 남성이 우리의 대의에 공감했고, 큰 불이익을 당하면서까지 동참했다. 부정하거나 폄훼할 생각은 없다.

그렇지만 어디까지나 도박과 같은 것이다. 감상적인 환상은 애초에 품지 말아야 한다. 배척하지 않되 계속해서 주의하고 조심해야 한다.

남성 역시 여성 해방을 통해 해방된다는 사실을 적어도 이론적으로나마 이해하기를 바라면서.

또 한 번 강조하지만, 쟁취가 아닌 주어지는 자유를 조심해야 한다. 언제까지 속을 것인가? 남성으로부터 주어진 자유를 자유라고 착각한 대가가 지금까지 이어져 내려오고 있다. 그것이 각개격파가 되어 여성의 결집을 막고 있다. 계속 속아 넘어가면 식민주의 대신 신식민주의 시대를 살게 될 것이다. 세상의 새로운 변화 동력을 자극할 책임은 여성에게 있다. 투쟁의 동력은 여성 자신이다.

여성 해방은 경제 구조 및 관계 변화를 전제로 하지만, 권력의 남성적 형태에도 변화를 이끌어내야 한다. 사고방식의 혁명이 일어나야 한다. 세계가 교류하는 방식, 세계의 관계, 세계의 문화가 모두 바뀌어야 한다. 남성은 살아가는 법을 다시 배워야 할 것이다. 그것을 체득한 남성은 자유로워질 것이다. 왜냐하면 더는 억압자의 상황에 놓이지 않을 것이기 때문이다.

국민을 억압하는 나라가 자유 국가가 아닌 것처럼, 여성이 완전한 권리를 갖고 자유를 누릴 때라야 남성도 비로소 온전한 권리와 자유를 갖는 것이다. 더욱이 이제 남성은 '납자답게'라는 굴레에서 벗어날 수 있게 된다. 갑갑했던 가면을 벗어던질 수 있는 것이다. '남자답게'를 따르고 지키려고 애쓰느라 겹겹이 쌓였던 피곤함도 말끔히 사라질 것이다.

여성과 남성은 새로운 방식으로 새로운 관계를 맺을 수 있을 것이다.

활동, 역할, 언어, 섹스 등 모든 면이 달라질 것이다. 지금까지와는 다른 식으로 삶을 이해하게 되며 지금까지의 방식을 기억하지 못할 것이다. 똑같은 권리와 자유를 공평하고 책임 있게 나눠 갖게 될 것이다.

반드시 그렇게 될 것이다.

개정판 서문: 오해의 시대

1. 보쉬에(Bossuet), 《신께 오르다: 그리스도교의 모든 신비에 관하여(Élévationsà Dieusur tous les mystères de la religion chrétienne)》(Jean Mariette, 1727).

2. 뤼스 이리가레, 《성과 계보(Sexes et Parentés)》(Minuit, 1987).

3. 뤼스 이리가레, 《차이의 시대(le Temps de la différence)》(Le Livre de Poche, 1989).

4. 1980년 12월 23일법(부록 "성폭행의 죄"를 참조할 것)은 〈선택〉 협회가 맡았던 1977년 액상프로방스(Aix-en-Provence) 재판 당시 우리가 제기한 문제 대부분을 반영했다. 《성폭행: 액상프로방스 재판(Viol: le procès dAix-en-Provence)》(Gallimard, 1978) 참조. 그러나 성폭행 피해자가 받아야 하는 도덕성 조사 문제가 남아 있었다. 우리는 이 조사를 폐지하라고 요구했다.

5. 직업평등에 관한 1983년 7월 13일법.

6. 형법 제225-3-1조: 직업 활동을 하는 동안 직무상의 권위를 남용해 명령이나 압력 등의 방법으로 성적인 호의를 요구할 경우 1년 이하의 징역형이나 1만 프랑의 벌금형에 처한다(1991년 6월 21일 하원 회기)." 이 법안은 상급자가 행한 성희롱 개념을 노동법에 도입함으로써 보완됐다. 베로니크 네이에르츠(Véronique Neiertz) 여성 권리 담당 장관이 제안한 이 개정안은 1992년 봄에 하원에서 검토된다.

7. 유럽평의회(Conseil de l'Europe)는 스트라스부르(Strasbourg)에서 1989년 11월 6일과 7일에 걸쳐 "평등 민주주의"를 주제로 세미나를 진행했고, 이를 정리한 "민주적 이상과 여성의 인권"에 관한 보고서를 발표했다.

8. 실제로 1789년의 '인간과 시민의 권리 선언'은 여성들에게 이 기본적인 권리를 부여하기를 거부했고, 심지어 노예제가 존속되도록 방치했다. 노예제는 1794년

2월 16일 법이 선포되고 나서야, 즉 공화국이 선포되고 나서야 폐지됐다.

9. 개발도상국의 상황은 더 심각하다. 이슬람 근본주의가 팽배한 요르단에서는 12명의 여성이 1989년 11월 8일의 국회의원 선거에 출마했으나 단 한 명도 당선되지 못했다. 알제리의 경우 1991년 12월까지 295명의 국회의원 중 여성은 7명뿐이었다(2.4%). 헝가리에서는 1990년 기준 전체 국회의원 386명 가운데 여성은 28명이었다(1985년까지는 여성 국회의원이 80명으로 21%였다).

10. 프랑스 여성은 1944년 4월 21일 임시 정부 조례로 선거권과 피선거권을 획득했다. 여성들은 1945년 4월 지방선거에서 처음으로 투표에 참여했다.

11. 프랑스와 유럽공동체 국가의 국회의원 선거에서 당선된 여성 비율은 덴마크(30.7%)와 네덜란드(21.3%)가 가장 높았으며, 다음으로 서독(15.4%), 룩셈부르크(10.9%), 이탈리아(10.7%), 포르투갈(10%), 아일랜드(8.4%), 벨기에(8.3%), 스페인(7%) 순이었고, 여성 비율이 가장 낮은 국가는 영국(5.8%), 프랑스(4.7%), 그리스(4.3%)였다.

12. 프랑스 선거에서 여성 할당제는 1982년 7월 28일법으로 도입됐다. 당시 나는 다음과 같은 내용의 선거법 개정안을 하원에 제안했다. "선거 후보자 명단은 동일 성별을 가진 사람을 75% 이상 포함할 수 없다. 이 비율은 전체 후보자 명단 그리고 12명으로 구성되는 각 정당의 비례대표 명단에 적용된다." 사회당이 채택한 이 개정안은 하원을 거의 만장일치(491명 중 476명 찬성)로 통과했고 상원에서도 가결됐다. 그러나 1982년 11월 18일 헌법위원회는 "유권자에게 제출되는 후보자 명단의 성별에 따른 조정은 프랑스 헌법(제3조) 및 인간과 시민의 권리 선언(제6조)에 어긋나는 차별"이라는 이유로 폐기했다.

13. 유럽평의회 주최 "인간의 권리" 콜로퀴엄 보고서(Arlington, 1990)에서 인용.

14. 오늘날 프랑스에서는 여성 10명(25~44세) 중 7명 이상이 직업을 가졌거나 찾고 있다. 자녀가 있는 여성 3명 중 2명은 직장에 다닌다. 그러나 여성이 갖는 직업 폭은 제한돼 있다. 단순 노무직이 75%이고 사무직이 42.6%, 기업 고위직이

나 전문직 종사자는 20%에 불과하다.

15. 대표적인 연구 결과로 엘리자베트 바댕테르(Elisabeth Badinter),《더 많은 사랑: 모성의 역사(l'Amour en plus: Histoire de l'amour)》(Le Livre de Poche, 1980)가 있다.

16. 인공수정이나 시험관 아기 등 불임 치료를 위한 과학기술은 발달했으나, 유전 방정식은 조금도 달라지지 않았다.

17. 새로운 아버지들이 상황을 바꿔놓고는 있지만, 유감스럽게도 그 수가 너무 적다. 남성이 참여하는 가사노동 비율은 매우 낮아서 빨래는 1~2%에 불과하고 청소는 13%에 지나지 않는다. 〈경제와 통계(Économie et Statistiques)〉(제228호, 1990) 참조.

18. 마르가레트 미체리히,《평화로운 여성: 성에 따른 공격성의 정신분석학적 연구 (La femme pacifique: étude psychanalytique de l'agressivité selon le sexe)》(Des Femmes, 1988)에서 인용.

19. 설문 조사에 따르면 여성의 26%(24세 이하 여성은 30%)는 남성과 여성의 역할이 비슷해지는 것은 바람직하지 않다고 여겼다. 다만 여성들은 전통적으로 남성이 차지하고 있던 역할에 관심을 둔 반면, 남성들은 가사노동이 아닌 자녀교육(55%)이나 예산 수립(37%) 등의 역할에 주목했다. 가사노동의 경우 여성들은 청소에는 큰 거부감이 없었지만(34%), 아이를 씻기고 단장하는 일은 남성이 하기를 바랐다(12%). 〈르누벨옵세르바퇴르(Le Nouvel Observateur)〉(1990년 12월 6일 기사)와 프랑신 콩트(Francine Comte),《풀려난 이오카스테(Jocaste délivrée)》 (La Découverte, 1991) 참조.

20. 이 법안은 0세부터 2세까지의 자녀를 둔 부모를 대상으로 하는 육아휴직 법안으로, 우리는 이를 "아버지와 어머니가 번갈아 담당하는 유급 공동교육휴가"라고 불렀다. 기간을 정해 부부가 그 기간에 휴직할 때만 수당이 지급된다(각각 따로 휴직 기간을 가질 수 없다). 그리고 수당은 두 사람 평균 급여의 40%로 책정하

며 가구 소득의 90%가 유지되도록 보장한다. 〈선택〉 협회는 이 법안을 하원에
제안했다.

21. 프랑수아 미테랑(François Mitterrand)은 대통령 후보일 때 〈선택〉 협회의 질문
을 받고 이렇게 답변했다. "육아휴직은 제가 가장 바라는 제도입니다. 육아휴직
은 필요하고, 부모 양쪽 모두 사용할 수 있어야 하며, 수당이 지급돼야 합니다."
〈선택〉 협회, 《여성들에게는 어떤 대통령이 필요한가?(Quel Président pour les
femmes?)》(Gallimard, 1981).

22. 현재 구할 수 있는 27종의 피임약 가운데 13종은 약값이 환급되지 않는다. 예
전에 나온 몇 가지 피임약과 의학기술 발전의 혜택을 입은 최근의 피임약은 비
급여 항목이다. 아마도 환급받을 수 있는 기존 피임약이 더이상 생산되지 않으
면, 환급되는 피임약이 하나도 없는 때가 올 것이다. 정부는 품질 등급 별로 한
가지씩은 환급되도록 하겠다고 약속했지만 별로 신뢰할 수 없다.

23. 1971년 설립된 〈그들이 살게 내버려두자-SOS 미래의 어머니들〉이 가장 적극
적이고, 비교적 최근인 1986년 설립된 〈SOS 신생아들, 모든 낙태를 양심적으
로 반대하는 협회(SOS Tout-Petits, Association pour l'objection de conscience à
toute participation à l'avortement)〉의 움직임도 예사롭지 않다. 두 단체 모두 가
톨릭 기반의 극우 집단이며, 특히 〈SOS 신생아들〉은 낙태는 물론 피임과 동성
결혼도 공개적으로 반대한다.

24. 1986년 5월 26일법.

25. 그중에는 보건부 장관 브뤼노 뒤리유(Bruno Durieux)와 극우 정당 국민전선
(Front National, FT)의 마리-프랑스 스티르브와(Marie-France Stirbois) 등이 포
함돼 있었다(1990년 6월 9일 결의안).

26. 임신중단약 RU-486은 일종의 항호르몬제로, 임신 지속에 필수적인 프로게스
트론(progesterone) 호르몬의 작용을 방해해 자연 유산과 유사하게 낙태를 유
도한다. 이 항호르몬은 에티엔-에밀 보리유(Étienne-Émile Beaulieu) 교수 연구

팀이 발견해 1982년 4월 14일 의학아카데미에 제출했다. RU-486은 1988년 9월 23일부터 시판됐다.

27. "《여성의 대의를 선택하다》협회는 그 어떤 여성에게도 자발적 임신 중단을 강요하지 않습니다. 그러나 법치국가에서는 누구도 민주적으로 제정된 법에 반대할 수 없습니다."(1990년 12월 19일 보도자료).

28. 미국에서처럼 프랑스에서도 1988년 9월 28일 이 영화가 스크린에 오르자 격렬한 시위가 벌어졌다. 개혁에 반대하는 가톨릭교도, 특히 필리프 라게리(Philippe Laguérie) 신부와 국민전선 당원들의 선동에 따라 파리와 지역 도시에서 시위가 이어졌다. 가톨릭 특공대는 영화관에 최루탄을 던졌고, 심지어 파리 라탱(Quartier) 지구의 영화관에서는 방화로 한 명이 사망하고 여러 명이 크게 다쳤다. 이 같은 범죄를 저지른 사람들은 15개월에서 36개월까지 집행유예를 선고받았다.

29. 요한 바오로 2세는 1991년 6월에 폴란드를 방문했을 때 자발적 임신 중단을 제2차 대전 중 일어난 유대인 학살과 비교했다.

30. 낙태를 금지하고, 낙태 시술을 한 의사에게 최고 2년의 징역형을 선고한다는 내용의 법안이 1990년 9월 29일 폴란드 상원 발의로 가결됐다. 그러나 하원은 이 억압적인 법안을 아직 가결하지 않았다. 그리고 낙태를 성폭행 및 임신부 사망 위험의 경우로만 제한한다는 내용을 의사협회 규정에 삽입하겠다는 결정은 폴란드 행정조정관인 에바 레토프스카(Ewa Letowska)로부터 맹렬한 비난을 받았다.

31. 구서독에서는 오히려 상황이 악화했다. 낙태 시술을 거부하는 의사들의 수가 더 많아졌다.

초판 서문: 감금당한 여성

1. 여성부 통계에 따르면 1976년 5월 기준 매월 1,900프랑 이하의 급여를 받는 노

동자 중 여성 비율은 64%이며 남성은 35%다.

2. 1976년 9월 여성노동위원회 보고서에 따르면 고위 간부 가운데 여성은 6%에 불과했다. 1991년에는 이 비율이 20%로 증가했다.

3. "여성과 여성의 노동권(La Femme et son droit au travail)", 〈르소시알리스트(Le Socialiste)〉 1898년 10월 9일 기사

4. 여성 하원의원은 전체 490명 중 9명에 불과하고 상원의원은 283명 가운데 6명에 지나지 않았다. 1991년에도 프랑스 국회의 여성 의원 수는 여전히 유럽공동체 국가 중 최하위였다.

5. 이탈리아 의회는 이런 점에서 흥미롭다. 1976년 6월 20일 총선에서 선출된 상원의원과 하원의원 950명 가운데 여성은 87명으로 전체의 9.7%였다(이전 선거에서는 3%). 그런데 1991년에는 945명 중 101명이 여성이었다(전체의 10.7%).

6. 가사노동의 교환 가능성은 자영업자의 경우 2.3%였고 급여생활자는 11.5%였다(여성노동위원회 1976년 9월 보고서).

7. 육아휴직 제도는 특히 스웨덴에서 큰 성공을 거뒀다.

8. 성폭행은 사랑을 나누고 싶은 상대를 자유롭게 선택할 수 있는 여성의 권리에 반하는 범죄다.

9. 〈창세기〉 3장 16절.

10. 플라톤, 《국가(Politeia)》를 참조할 것.

11. 프로이트, 《프로이트 서간집, 1873-1939(Correspondance de Freud, 1873-1939)》 제2권(Gallimard, 1966).

12. B. 말리노프스키(B. Malinowski), 《원시사회의 성과 억압(Sexualité et Répression dans les sociétés primitives)》(Payot, 1967).

13. 1975년 11월 17일 유네스코 사무총장 음보우(M'Bow)의 연설. 오늘날 읽고 쓸 줄 모르는 사람 3명 중 2명은 여성이다(UNESCO, 1988).

14. 앙드레 브르통(André Breton)의 시 〈자유로운 결합(L'Union libre)〉 중 한 대목

"샴페인 빛 어깨를 가진 나의 여인"과 폴 엘뤼아르(Paul Eluard)의 〈끊임없이 계속되는 시(Yoésie ininterrompue)〉 가운데 "우리 두 사람 중 너는 완전히 벌거벗었고", "나는 내가 살았던 것처럼"을 차용한 것이다.

제1장: 나의 삶

1. 이 장에서 간략히 소개하는 내 어린 시절 이야기는 다음 책에서 더 자세히 살필 수 있다.《오렌지 우유(Le lait de l'oranger)》(Gallimard, 1988[1990])

2. 나는 아버지를 '마술사 에두아르'라고 불렀다. 아버지는 1976년 12월 26일에 세상을 떠났다. 나는《오렌지 우유》에서 마술사 에두아르를 내 어린 시절과 함께 부활시켰다.

3. 57명의 무슬림이 1952년 1월 23일 모크닌 시위 때 경찰을 살해했다는 이유로 군사 법정에서 재판을 받았다. 재판은 1953년 5월 18일에서 25일까지 1주일 동안 계속됐다.

4. 이후 알제리 전쟁 중 나는 코티 대통령과 드골 장군을 자주 면담했다.《오렌지 우유》 제4장 "저를 변호사님이라고 부르세요" 참조.

5. 1968년 12월에 권력을 잡은 마리앵 응구아비 대통령은 1977년 3월 18일 암살당했다.

6. 지하조직의 우두머리였던 이들은 재판이 끝나고 며칠 뒤 살해됐다.

제2장: 선택 협회

1. 이 선언에 대해 1971년 4월 5일 〈르누벨옵세르바퇴르〉는 "여성 343인의 외침(Un appel de 343 femmes)"이라는 기사를 게재했으며, 1971년 4월 12일 〈샤를엡도(Charlie-Hebdo)〉는 "누가 낙태했다고 선언한 343명의 창녀를 임신시켰나?(Qui a engrossé les 343 salopes du Manifeste sur l'avortement?)"라는 비난적이고 원색적인 제호로 논평을 내놓았다.

2. 따라서 〈선택〉 협회는 1991년 설립 20주년을 맞았다.

3. 내가 말하는 MLF는 1968년 5월 사건에서 탄생한 거대한 여성해방운동이며, 이후 등장한 여성 단체 〈정신분석과 정치(Psychanalyse et Politique)〉 등의 MLF와 혼동해서는 안 된다. 〈정신분석과 정치〉는 1980년부터 MLF를 채택해 부르기 시작했는데, 진정한 페미니즘 운동과 빈번하게 대립하고 있다.

4. 제3장 "보비니 재판"에서 자세히 다룬다.

5. 〈선택〉 협회의 회장은 여러 사람이 함께 맡았다. 초대 회장은 마리-클레르의 어머니이자 파리지하철공사 직원 미셸 슈발리에(Michèle Chevalier), 법정 변호사 지젤 알리미, 생물학자 자크 모노였다.

6. 〈선택〉 협회의 목표는 다른 분야로도 확대됐다. 부록 "선택 협회에 관하여"를 참조할 것.

제3장: 보비니 재판

1. 낙태를 여전히 죄악으로 바라보는 사회와 우리의 투쟁에 관해 잘 모르는 젊은 여성들에게 1920년의 악법이 보비니 재판을 통해 어떻게 산산조각 났는지 상기시키는 일은 의미 있다고 생각한다.

2. 자크 모노 교수는 1976년 5월 31일에 세상을 떠났다. 그는 이날까지 〈선택〉 협회의 공동회장이었다.

3. 신프랑화 3,000프랑을 구프랑화 30만 프랑으로 환산해 말한 것이다.

4. 지금은 피해 사실을 숨기지 않고 고발하는 여성들이 늘었다. 내무부 자료에 따르면 1989년 4,342건의 성폭행 신고가 접수됐지만, 실제로는 이보다 여덟 배 더 많았을 것으로 추정된다.

5. 1975년 이른바 '베유법'이 가결되고 1979년 이 법이 개정된 덕분에 불법 낙태는 계속해서 줄어들었다. 1976년에서 1983년까지의 통계를 보면, 등록되지 않은 낙태는 45%에서 30%로 감소했다.

6. 과연 마리-클레르는 한 어린 소녀의 어머니가 됐다. 하지만 보육교사의 꿈은 이루지 못했다. 그녀는 파리 인근의 한 공장에서 일하고 있다.

7. 이 책이 바로《낙태, 재판 중인 법: 보비니 사건(Avortement, Une loi en procès: L'Affaire de Bobigny)》(Gallimard, 1973)이다.

제4장: 형법 제317조

1. 부록 "낙태의 죄"를 참조할 것. 낙태에 관한 법률을 명시한 형법 제317조는 우선 1975년 1월 17일 '베유법'에 의해 5년 동안 중단됐다가, 1979년 12월 31일법을 통해 폐기가 확정됐다. 그러나 이 법은 적용하는 데 매우 큰 어려움을 겪었다(미성년자 부모 허락 의무, 10주라는 지나치게 짧은 기간, 의사의 양심 조항 남용 등). 이런 이유로 나는 1984년 국회에 법안을 제안했다. 오늘날 자발적 임신중단이 정상 의료 행위로 간주돼 비용을 환급받을 수 있는 것(1982년 12월 31일법)은 우리 여성들이 다시 길거리로 나간 덕분이다. 〈선택〉의 여성 활동가들은 국회의사당 본회의장에 전단을 뿌리기까지 하면서 여성의 권리를 인정하게 만드는 데 앞장섰다.

2. 프랑시스 스피네르(Francis Spiner)가 쓴 책《여성들의 사건, 파리, 1943: 낙태 시술자의 처형(Une affaire de femmes, Paris, 1943: exécution d'une avorteuse)》(Balland, 1986)과 클로드 샤브롤(Claude Chabrol)이 연출한 영화 〈여자 이야기(Une affaire de femmes)〉(1988)를 참조할 것.

3. 1973년 4월 〈공산주의자동맹(Ligue Communiste)〉의 주도로 설립된 단체 〈낙태와 피임을 위한 자유 운동(Mouvement pour la Liberté de l'Avortement et de la Contraception)〉을 지칭한다.

4. 1968년에 설립된 UDR(Union pour la Défense de la République, 공화국민주연합)은 1976년 RPR(Rassemblement pour la République, 공화국연합)이 됐다.

5. 〈선택〉 협회는 1973년 9월 낙태 시술 혐의로 기소된 GLACSE(Groupe pour la Liberté de l'Avortement et de la Contraception de Saint-Étienne, 낙태와 피임의 자유

를 위한 생테티엔 그룹) 의사들, 특히 출산조절센터 설립을 지지했다.

6. 1974년 보건부 장관이 미셸 포니아토프스키에서 시몬 베유로 교체되기 전의 법안이다. 베유법은 1975년에 가결됐다.

7. 1971년 〈르펠레랭(Le Pèlerin)〉이 진행한 설문 조사 결과 중 일부를 인용했다.

제5장: 낙태와 성

1. 〈선택〉 협회는 "임신은 나의 선택이다!", "피임은 나의 자유다!", "낙태는 나의 최후 수단이다!"라고 선언했다.

2. 뇌비르트법은 1967년 12월 가결돼 1972년 4월 시행령이 공포됐지만, 사람들의 사고 및 행동 변화를 따라잡지 못했다. 이에 개정 법안이 1974년 12월 4일 가결됐으며 시행령은 1975년 5월 6일 공포됐다.

3. ORTF는 공공 부문에 속한 모든 기존 채널을 통합한 상태였다.

4. 다행히 지금은 그렇지 않다. 1988년 국립인구통계연구소 조사 결과에 따르면 프랑스 여성 3명 중 2명은 피임법을 이용한다. 단, 특정 경구 피임약에 대한 환급 폐지 가능성은 우려할 수 있다.

5. 우리가 개입하기 전인 1973년 9월 P. 데그로프(P. Desgraupes)가 준비한 프로그램이 방송됐다. 일부 긍정적인 측면에도 불구하고 이 프로그램에는 여성들을 불안하게 만드는 내용이 많았다.

6. 1973년 6월 대규모 분열로 소속 의사들이 대거 사임하기 이전.

7. 1985년 인구통계학연구소 자료에 따르면 피임법이 활성화되지 않은 국가에서 낙태는 정상적인 출산율 조절 도구로 인식되고 있었다.

8. 〈선택〉 협회는 1979년 10월 유네스코와 "출산을 선택하다"라는 주제로 국제 심포지엄을 개최한 바 있다.

9. 1970년 6월 4일법과 1987년 7월 22일법에 따라 현재 '아버지'의 권위는 '부부'의 권위로 바뀌었다.

10. 루이 아라공,《바젤의 종(Les Cloches de Bâle)》(Gallimard, 1972).

제6장: 그르노블 사건

1. 지젤 알리미,《자밀라 부파차(Djamila Boupacha)》(시몬 드 보부아르의 서문을 추가한 개정판, Gallimard, 1991)와《오렌지 우유》제8장 "카스토르(Castor)"를 참조할 것.

2. 지젤 알리미,《오렌지 우유》제4장 "알제리 여성들"을 참조할 것.

제7장: 알리바이

1. 프랑수아즈 지루의 논평에 따르면 르죈은 프랑스가 1789년(프랑스 혁명) 이후부터는 존재하지 않는다고도 주장했다.

2. 내가 이 글을 처음 쓸 때(1973년 10월) 한 여성이 루비에(Louviers) 근처 연못에 몸을 던져 스스로 목숨을 끊었다는 소식을 들었다. 그녀는 여덟 번째 아이를 임신하고 있었다. 같은 지역의 또 다른 여성은 뜨개질바늘로 낙태를 시도하다가 사망했다.

3. 1975년 낙태 자유화 이후 연간 자발적 임신 중단 횟수도 이전과 비교해 크게 변하지 않았다.

4. 이후 일부 법이 개정됐다. 부록 "국가별 낙태 관련 법률"에 현재 여러 나라에서 시행 중인 법을 정리해놓았다.

제8장: 투쟁의 동력

1. 결국 소비에트연방은 1991년 12월 26일 공식 해체됐다.

2. 〈선택〉 협회는 1983년 유네스코 국제 심포지엄 "페미니즘과 사회주의"에서 이를 입증했다.

3. 1991년 기준으로는 소련 공산당 정치국 22명 중 4명, 프랑스 사회당 전국사무국 27명 중 5명으로 조금 늘었다.

4. 니코스 풀란차스(Nikos Poulantzas)의 책《정치권력과 사회계급(Pouvoir politique et classes sociales)》(Maspero, 1970)을 참조할 것.

5. 장 폴 사르트르 외,《러셀 법정(Tribunal Russell)》(총2권, Gallimard, 1967~1968)을 참조할 것.

6. 당시 알제리의 유일한 정당.

7. 부록 "성씨 계승에 관한 법안"에서 내가 국회에 제출한 법안을 참고할 것.

8. 특히 정치 분야에서 그렇다. 〈선택〉 협회는《여성의 공동 계획(Le Programme commun des femmes)》(Grasset, 1978)을 펴냈고, 1978년 국회의원 선거에 "여성을 위한 100명의 여성"을 후보로 냈다. 국회의원으로 선출된 나는 1982년 7월 모든 선거인명부에 여성 할당을 의무화하는 내용의 선거법 개정안을 발의했다. 〈선택〉 협회는 권력의 50%를 여성 시민에게 부여하는 남녀 동수 민주주의를 실시하라고 요구한다.

9. O 부인은 '태반'이 나왔다는 이야기를 하려고 했던 것 같다.

부록

낙태의 죄

베유법

자발적 임신중단에 관한 법률

자발적 임신중단에 관한 법률 개정안

국가별 낙태 관련 법률

성폭행의 죄

성폭행 피해자의 사생활 조사 폐지에 관한 법안

성씨 계승에 관한 법안

선택 협회에 관하여

| 낙태의 죄 |

낙태에 관한 법률
형법 제317조

① 음식, 음료, 약물, 수술, 폭력 및 기타 수단으로 임신 또는 임신 추정 여성을 낙태시키거나 낙태를 시도한 자는 해당 여성의 동의 여부를 불문하고 5년 이하의 징역 및 1,800프랑 이상 36,000프랑 이하의 벌금에 처한다.

② 전항의 행위를 상습적으로 시행한 사실이 판명될 경우 5년 이상 10년 이하의 징역 및 18,000프랑 이상 72,000프랑 이하의 벌금에 처한다.

③ 스스로 낙태하거나 낙태를 시도한 여성 또는 낙태 수단을 자신에게 사용하는 데 동의한 여성은 6개월 이상 2년 이하의 징역 및 360프랑 이상 7,200프랑 이하의 벌금에 처한다.

④ 의사, 조산사, 치과의사, 약사, 의과대학 학생 및 의과대학 관계자,

여성의 대의

약학대학 학생 및 약학대학 관계자, 약제상, 약종상, 외과 기구 판매상, 간호사, 안마사 등이 낙태 방법을 알려주거나 조장하거나 실행한 경우 제1항 및 제2항과 동일한 형으로 처벌한다. 이 경우 5년 이상 자격(영업) 정지 또는 자격(영업) 취소 처분을 병과한다.

⑤ 전항에 따른 자격(영업) 금지 및 취소 처분을 위반한 경우 6개월 이상 2년 이하의 징역 또는 3,600프랑 이상 36,000프랑 이하의 벌금에 처하거나 두 형을 병과할 수 있다.

| 베유법 |

자발적 임신중단에 관한 법률
1975년 1월 17일 시행, 제75-17호
(1975년 1월 18일자 프랑스공화국 관보에 게재)

대통령은 하원과 상원이 가결하고 헌법위원회가 헌법 합치를 결정한 다음의 법을 공포한다.

– 제1장 –

제1조: 이 법은 출생 순간부터 모든 인간존재의 존중을 보장한다. 이 원칙은 이 법이 규정하는 조건에 따라 필요한 경우에만 위반할 수 있다.

제2조: 자발적 임신중단이 공공보건에 관한 법률 제176조의 규정을

여성의 대의

충족하는 공공의료시설이나 민간의료시설의 의사에 의해 임신 10주 이전에 이뤄진 경우, 형법 제317조 제1항에서 제4항의 적용은 본 법이 공포된 날로부터 5년 동안 유예한다.

– 제2장 –

제3조: 공공보건에 관한 법률 제2부 제1편에 '자발적 임신중단'이라는 표제의 제3장을 추가한다.

제4조: 공공보건에 관한 법률 제2부 제1편 제3장 제1절을 다음과 같이 규정한다.

제1절: 임신 10주 이전에 시행되는 자발적 임신중단

제162–1조: 임신 여성이 고통스러운 상황에 처한 경우 의사에게 임신중단을 요청할 수 있다. 단, 임신중단은 임신 10주 이전에만 시행할 수 있다.

제162–2조: 자발적 임신중단은 의사만 시행할 수 있다. 단, 공공보건에 관한 법률 제176조의 규정을 충족하는 공공의료시설이나 민간의료시설에서만 시행할 수 있다.

제162–3조: 의사는 자발적 임신중단을 요청한 임신 여성에게 제162–8조에 따라 다음을 준수해야 한다.

1) 임신 여성에게 자신의 건강 및 미래의 출산에 초래할 수 있는 의학적 위험을 설명한다.

2) 임신 여성에게 다음과 같은 사항을 기록한 안내서류를 제공한다.

   a) 가족, 친모(혼인 여부와 상관없이), 자녀에게 법적으로 보장되는 권리, 지원, 혜택 및 입양에 관한 정보의 목록 및 내용.

   b) 제162-4조에 명시된 의료시설의 목록 및 주소(해당 법령은 각 도의 보건사회 담당 부서가 의사를 위한 안내서류의 조건을 명시하고 있다).

제162-4조: ① 자신이 제162-1조의 상황에 처했다고 생각하는 임신 여성은 제162-3조의 절차를 거친 뒤 관련 의료시설, 가족계획센터, 사회복지기관 또는 기타 인가된 시설에서 상담해야 하며, 기관은 상담 증명서를 발급해야 한다.

② 상담 증명서는 상담 여성의 상황에 맞는 조언과 제기된 사회적 문제 해결에 필요한 수단을 포함해야 한다.

③ 제1항에 명시된 기관의 상담 담당자는 형법 제378조의 규정을 따른다.

④ 배우자가 있는 경우 가능하면 부부가 함께 협의와 결정에 참여한다.

제162-5조: 임신 여성이 제162-3조 및 제162-4조에 명시된 상담 후에도 지속해서 임신중단을 요구할 경우, 의사는 서면 확인을 요청해야 한다. 의사는 해당 여성이 처음으로 임신중단을 요구한 날로부터 1주일의 기간이 만료된 이후에만 확인서를 접수할 수 있다.

여성의 대의

제162-6조: ① 확인 절차를 완료하면 의사는 제162-2조에 명시된 조건하에 임신중단 수술을 시행할 수 있다. 자신이 시술할 수 없는 경우 확인서를 반납해 해당 여성이 선택한 의사에게 전달되도록 한다. 이때 확인서가 제162-3조 및 제162-5조와 일치함을 증명하는 서류를 추가로 발급한다.

② 해당 여성이 임신중단 수술을 요구한 의료시설은 제162-3조에서 제162-5조까지의 사항을 준수했음을 증명하는 서류를 확보해야 한다.

제162-7조: 임신 여성이 미성년자인 경우 친권자 또는 법적 대리인의 동의가 있어야 한다.

제162-8조: ① 의사는 임신중단 요구에 응하거나 임신중단 수술을 시행할 의무는 지지 않으나, 해당 임신 여성이 임신중단 수술을 요구한 1차 진료 시 거부 의사를 밝혀야 한다.

② 전항과 동일한 조건에 따라 조산사, 간호사, 의료보조인 등도 자발적 임신중단에 협조할 의무를 지지 않는다.

③ 민간의료시설은 자발적 임신중단 수술이 시설 내에서 이뤄지는 것을 거부할 수 있다.

④ 단, 해당 의료시설이 병원 개혁에 관한 법률(1970년 12월 31일 시행, 제70-1318호)에 따라 공공의료 서비스에 참여하고 있거나 양허계약을 체결한 경우에는 이를 거부할 수 없으며, 다른 의료시설이 현지 요구 사항을 충족할 수 있는 경우에만 거부

할 수 있다.

제162-9조: 임신중단 수술을 시행한 모든 의료시설은 수술 후 피임에 관한 정보 제공을 보장해야 한다.

제162-10조: 임신중단 수술을 시행한 의사는 신고서를 작성하고, 시술이 이뤄진 의료기관은 신고서를 현지 보건감독관에게 송부해야 한다. 신고서에는 해당 여성의 신원이 언급되면 안 된다.

제162-11조: ① 외국인 여성의 자발적 임신중단은 법률이 정한 거주 요건을 충족한 경우 허용된다.

② 18세 미만 외국인 미혼 여성은 제162-7조에 명시된 사항을 따라야 한다.

제5조: 공공보건에 관한 법률 제2부 제1편 제3장 제2절을 다음과 같이 규정한다.

제2절: 치료 목적으로 이뤄지는 자발적 임신중단

제162-12조: ① 2명의 의사가 진찰 및 논의를 통해 해당 여성의 임신 지속이 건강에 치명적이거나, 태아가 치료 불가능한 질병에 걸린 사실을 입증한 경우 자발적 임신중단 수술을 즉시 시행할 수 있다.

② 2명의 의사 중 1명은 공공보건에 관한 법률 제176조를 충족하는 공공의료시설 또는 민간의료시설에서 활동하고 있어

야 하며, 1명은 법원의 전문 의료인 목록에 등록되어 있어

야 한다.

③ 진찰 기록 사본 중 1부는 해당 여성에게 제공하고, 나머지 2

부는 진찰한 2명의 의사가 각각 보관한다.

제162-13조: 제162-2조 및 제162-8조에서 제162-10조를 치료 목적으로

이뤄진 자발적 임신중단에도 적용한다.

제6조: 공공보건에 관한 법률 제2부 제1편 제3장 제3절을 다음과 같이

규정한다.

제3절: 공통 규정

제162-14조: 국무회의 법령이 본절의 적용 조건을 정한다.

– 제3장 –

제7조: ① 공공보건에 관한 법률 제2부 제5장 제1절의 표제를 다음과

같이 수정한다.

제1절: 임신 여성을 수용하는 의료시설

② 공공보건에 관한 법률 제176조에서 '개인병원', '분만센터', '민간병원'은 '민간의료시설'로 수정한다.

③ 공공보건에 관한 법률 제178조를 다음과 같이 수정한다.

> 제178조: 의료시설이 법령이 정한 조건을 충족하지 못하거나 제 162-6조 및 제162-9조에서 제162-11조를 위반한 경우, 도 지사는 보건감독관의 보고에 따라 제176조에서 규정한 승 인 철회를 명할 수 있다.

④ 공공보건에 관한 법률 제178조 다음에 제178-1조를 추가 한다.

> 제178-1조: ① 제176조의 의료시설에서 매년 시행하는 자발적 임신 중단 수술의 횟수는 전체 외과 및 산부인과 수술 횟 수의 4분의 1을 초과할 수 없다.
> ② 이를 위반하는 경우 해당 의료시설을 1년간 폐쇄한 다. 반복 위반하는 경우 해당 의료시설을 영구히 폐 쇄한다.

제8조: 공공보건에 관한 법률 제2부 제1편 제3장에서 규정한 조건하 에 시행된 자발적 임신중단과 관련한 치료 및 입원 비용은 조

례(1945년 6월 30일 시행, 제45-1483호)에 따라 정한 요율을 초
과할 수 없다.

제9조: 가족 및 복지에 관한 법률 제3편 제7장에 다음의 제181-2조를
추가한다.

제181-2조: 공공보건에 관한 법률 제2부 제1편 제3장에서 규정한 조건
하에 시행된 자발적 임신중단과 관련한 치료 및 입원 비용
은 법령이 정한 조건에 따라 지원한다.

제10조: 공공보건에 관한 법률 제647조는 다음의 규정으로 대체한다.

제647조: ① 사적 수단을 이용해 임신중단을 야기한 행위는, 형법 제
60조를 침해하지 않았고 그에 따른 결과가 발생하지 않았
더라도 2개월 이상 2년 이하의 징역 또는 2,000프랑 이상
20,000프랑 이하의 벌금에 처하거나 두 형을 병과할 수
있다.
② 사적 수단으로 임신중단을 시행하는 시설, 기구, 약품 등
과 관련해 직접적·간접적 선전 및 광고한 경우에도 같은
형에 처한다. 단, 의사와 약사 대상의 출판물은 제외한다.
③ 문서를 통한 글, 삽화, 사진 등으로 임신중단을 야기하거
나 선전 및 광고한 행위는, 해당 문서가 외국에서 발행된

것이더라도 프랑스 내에서 배포한 이상 본조 제1항을 적
용한다. 언론이 이 규정을 위반한 경우 형법 제285조에서
열거한 자 또는 책임이 인정되는 자에 대해 본조 제1항을
적용한다. 본항이 기재한 이외의 방법으로 위반한 경우에
는 배포에 책임이 있는 자 또는 이를 통해 이익을 얻은 책
임자, 단체장, 경영자 등을 소추한다.

제11조: 이 법의 제2장은 제1장이 유효한 동안 적용한다. 같은 기간
동안 공공보건에 관한 법률 제161-1조, 제650조, 제759조는
적용하지 않는다.

제12조: 형법 제378조 제2항의 서두를 다음과 같이 변경한다.

위에서 열거한 자와 **법률**이 정한 조건 이외의 조건하에서 시행한 임신중단을
신고할 의무가 없는 것으로 알고 있는⋯(나머지는 변경 없음)

제13조: 어떤 경우에도 자발적 임신중단이 산아제한의 수단이 되어서
는 안 된다. 이를 위해 정부는 모자보호센터에 가족계획 및 교
육센터 설치를 의무화하고 산아제한과 관련한 광범위한 정보
를 확보해 필요한 모든 조치를 취해야 한다.

제14조: 모자보호센터에 설치된 가족계획 및 교육센터에는 자발적 임
신중단을 요청하는 여성에게 정보를 제공하고 조언하며 도움

을 주는 데 필요한 수단이 제공되어야 한다.

제15조: 이 법의 적용을 위해 공포된 법령은 공포일로부터 6개월 이내에 관보에 게재해야 한다.

제16조: 1967년 12월 28일 제67-1176호 법률을 적용해 인구 담당 장관이 매년 국회에 제출하는 프랑스의 인구통계학적 상황에 대한 보고서는 낙태의 사회적·인구학적 측면에 관한 연구 결과를 포함해야 한다. 국립인구통계연구소는 국립보건의료연구소와 협력해 공공보건에 관한 법률 제162-10조에서 규정한 신고서를 토대로 수립한 통계를 분석하고 게시해야 한다.

| 자발적 임신중단에 관한 법률 |

베유법에 대한 개정법
1979년 12월 31일 시행, 제79-1204호

제1조: 자발적 임신중단에 관한 1975년 1월 17일 시행 제75-17호 법률 제1조에 다음의 규정을 추가한다.

이 원칙과 그 결과를 알리고, 생명의 문제와 국내 및 해외의 인구 문제에 관한 정보를 제공하고, 책임감을 가르치고, 아이를 사회로 받아들이고, 가족 정책을 수립하는 일은 국가의 의무다. 국가는 지역 당국의 협조를 얻어 이 의무를 이행하는 한편 이에 기여하는 계획을 지원한다.

제2조: 자발적 임신중단에 관한 1975년 1월 17일 시행 제75-17호 법률 제13조에 다음의 규정을 추가한다.

의사, 조산사, 간호사의 초기 교육 및 상시 교육은 피임에 관한 교육을 포
함한다.

제3조: ① 형법 제317조 제1항 및 제5항의 '60,000프랑'을 '100,000프
랑'으로 수정한다.

② 형법 제317조 제2항의 '120,000프랑'을 '250,000프랑'으로
수정한다.

③ 형법 제317조 제5항의 '2년'을 '5년'으로 수정한다.

④ 형법 제317조 제6항에 다음의 내용을 추가한다.

자발적 임신중단이 공공보건에 관한 법률 제162-12조에 명시된 조건하
에서 시행되거나, 임신 10주 이전에 공공보건에 관한 법률 제176조의 규
정을 충족하는 공공의료시설 및 민간의료시설에서 의사에 의해 시행된
경우 본조 제1항에서 제4항의 규정은 적용하지 않는다.

제4조: 공공보건에 관한 법률 제162-3조를 다음의 규정으로 대체한
다.

제162-3조: 의사는 자발적 임신중단을 요청한 임신 여성의 1차 진료 때 다음
을 시행해야 한다.

1) 임신 여성에게 자신의 건강 및 미래의 출산에 초래할 수 있는 의학적

위험과 임신중단 수술 시 야기할 수 있는 생물학적 위험을 알린다.

2) 임신 여성에게 다음과 같은 사항을 포함해 최소 1년마다 갱신되는 안내서류를 제공한다.

a) 자발적 임신중단에 관한 1975년 1월 17일 시행 제75-17호 법률 제 1조의 규정 및 임신 여성이 고통스러운 상황에 처한 경우로만 임 신중단 수술을 제한하는 제162-1조 규정.

b) 가족, 친모(혼인 여부와 상관없이), 자녀에게 법적으로 보장되는 권 리, 지원, 혜택 및 입양에 관한 정보의 목록 및 내용.

c) 제162-4조에 명시된 의료시설을 포함해 해당 여성이 정신적·물질 적 도움을 받을 수 있는 협회 또는 기관의 목록 및 주소.

d) 자발적 임신중단 수술을 시행하는 의료시설의 목록과 주소(해당 법령은 각 도의 보건사회 담당 부서가 의사를 위한 안내서류의 조건을 명 시하고 있다).

제5조: ① 공공보건에 관한 법률 제162-4조 제2항을 해당 여성이 출 산해 아이를 돌볼 가능성 관점에서 다음의 규정으로 대체한 다.

상담 증명서는 아이 문제에 직면한 여성에게 개인적 또는 단체, 서비스, 협회의 이름으로 정신적·물질적 도움을 제공할 수 있는 사람의 이름 및 주소를 포함해야 한다.

② 다음의 규정을 제1항에서 대체한 제162-4조 제2항에 추가한다.

상담은 자발적 임신중단을 시행하는 의료시설 내에서는 할 수 없다. 단, 공공의료시설은 예외로 한다.

제6조: 공공보건에 관한 법률 제162-5조에 다음의 규정을 추가한다.

단, 임신 10주를 초과할 수 있는 경우가 아니라면, 의사가 자신이 내린 결정의 타당성을 단독으로 판단할 수 있다. 이때 확인서는 제162-4조에 명시된 상담 후 2일의 기간이 만료된 이후 접수하며, 이 기간은 위의 1주일 기간에 포함될 수 있다.

제7조: 공공보건에 관한 법률 제162-6조 제2항을 다음의 규정으로 대체한다.

여성이 자발적 임신중단을 위해 입원을 요청한 의료시설의 책임자는 해당 여성이 제162-3조에서 제162-5조까지의 사항을 준수했음을 확인하는 증명서를 확보해 최소 1년간 보관해야 한다.

제8조: 공공보건에 관한 법률 제162-7조에 다음의 규정을 추가한다.

단, 이 동의는 미성년 임신 여성의 동의를 수반해야 하며, 이 동의는 친권자 또는 법적 대리인의 참석 없이 이뤄져야 한다.

제9조: ① 공공보건에 관한 법률 제162-8조 제1항을 다음의 규정으로 대체한다.

의사는 임신중단 요구에 응하거나 임신중단 수술을 시행할 의무는 지지 않으나, 1차 진료 시 해당 여성이 임신중단 수술을 요구했을 때부터 거부 의사를 밝혀야 하며, 제162-3조에서 제162-5조에 명시된 규정을 준수해야 한다.

② 공공보건에 관한 법률 제162-8조 제2항에서 "전항과 동일한 조건에 따라"를 삭제한다.

③ 공공보건에 관한 법률 제162-8조에 다음의 규정을 추가한다.

⑤ 자발적 임신중단을 시행하는 공공의료시설의 등급은 법령으로 결정한다.

⑥ 전항에 명시된 범주에 속한 공공의료시설의 이사회는 자발적 임신중단을 시행할 부서를 지명한다.

⑦ 관련 부서장이 거부할 경우, 이사회는 자발적 임신중단을 시행할 수 있는 수단을 보유한 다른 부서를 구성해야 한다.

제10조: 자발적 임신중단에 관한 1975년 1월 17일 시행 제75-17호 법률 제2조 및 제11조와 공공보건에 관한 법률 제162-1조 및 제650조를 폐기한다.

제11조: ① 가족 및 복지에 관한 법률 제43조 제1항에서 "추정 출생일 전 6주 동안"을 삭제한다.

② 가족 및 복지에 관한 법률 제43조 제1항에 다음의 규정을 추가한다.

제52조에서 명시된 현금 지원에도 동일하게 적용한다.

제12조: 가족 및 복지에 관한 법률 제2편 제1장 제2절(낙태의 예방)에 제44-1조를 추가한다.

제44-1조: 출산지원위원회를 전국, 특히 대도시 의료복지센터 및 사회복지센터에 신설한다. 출산지원위원회의 구성 및 기능은 국가위원회 법령으로 결정한다. 출산지원위원회에는 사회복지 분야에서 자격을 갖춘 직원, 자원봉사자, 가족 및 아동지원협회 대표를 포함해야 한다.

제13조: ① 인구통계학적 문제를 해결하기 위한 국회 심의위원회를 신설한다. 이 심의위원회는 하원의원 15명 및 상원의원 10

명의 25명으로 구성한다.

② 정치집단의 비례 대표성을 보장하기 위해 심의위원회 위원은 상원과 하원에서 각각 지명한다. 심의위원회 위원은 국회 임기가 시작될 때 지명하며, 상원의원의 경우 상원이 부분적으로 갱신될 때마다 지명한다. 심의위원회 위원의 임기는 국회 임기와 함께 종료된다.

③ 인구통계학적 문제를 해결하기 위한 국회 심의위원회의 역할은 다음의 정보를 국회에 제공하는 데 있다.

a) 출산율 증대 정책의 시행 내용 및 결과.

b) 산아제한과 관련한 법의 적용 및 결과.

c) 자발적 임신중단과 관련한 법의 적용 및 결과.

④ 정부는 제3항에서 명시된 활동에 관한 보고서를 매년 심의위원회에 제출한다. 심의위원회는 이 보고서를 검토하고 공식화해 국회에 제출한다.

⑤ 심의위원회는 내부 규정을 수립한다.

| 자발적 임신중단에 관한 법률 개정안 |

입법 이유서

여러분,

자발적 임신중단에 관한 1975년 1월 17일법을 적용하는 데 큰 어려움이 있었고 지금도 그렇다는 사실은 매우 분명합니다. 비록 형을 면제받기는 했지만, 1983년 6월 두 명의 의사가 유죄판결을 받은 낭시 재판을 비롯해 최근 몇몇 재판이 대표적인 사례입니다.

이 법은 한편으로는 미성년자가 자발적 임신중단을 하고자 할 때 승인을 받아야 하는 등 다소 시대에 뒤떨어진 조항이 포함돼 있으며, 다른 한편으로는 자발적 임신중단에 적대적인 일부 의학계 인사들이 남용하는 양심 조항의 영향에서 자유롭지 못합니다.

이 법은 낙태를 원하는 여성들이 의사를 선택해야 할 깊은 필요성(특정 조건을 충족하는 공공의료시설 또는 민간의료시설을 이용해야 할 의무)과 수술 시행 이전의 쓸모없고 위험한 조건(숙려 기간 및 확인서류 등)이 기한 초과의 요인이 된다는 사실을 고려하지 않고 있습니다.

더욱이 10주라는 기한은 자발적 임신중단을 허용하는 각국의 법률과 비교할 때 거의 유일하며 너무 짧습니다.

미성년자의 자발적 임신중단 권리에 대하여

특히 미성년 여성은 자발적 임신중단과 더 깊은 관련이 있습니다. 실제로 이들은 다른 여성들보다 임신에 더 취약합니다. 성에 대한 인식은 점점 조숙해지고 있는 반면, 학교에서 얻을 수 있는 피임에 대한 정보는 극히 부족하기 때문입니다. 게다가 이 나이 때는 부모와 갈등관계에 있는 경우가 많으므로, 부모의 동의를 받아야 한다는 조항은 극복하기 어려운 걸림돌로 작용합니다. 때를 놓치고 뒤늦게, 심지어 매우 위험한 상황에서 자발적 임신중단을 요구하게 만들기도 합니다.

그런데 요즘에는 워낙 사회도덕이 많이 바뀌어서 18세 미성년 여성이 이미 한 사람의 성인 여성으로 간주되지요. 과거에 비해 성행위가 매우 이른 나이에 이뤄진다는 여러 조사 결과와 통계 자료를 확인할 수 있습니다. 아울러 국회의 광범위한 논의를 거쳐 미성년자 대상 의료 처방에 서면 승인을 요구한 1967년 12월 28일법의 예외 조항이 폐지됐고, 산아제한에 관한 여러 조항을 포함한 1974년 12월 3일법이 제정됐습니다. 따라서 의사의 피임약 처방은 다른 모든 의약품 처방과 똑같은 규정을 따르게 됐습니다.

하지만 미성년자에게 부모의 허락 없이 피임약을 사용할 수 있는 가능성을 부여했다고 해서 문제가 해결되는 것은 아닙니다. 피임을 하지 않거나 피임에 실패한 경우, 이들이 부유하면 영국으로 건너가 좋은 환경에서 수술 받고 가난하면 국내 불법 시설에서 낙태하는 현상은 여전합니다. 1975년 1월 17일법은 비인가 불법 시설에서의 낙태 수술을 방지하는 데 효과가 있었지만, 아직도 발생하는 사고 대부분은 미성년 여성들과 관련한 것들입니다.

10대 후반의 여성이 자발적 임신중단을 결정할 경우, 이들이 미성년자라는 사법적 모순이 심리적·사회적 문제에 덧붙여집니다. 이미 법은 10대 후반 여성이 자신의 아이를 양육하거나, 입양 문서에 서명하거나, 친자관계 소송을 제기할 만큼 충분히 성숙하다고 판단합니다. 그래서 일반 성인이 자신의 권리를 행사할 수 있는 모든 원칙은 10대 후반 미성년자들에게도 제한 없이 적용됩니다. 10대 후반 미성년자라도 민법 제215조에 따라 거주지를 결정하고 친권을 행사할 수 있습니다. 그러나 자발적 임신중단에 대해서는 그렇지 않습니다. 출산과 양육에서 10대 후반 여성의 법적 권리를 인정한다면, 자발적 임신중단을 하고자 할 때도 부모 허락이 필요 없도록 하는 게 옳습니다.

13세 이상 18세 이하의 미성년자라도 중범죄에 관해서는 형사적 무책임에서 배제할 수 있습니다. 1945년 2월 2일 조례 제2조는 16세 이상 18세 이하의 미성년자를 감경 사유에서 배제할 수 있다고 규정했습니다. 죄를 따져서 형법상 성년에게 내리는 것과 같은 판결을 미성년 자에게도 내릴 수 있는 것입니다. 비슷한 맥락에서 미성년자라도 16세 부터는 법적 효력을 갖는 유언장을 작성할 수 있지요. 자기 시신의 장 기 적출을 거부할 수도 있습니다. 16세 미성년자는 부모의 허락 없이 노동조합에 가입할 수 있으며 은행계좌를 개설할 수 있습니다. 계좌에 들어 있는 돈도 당연히 인출할 수 있습니다.

법은 반드시 조화를 이뤄야 합니다. 어떤 행위는 철저히 사적 영역으 로 인정하고, 어떤 행위는 신체적·정신적 완전성을 요구하면서 당사자 가 아닌 다른 사람의 동의를 받아오라는 것은 이치에 맞지 않습니다. 성년 여성에게 합법적인 것은 미성년 여성에게도 합법이라고 판단하 는 것이 합리적입니다.

비록 미봉책이긴 하지만 현행법에도 이와 관련한 방법이 마련돼 있 기는 합니다. 부모의 동의가 없는 경우 판사가 나서서 중재할 수 있다 는 조항이 있습니다. 그렇지만 부모와 자식 간에 그 어떤 사소한 대화 도 없는 가족인 경우에는 상황만 더 악화했습니다. 그리고 이 조항 또 한 기한 초과 문제를 야기했지요. 미성년 임신 여성이 감히 부모에게 말하지 못하고 당황해 어쩔 줄 몰라 하다가 시간만 흘러가는 상황을 상상하기란 그리 어려운 일이 아닐 것입니다.

의사의 양심조항 남용에 대하여

1920년법으로 돌아가자고 목소리를 높이는 일부 의과대학 교수들과 병원장들은 단지 낙태를 거부하는 것으로만 그치지 않고 있습니다. 그들은 주저 없이 자신의 명성과 권력을 이용해 압력을 행사함으로써 그들에게 위계적으로 종속되는 모든 이들(의사, 인턴, 의과대학 학생 등)이 자발적 임신중단에 반대하도록 강요합니다.

이런 예는 프랑스 전역에서 발견할 수 있습니다. 의사가 자발적 임신중단 수술을 거부할 수 있도록 명시한 이른바 양심 조항 때문입니다. 이 조항의 남용으로 일부 지역에서는 여성들이 불법 낙태를 할 수밖에 없고, 매우 가난한 여성들은 몰래 낙태를 해주는 산파에게 위험한 방법으로 시술을 받는 실정입니다.

법의 집행은 존중받아야 하고, 법의 남용은 처벌받아야 합니다. 양심 조항 남용 문제는 여성의 생명과 직결되기에 무엇보다도 중요합니다. 그 취지에는 공감하지만, 조항 남용을 처벌하는 규정을 반드시 제정해야 합니다.

개인병원에서의 자발적 임신중단에 대하여

자발적 임신중단을 시행할 수 있는 공공의료시설과 민간의료시설이 정상적으로 운영되지 않고 있습니다. 인력과 장비가 부족한 데다, 일부 시설은 병원장들의 자발적 임신중단 수술을 거부 방침으로 제 기능을 다하지 못하고 있습니다.

자발적 임신중단에 관한 법적 조건을 충족한 여성이 의료시설을 이용할 때에도 문제가 일어납니다. 수술을 받기 위해 입원하려면 여러 가지 절차를 밟아야 하는데, 이 과정에서 개인 신상이 드러나는 것을 많은 여성이 불편해합니다. 익명 유지가 거의 불가능한 소도시에서는 특히 그렇습니다. 그리고 자신의 진료와 수술을 시행할 의사를 여성이 선택할 수 없는 것도 문제입니다. 정해진 공공 또는 민간의료시설만을 이용해야 하는 의무도 여성들을 고통스럽게 만듭니다.법적 규정을 마련해 개인병원에서의 자발적 임신중단 시행을 허용해야 합니다. 개인병원 의사들은 아무리 자격을 갖추더라도, 법과 윤리의 관점에서 철저한 책임 아래 가능한 모든 의료행위를 할 수 있더라도, 현행법상 자발적 임신중단만은 시행할 수 없습니다.

이와 같은 예외는 여성이 자기 몸을 자기 마음대로 할 권리를 온전히 발휘하지 못하게 방해하는 요인으로 작용합니다. 여성이 자발적 임신중단 수술을 받을 장소, 시간, 의사를 선택할 수 있는 권리는 막아놓은 것입니다. 시대착오적이면서도 강력한 제약입니다. 반면 미국에서는 여성들이 허가받은 개인병원에서 자발적 임신중단 수술을 받는데, 절차도 간단하고 안전 조치도 철저히 이뤄지고 있습니다. 사고율도 매우 낮아서 0.0003%에 불과합니다. 개인병원에서의 자발적 임신중단 허용은 평소 건강관리는 물론 여성의 선택권을 존중할 수 있는 가장 좋은 방법입니다.

형법 제317조에 대하여

마침내 이 조항을 폐지할 때가 왔습니다.
아래의 법안을 채택해주시기 바랍니다.

—아래—

제1조: 모든 여성에게는 연령, 국적, 프랑스 거주 기간에 상관없이 자신의 요구에 따라 자발적 임신중단 및 진찰, 처방, 투약 등 모든 의료 혜택을 받을 권리가 있다.

제2조: 국가는 늦은 자발성 임신중단의 위험성 및 모든 형태의 피임에 관한 광범위한 정보를 제공하며, 이에 기여하는 협회 및 단체를 지원한다.

제3조: ① 자발적 임신중단은 임신 12주까지 허용한다. 여성은 임신중단을 하기 전 반드시 승인된 기관과 상담해야 한다.

② 전항에서 2명의 의사가 진찰 및 논의를 통해 해당 여성의 임신 지속이 건강에 치명적이거나, 태아가 치료 불가능한 질

병에 걸린 사실을 입증한 경우 자발적 임신중단 수술을 즉시 시행할 수 있다.

제4조: ① 자발적 임신중단은 의사에 의해 공공보건에 관한 법률 제176조를 충족하는 공공의료시설 또는 민간의료시설에서만 시행할 수 있다.

② 임신 8주차까지는 개인병원에서도 자발적 임신중단을 시행할 수 있다. 단, 법령이 정한 안전 기준을 충족해야 한다.

제5조: ① 의사가 자발적 임신중단을 거부하려면 1차 진료 시 해당 여성이 임신중단 수술을 요구했을 때부터 거부 의사를 밝혀야 하며, 자발적 임신중단 수술을 시행하는 의료시설의 목록과 주소를 제공해야 한다.

② 전항의 규정으로 자발적 임신중단을 거부한 의사는 그 사실을 관할 보건사회 담당 부서에 보고해야 하며, 보건사회 담당 부서는 이들의 목록을 게시 및 관리하고 최신 상태로 유지해야 한다.

제6조: ① 제5조 제1항은 엄격한 개인적 규정이며, 제3조의 적용을 방해하는 결과를 초래하면 안 된다.

② 공공보건에 관한 법률 제798조의 규정에도 자발적 임신중단으로 인한 사고의 책임은 이를 시행한 의사에게 있다.

제7조: ① 의사에게 공갈, 협박, 회유 또는 신체적·정신적 압력을 가해 자발적 임신중단을 시행 또는 거부하게 한 자는 1년 이상 5

년 이하의 징역 또는 1,800프랑 이상 100,000프랑 이하의 벌금에 처한다.

② 전항의 범죄를 저지른 자가 위계적·도덕적 권위를 행사한 경우 형을 두 배로 한다.

제8조: 전신 마취가 필요한 자발적 임신중단은 반드시 제4조 제1항에 명시된 의료시설에서 시행해야 한다.

제9조: ① 미성년자를 포함해 자발적 임신중단을 위한 입원 및 수술에는 친권자 또는 법적 대리인의 동의를 필요로 하지 않는다. 단, 전신 마취가 필요한 수술의 경우 미성년 여성의 서면 확인이 있어야 한다.

제10조: 형법 제317조, 자발적 임신중단에 관한 1975년 1월 17일 제75-17호 법률, 자발적 임신중단에 관한 1979년 12월 31일 제79-1204호 법률에서 이 법안과 상반되는 조항을 폐기한다.

제11조: 이 법의 적용으로 발생할 비용은 담배 및 주류에 대한 관세 인상으로 상쇄한다.

국가	법률	조건	기간	환급	비고
프랑스	1975년 1월 17일법 1979년 12월 31일법	여성의 요구 의사와 상담 미성년자는 부모의 동의 필요	12주	80%	양심 조항(의사의 낙태 시술 거부) 적용 치료 목적인 경우 전문 의료인 목록에 등록된 의사 2명의 확인서 필요
벨기에	1990년 4월 4일법	의사의 판단	12주	.	완전 금지에서 완전 허용으로 변경
불가리아	1990년 2월법	여성의 요구 미성년자는 부모의 동의 필요	12주	무료	치료 목적인 경우 기한 연장 가능
캐나다	법률 무효(1969년법 폐지)	치료 목적인 경우에만 허용	.	.	상원에서 법안 심사 중이며(1989년 11월에 가결)
덴마크	1973년 6월 13일법	여성의 요구 미성년자는 부모의 동의 필요	12주	100%	12주차에는 전국 지역 병원에 시술 의무 부여 치료 목적인 경우 심의위원회의 승인으로 기한 연장 가능
스페인	1985년 7월 5일법	치료 목적인 경우에만 허용[신고되고 성폭행에 의한 임신/건강상 치명적 위험(의사 소견 필요)/우생학적 문제(의사 2명의 소견 필요)]	12주	무료(공공의료시설) 부분 유료(민간의료시설)	양심 조항 적용
미국	1969년 7월 대법원 판결 (1973년법 재검토 결과)	각 주마다 제한적	.	.	의회의 갈등(하원에서는 1973년법 복귀 고려)
핀란드	1970년법 1978년법 1985년법	의사 2명의 판단 건강상 치명적 위험 성폭행에 의한 임신	12주	.	치료 목적인 경우 심의위원회의 승인으로 기한 연장 가능 무허가 비밀 낙태 거의 없음
오스트리아	1974년 1월 23일법(1975년 1월 시행)	여성의 요구 의사와 상담 미성년자는 부모의 동의 필요	12주	.	

국가	법률	요건	기간	비용	비고
그리스	1986년 6월 28일법	여성의 요구 미성년자는 부모의 동의 필요	12주	무료(공공의료시설) 부분 유료(민간의료시설)	치료 목적인 경우 심의위원회의 승인으로 기한 연장 가능
헝가리	1988년 7월 23일법	여성의 서면 요구 의사와 상담 빈곤한 생활 형편	12주	.	치료 목적인 경우 심의위원회의 승인으로 기한 연장 가능
아일랜드	1861년법(1983년 개정으로 강화)	낙태 금지			1990년 11월 매리 로빈슨(Mary Robinson)이 대통령에 당선됨에 따라 법률 개정 예상
이탈리아	1978년 5월 22일법	사회적·의학적 이유 의사와 상담(진단서 발급) 7일의 숙려 기간 미성년자는 부모의 동의 필요	90일	무료	양심 조항 적용 치료 목적인 경우 기한 연장 가능 무허가 비밀 낙태 많음
룩셈부르크	1978년 11월 15일법	사회적·의학적 이유 의사와 상담(진단서 발급) 7일의 숙려 기간	12주	100%	양심 조항 적용 치료 목적인 경우 기한 연장 가능
노르웨이	1978년 6월 16일법	여성의 요구 의사 2명과 상담	12주	무료	양심 조항 적용(단, 수술 이전과 수술 이후에는 치료 거부 불가) 치료 목적인 경우 기한 연장 가능
네덜란드	1981년 5월 1일법(1984년 시행)	여성 요구 및 의사의 판단 7일의 숙려 기간 미성년자는 부모의 동의 필요	24주	무료	병원을 매우 자유주의적인 관점에서 해석
폴란드	1957년법(1979년 및 1981년 행정명령으로 보완)	경제적·사회적 이유 미성년자는 부모의 동의 필요	12주	무료(공공의료시설)	치료 목적인 경우 기한 연장 가능 현행법을 재검토해 치료 목적으로만 제한하는 내용이 받안 논의 중
포르투갈	1984년 5월 11일법	치료 목적인 경우에만 허용 미성년자는 부모의 동의 필요 의사 2명의 동의 필요	12주	무료	양심 조항 적용 우생학적 이유인 경우 기한 연장 가능

	법 제정일	조건	기간	비용	비고
동독	1972년 3월 9일법	여성의 요구 / 의사와 상담 / 미성년자는 부모의 동의 필요	12주	100%	양심 조항 적용 / 치료 목적인 경우 심의위원회의 승인으로 기한 연장 가능
서독	1976년 5월 18일법	치료 목적인 경우에만 허용(성폭행에 의한 임신(의사의 소견 필요)/의학적·정신의학적 위험성 필요)/우생학적 문제(상담 및 3일의 숙려 기간)	12주	무료(의료보험 가입자 및 사회보장 수혜자)	양심 조항 적용 / 치료 목적인 경우 심의위원회의 승인으로 기한 연장 가능
루마니아	1989년 12월 26일자 보건부 행정명령	여성의 요구	12주	.	치료 목적인 경우 기한 연장 가능 / 합병 직후 구별 폐지
영국	1967년 10월 17일법(1990년 1월 24일에 개정)	경제적·사회적·의학적 이유 / 의사 2명의 동의 필요 / 16세 미만 미성년자는 부모의 동의 필요	24주	무료	치료 목적인 경우 기한 없음
스웨덴	1974년 6월 14일법	여성의 요구 / 의사와 상담 / 국립보건소 승인	18주	무료	무허가 비밀 낙태 없음
스위스	1942년 1월 1일법	치료 목적인 경우에만 허용 / 특별 공인 의사 2명의 동의 필요	없음	전액 또는 일부	일부 주에서는 낙태 자유화 시행
체코	1986년 10월 23일법(1987년 1월 1일 시행)	여성의 요구 / 의사의 판단 / 16세 미만 미성년자는 부모의 동의 필요	12주	무료(8주 이전)	치료 목적인 경우 기한 연장 가능
터키	1973년 5월 24일법	여성의 요구(배우자의 동의 필요) / 미성년자는 부모의 동의 필요	10주	.	치료 목적인 경우 기한 연장 가능(전문 의료인 2명의 의견서 필요)
소련	1955년 11월 23일 정부 결정	여성의 요구	12주	무료(공공의료시설)	치료 목적인 경우 기한 연장 가능
유고슬라비아	1977년 연방헌법(제19조)	여성의 요구 / 미성년자는 부모의 동의 필요	10주	무료(의료보험 가입자)	치료 목적인 경우 심의위원회의 승인으로 기한 연장 가능

출처: 〈유럽의 가족계획(Planning familial en Europe)〉 1989년 봄호 및 1990년 10월호 부록

여성의 대의

| 성폭행의 죄 |

성폭행 및 사회 도덕을 저해하는 행위에 관한 법률
1980년 12월 23일 시행, 제80-1041호
(1980년 12월 24일자 프랑스공화국 관보에 게재)

제1조: ① 형법 제332조를 다음과 같이 규정한다.

제332조: ① 폭력, 협박, 기습으로 사람의 신체에 자행되는 모든 종류의 성적

삽입 행위를 성폭행으로 규정한다.

② 사람을 성폭행한 자는 5년 이상 10년 이하의 징역에 처한다.

③ 임신부, 환자, 장애인, 심신미약자, 15세 미만 미성년자를 성폭행

한 자, 흉기로 위협해 성폭행한 자, 2명 이상 집단으로 성폭행한

자, 법적 보호자 신분으로 성폭행한 자, 업무상 위력을 남용해 성

폭행한 자는 10년 이상 20년 이하의 징역에 처한다.

② 형법 제333조를 다음과 같이 규정한다.

제333조: ① 폭력, 협박, 기습으로 15세 미만 미성년자가 아닌 사람에게 유사 성행위를 자행하거나 시도한 자는 3년 이상 5년 이하의 징역 또는 6,000프랑 이상 60,000프랑 이하의 벌금에 처하거나 두 형을 병과할 수 있다.

② 전항에 명시된 유사 성행위를 임신부, 환자, 장애인, 심신미약자, 15세 미만 미성년자에게 자행한자, 흉기로 위협해 자행한 자, 2명 이상 집단으로 자행한 자, 법적 보호자 신분으로 자행한자, 업무상 위력을 남용해 자행한 자는 5년 이상 10년 이하의 징역 또는 12,000프랑 이상 120,000프랑 이하의 벌금에 처하거나 두 형을 병과할 수 있다.

③ 형법 제331조를 다음과 같이 규정한다.

제331조: ① 폭력, 협박, 기습이 아닌 수단으로 15세 미만 미성년자에게 유사 성행위를 자행하거나 시도한 자는 3년 이상 5년 이하의 징역 또는 6,000프랑 이상 60,000프랑 이하의 벌금에 처하거나 두 형을 병과할 수 있다.

② 제332조 또는 전항에 명시된 성폭행 및 유사 성행위보다 낮은 수준의 성추행을 동성의 미성년자에게 자행하거나 시도한 자는 6개월 이상 3년 이하의 징역 및 60프랑 이상 20,000프랑 이하의 벌금에 처한다.

③ 전항에 명시된 성추행을 폭력, 협박, 기습으로 자행한 자, 2명 이상 집단으로 자행한 자, 법적 보호자 신분으로 자행한자, 업무상 위력을 남용해 자행한 자는 5년 이상 10년 이하의 징역 또는 12,000프랑 이상 120,000프랑 이하의 벌금에 처하거나 두 형을 병과할 수 있다.

④ 형법 제331조 다음에 제331-1조를 추가한다.

제331-1조: 15세 이상 미성년자에게 폭력, 협박, 기습이 아닌 수단으로 성추행한 자, 법적 보호자 신분으로 성추행한 자, 업무상 위력을 남용해 성추행한 자는 6개월 이상 3년 이하의 징역 또는 2,500프랑 이상 20,000프랑 이하의 벌금에 처하거나 두 형을 병과할 수 있다.

⑤ 형법 제330조 제2항을 폐기한다.

⑥ 형법 제333조 다음에 제331-1조를 추가한다.

제331-1조: 고문 또는 야만적 행위를 선행하거나 수반해 사람을 성폭행한 자는 종신형에 처한다.

제2조: 형법 제378조에 다음의 규정을 추가한다.

직업상 진찰 과정에서 성폭행 또는 성추행 정황을 발견하고 피해자의 동의하에 이를 신고한 의사는 제1항에 명시된 처벌을 받지 않는다.

제3조: 형사소송법 제2-1조 다음에 제2-2조를 추가한다.

제2-2조: 성폭행 근절을 설립 목적에 포함하고 5년 이상 활동한 모든 협회 및 단체는 피해자의 동의하에 형법 제332조, 제333조, 제333-1조에 명시된 범죄 행위에 관한 사건 당사자의 권리를 행사할 수 있다. 단, 피해자가 미성년자인 경우 친권자 또는 법적 대리인의 동의 사실을 증명함으로써 그 활동이 인정된다.

제4조: 형사소송법 제306조에 다음의 제3항을 추가한다.

③ 기소 절차가 형법 제332조 또는 제333-1조에 의거한 경우 피해자 또는 피해자 중 일방이 요구하면 재판은 비공개로 진행한다. 단, 피해자 또는 피해자 중 일방의 반대가 없어야 한다.

제5조: 언론 자유에 관한 1881년 7월 29일 법률 제39-4조 다음에 제39-5조를 추가한다.

제39–5조: ① 성폭행 또는 성추행에 관한 내용을 출판 및 배포할 때는 피해자가 서면 동의를 제공하지 않는 한 어떤 경우라도 피해자를 식별할 수 있는 정보를 포함해서는 안 된다.

② 전항을 위반한 경우 2개월 이상 2년 이하의 징역 또는 6,000프랑 이상 20,000프랑 이하의 벌금에 처하거나 두 형을 병과할 수 있다.

성폭행 피해자의
사생활 조사 폐지에 관한 법안

입법 이유서

여러분,

폭력은 많은 사람의 우려와 불안을 불러일으키는 행위이지만, 우리 사회에서 유난히 쉽게 용인되는 폭력 행위가 있습니다. 다름 아닌 성폭행입니다.

1979년 한 해 동안 검찰로 송치된 1,697건의 성폭행 사건 가운데 고작 435건(성인 대상 성폭행 및 미성년자 대상 성폭행)만 중범죄로 재판에 회부됐고, 나머지는 공연음란죄나 폭행죄와 같은 경범죄로 기소되는 데 그쳤습니다.

성폭행 및 사회 도덕을 저해하는 행위에 관한 1980년 12월 23일법의 목적은 특히 가해자와 피해자의 성별에 따른 차별을 철폐함으로써 성적 위해 행위를 보다 효과적으로 억제하는 것이었습니다. 그러나 결과는 기대와 다르게 나타났습니다. 성폭행 범죄의 억제력은 법을 적용하는 이들의 사고방식에 크게 좌우되는데, 여전히 사고방식이 법을 따라가지 못하기 때문입니다.

아직도 너무 빈번하게 이뤄지는 사법적 교정은 여성이 원인 제공을 하지 않았는데도 성폭행을 당했다는 사실을 판사들이 인정하길 꺼린다는 방증입니다. 성폭행 및 성추행 사건을 조사하는 경찰 역시 이 같은 사실을 인정하는 데 주저합니다. 실제로 경찰은 형사소송법 제81조 제6항에 의거해 가해자의 성격과 물질적·가족적·사회적 상황을 조사하면서, 동시에 피해자의 어떤 행동이 가해자의 '경솔한' 행동을 부추기지는 않았는지 조사합니다. 가해자와 피해자의 상황을 동일시하고 피해자에게 정신적 상처만 배가하는 이 과정은, 대다수의 성폭행 및 성추행 사건이 묻혀버리는 까닭을 여실히 보여줍니다.

피해자를 조사하는 행위는 무죄추정의 원칙을 가해자에게만 적용하고, 오히려 피해자를 용의자로 추정하는 사법 관행의 일부입니다. 피해 여성은 가해자에게 분명히 저항했고 합의에 의한 성관계가 아니었다는 사실을 스스로 증명해야 합니다. 원고가 아니라 피고가 되어 경찰, 검사, 판사의 비꼬는 듯한 질문 공세에 시달려야 하는 것입니다.

경찰의 피해자 수사는 여성에 대한 공격적 사고방식과 여성의 자율성을 부정하려는 고정관념에서 출발합니다. 피해자와 가해자를 동일선상에 놓고 바라봅니다. 성폭행을 범죄 자체보다 유발된 범죄로 간주합니다. 여지를 준 것 아니냐는 식의 태도 때문에 피해자는 심한 모멸감을 느끼게 됩니다. 심지어 헤픈 여자로 몰아가기도 합니다. 만약 피해자가 매춘부나 유흥업소 접객원이라면 더 두고 볼 것도 없다고 여깁니다. 원래 경박하고 도발적이어서 가해자의 행동을 유도했거나 동의했다고 봅니다. 성폭행 행위 자체를 부정해버리는 것입니다.

피해 여성들을 향한 이런 의심과 선입견은 죄책감을 갖게 만들고 혼란에 빠뜨립니다. 자신의 내밀하고 은밀한 삶을 설명해야 한다는 사실을 어떻게 받아들여야 할까요? 피해자들은 타인의 몰이해, 의심, 불신, 경멸에 직면해 자신의 정당성을 설득해내야 합니다.

상황이 이렇게 흘러가면 대부분 피해 여성은 이 또 다른 모독, 자신의 삶에 대한 모욕을 참느니 차라리 침묵하겠다는 선택을 하고 맙니다. 그렇다고 해서 그 고통이 잊히리라는 희망도 없습니다. 게다가 성폭행 피해 여성들은 건강 검진을 받아야 하는데, 이 과정에서 트라우마가 한층 심화합니다.

나아가 재판이 열리기까지 예심 단계에서 또다시 여러 차례 조사를 받고 대질심문에도 응해야 합니다. 이 절차는 몇 달이 걸릴 수도 있고 몇 년이 걸릴 수도 있습니다. 더욱이 이렇게 힘든 절차를 마친다 해도 가해자에게 유죄가 선고되고 피해자가 배상을 받는다는 보장도 없습니다.

그렇기 때문에 성폭행 피해 여성 예닐곱 명 가운데 겨우 한 사람만이 가해자를 고소한다는 통계도 그리 놀라운 일이 아닙니다. 사생활 조사와 도덕성 검증은 피해 여성이 가해자를 고소하겠다는 처음의 다짐을 단념하도록 만듭니다. 가해자를 고소하겠다는 용기에 대한 대가가 너무나도 가혹하기 때문입니다.

경찰 조사는 성폭행 예방과 억제라는 법의 목적을 고려할 때 부적절할뿐더러 전혀 필요가 없습니다. 헌법으로 남녀평등을 부르짖고 개인의 자유를 보장한다는 나라에서 여성의 존엄성과 안전을 위협하는 범죄는 마땅히 근절돼야 합니다.

이 법안은 판사의 성폭행 피해자들에 대한 도덕성 조사 명령을 명시적으로 배제하고자 마련됐습니다. 도덕성 조사는 다음과 같이 규정하고 있는 형사소송법 제81조 제1항에 근거해 판사의 시행 명령 여부가 결정됩니다.

"판사는 자신이 진실을 드러내는 데 필요하다고 판단하는 모든 정보 조사 행위를 법에 따라 집행한다."

하지만 성폭행 피해자의 도덕성이 높은지 낮은지를 확인하는 조사는 진실을 드러내는 것과는 아무런 관련이 없습니다. 피해자의 개인적 삶의 선택과 범죄의 현실 사이에는 인과관계가 없는 것입니다.

마찬가지로 성폭행 피해자의 사생활이 비록 사회 통념상 비난받을 만하더라도 그것이 가해자의 정상참작 사유는 될 수 없습니다. 남성과 여성은 온전한 신체적·정신적 상태를 누릴 권리가 있다는 법의 원칙은 어떤 상황에서도 지켜져야 합니다. 헌법과 인권선언이 그 사실을 상기해주고 있습니다.

요컨대 피해자들의 트라우마만 가중하는 조사는 금지돼야 합니다.

이것이 아래와 같은 법안을 채택해주시도록 요청하는 이유입니다. 단일 조항입니다.

—아래—

형사소송법 제81조에 다음의 규정을 추가한다.

형법 제330조에서 제333-1조에 명시된 범죄 피해자의 사생활은 도덕성 조사의 대상이 되지 않는다.

| 성씨 계승에 관한 법안 |

입법 이유서

여러분,

프랑스는 아버지가 자녀에게 성씨를 물려주는 거의 절대적인 원칙이 여전히 시행되는 유럽 국가 가운데 한 곳입니다. 이는 의심할 여지 없이 "열매는 정원사의 것인가, 땅의 것인가?"라는 나폴레옹의 질문에 대한 응답일 것입니다.

자녀는 아버지와 어머니 모두의 자녀인데도 결혼이라는 틀 안에서 오직 아버지만 자신의 성씨를 자녀에게 계승할 수 있는 것입니다. 이 원칙은 가부장제를 확고하게 만듭니다.

혼외 자녀인 경우에도 아버지가 친권을 설정하고 자신의 성씨를 물려줍니다. 아버지의 성씨를 자녀에게 계승하는 관행은 민법 제334-3조에 명시된 성씨 대체 절차에 의한 것으로 볼 수 있습니다. 입법 규정은 물론 그간의 판례 역시 어머니 성씨보다 아버지 성씨를 자녀에게 계승하도록 하고 있습니다.

그런데 1982년 11월 16일 대법원 제1민사부는 민법 제334-3조에 따라 자녀는 부계 또는 모계 성씨 중 하나를 추가할 수 없다고 판결했습니다. 입양의 경우를 제외하고 친자관계에서 계승되는 성씨는 부모 중 한 사람의 성씨가 되는 것입니다.

친자관계에 관한 1972년 1월 3일법은 제2조 규정을 통해 기존의 성씨 추가 가능성을 명시한 1953년 1월 3일법을 폐기하고 초안에서 대체 개념만을 남겨두었습니다. 1972년 1월 3일법의 입법 준비 과정과 본문을 분석해보면, 입법 제안자가 가능한 한 유연한 해결책을 원했음을 알 수 있습니다.

그러나 이에 대해 대법원은 법률에 명확한 규정이 없기 때문에 적출자와 비적출자 모두 부계 성씨에 모계 성씨를 연결하는 것은 가능하지 않다고 답변했습니다.

법적 부모가 자신들의 두 성씨 중 어느 성씨를 자녀에게 계승할지 결정하거나, 부모의 두 성씨 모두를 계승할 수 있도록 법으로 규정하면 어떨까요? 성씨는 개인을 식별하는 방식이며 중요한 속성입니다. 최대한 자유를 보장하고 부모의 성씨를 모두 계승하도록 하는 편이 공정해 보입니다. 그러면 아버지와 어머니 모두와 결합했다는 사실이 표시되므로 개인을 더 온전히 식별할 수 있습니다.

아버지의 성씨만을 자녀에게 물려주면 세대마다 여성의 성씨가 사라지는 비참한 결과를 초래합니다. 만약 어떤 성씨를 마지막으로 가진 여성이라면 그 성씨는 사라져 성씨 제도의 목적이 무너지게 됩니다. 한편으로 부부의 성씨가 같아지면 일반적으로 자신의 성씨를 잃게 되는 여성의 정체성이 소멸합니다. 남편에게 심리적으로 종속되고 직업적·정치적·예술적 책임에서 자율성이 사라집니다.

수 세기에 걸쳐 천천히 확립된 원칙을 정당화하고자 어떤 주장을 내세우든 간에 그 원칙이 1946년 헌법 서문에 명시된 "여성은 모든 영역에서 남성과 동일한 권리를 가진다"는 남녀평등의 원칙에 위배되지 않는지 의문이 들 수 있습니다.

많은 유럽 국가가 자국 법률에 차별 조항이 있음을 인식하고 이 분야의 법률을 개정했습니다. 스페인의 경우 오래전부터 자녀는 아버지나 어머니의 성씨 중 하나를 사용할 수 있습니다. 서독에서는 부부가 결혼할 때 선택한 혼인 성씨를 자녀에게 물려줍니다. 혼인 성씨는 부부 중 한 사람의 성씨일 수도 있고 두 사람의 성씨를 합친 성씨일 수도 있습니다. 스웨덴에서는 최근 제정된 법률에 따라 부모가 자녀에게 어떤 성씨를 물려줄지 결정할 수 있는데, 자녀 출생 후 6개월 이내에 결정하지 않으면 어머니의 성씨를 따르게 됩니다.

비적출자의 경우 부모 모두의 성씨를 사용할 권리에 대한 요구가 점점 더 커지고 있습니다. 사실 비적출자는 아버지로부터 법적 자녀로 인정받았기에 아버지 성씨를 따르는 것이 합리적입니다. 하지만 그렇다고 해서 지금껏 자신을 키우고 돌본 어머니 성씨를 저버릴 수는 없는 것입니다. 아버지 성씨와 어머니 성씨를 모두 사용하는 것이 바람직합니다. 그러나 이 부분에 관해 많은 법안이 상정됐지만 가결된 적은 없습니다.

적출자든 비적출자든 성씨 계승에 관한 법률을 단일화하는 것이 적절하며, 이는 이 법률 제안의 목적이기도 합니다. 아래의 법안을 채택해주시기를 요청합니다.

—아래—

제1조: 결혼은 성씨 변경을 수반하지 않는다. 부부는 혼인 신고 시 배우자 각자의 성씨를 등록할 수 있다. 이중 성씨를 등록하는 경우 부부가 정한 순서에 따른다.

제2조: 적출자는 출생 신고 시 부모 중 일방의 성씨를 따른다. 부모가 이중 성씨인 경우 그 일부를 부부가 정한 순서에 따라 등록한다. 단, 부부가 합의하지 못한 경우 모의 성씨를 따른다.

제3조: 비적출자는 친권을 설정한 부모 중 일방의 성씨를 따른다. 단, 비적출자의 양쪽 부모 모두가 친권을 설정하거나 단순히 양쪽 부모 모두에게 인지된 경우에는 협의를 통해 양쪽 부모의 성씨 또는 이중 성씨의 일부를 따른다.

제4조: 자녀가 결혼하는 경우 혼인 신고 시 가족관계 등록 담당자가 두 성씨 중 하나를 선택한다. 선택의 여지가 없는 경우 알파벳 순서에 따른다. 선택된 성씨는 각자의 가족관계 문서에 자동으

여성의 대의

로 추가된다.

제5조: 국무회의 시행령이 본법의 시행 형태를 정한다.

| 선택 협회에 관하여 |

〈여성의 대의를 선택하다〉 협회는 1971년 7월에 나, 시몬 드 보부아르, 크리스티안 로슈포르, 장 로스탕을 중심으로 설립된 비정치적 단체다. 초대 회장단은 나, 미셸 슈발리에, 자크 모노였다.

〈선택〉 협회는 성교육, 무상 피임, 낙태 자유화라는 세 가지 목표를 1975년까지 계속 추구했다. 협회의 슬로건은 "임신은 나의 선택이다!", "피임은 나의 자유다!", "낙태는 나의 최후 수단이다!"였다.

〈선택〉 협회는 1972년 큰 반향을 불러일으킨 보비니 재판을 비롯한 여러 재판에 뛰어들어 낙태를 금지하는 1920년법을 개정하도록 만들었다. 1974년부터는 목표를 확대했다. 여성이 사회계층과 생활환경에 상관없이 여전히 인간으로서 온전한 지위를 누리지 못하는 현실에 맞서 투쟁했다. 여성이 자신의 임신과 출산을 선택할 권리를 위해, 여성을 경제생활과 사회생활에 통합시키기 위해, 여성에 대한 관습적 이미지와 모든 신화를 파괴하고 성차별 없는 새로운 문화적 패턴을 정립하기 위해, 여성이 이 목표를 달성하는 데 필요한 교육을 위해, 여성에게

여성의 대의

가해지는 모든 신체적·정신적 폭력, 특히 성폭행 범죄를 막기 위해 싸웠다.

〈선택〉협회는 액상프로방스, 포(Pau), 콜마르(Colmar)로 이어지는 재판을 통해 지금껏 단순한 경범죄로 치부된 성폭행을 중범죄로 끌어올렸다. 성폭행을 당한 여성들이 용기를 갖고 입을 열기 시작했다. 1975년에는 자발적 임신중단을 5년 동안 허용하는 내용의 법을 가결하는 데 성공했고, 실무위원회를 결성해 '베유법'이라 불린 이 법이 제대로 적용되는지 확인했다. 1977년과 1978년에는 파리 퐁피두센터에서 두 차례 전시회를 개최함으로써 페미니즘을 공식적인 문화의 공간으로 가져왔다.

〈선택〉협회는 1978년 국회의원 선거가 시행되기 직전 "여성의 공동계획"이라는 프로그램을 진행하고 이를 책으로 펴냈는데, 오늘날 여성을 억압하는 차별과 불평등을 논의하고 이 상황을 개선할 수 있는 구체적 방안을 모색했다. 하지만 그 어떤 정당도 여성 문제를 전반적·우선적으로 다루려고 하지 않아 결국 총선에 "여성을 위한 100명의 여성"을 출마시켰다. 1979년에는 고용, 해고, 호칭에서 직장 내 성차별로 피해당한 여성들을 위해 소송을 펼쳤고 노동시장에서 여성을 억압하는 문제를 해결하고자 노력했다.

〈선택〉협회는 1979년 10월 5일에서 7일까지 "출산을 선택하다"라는 주제로 유네스코 본부에서 국제 심포지엄을 개최했다. 전세계 의사, 과학자, 정치인, 경제학자, 인구통계학자 등이 한자리에 모여 인류

문화의 토대를 철학적·정치적으로 재고하면서 여성과 부부의 해방, 아이의 미래와 자율, 글로벌 사회와 같은 이슈를 놓고 토론했다. 이듬해인 1980년에 〈선택〉 협회는 프랑스 비정부기구 위원회의 만장일치 승인으로 유엔 회의에 참석하고 정보를 제공하는 최초의 페미니즘 공식 기구가 됐다.

〈선택〉 협회는 1981년 대통령 선거 기간에 파리의 팔레 데 콩그레 (Palais des Congrès)에서 "여성들의 문제"라는 주제로 두 대통령 후보를 초청하는 대담 행사를 열었는데, 프랑수아 미테랑 후보만 참석해 여성 저널리스트들이 던지는 질문에 답변했다.

1981년 6월 21일에는 내가 총선에 출마해 하원의원으로 선출됐다. 이로써 〈선택〉 협회는 최초의 페미니스트 정당이 됐다.

〈선택〉 협회는 1983년 10월 13일에서 15일까지 유네스코 본부에서 "페미니즘과 사회주의"를 주제로 국제 심포지엄을 개최했고, 21개국의 정치 및 문화계 저명인사들이 참석했다. 주요 사회주의 이론이 여성에게 어떤 위치를 부여하고 있는지, 페미니스트들과 사회주의자들이 어떤 관계를 맺어왔는지 그 역사를 되짚어보면서 각국의 경험을 비교해보는 시간이었다. 이를 통해 우리는 21개국에서 벌어진 페미니즘 투쟁을 살펴볼 수 있었다.

그리고 1984년 한 해 동안 나는 페미니스트 하원의원 자격으로 모두 일곱 개의 법안을 발의했다.

- 자발적 임신중단에 관한 법률 개정안(1982년 9월/1984년 3월).

- 성폭행 피해자의 사생활 조사 폐지에 관한 법안(1984년 3월).

- 별거 배우자 간 증여세 폐지에 관한 법안(1984년 3월).

- 청소년 대상 출판물의 성차별적 편견에 관한 법안(1984년 3월).

- 성씨 계승에 관한 법안(1984년 3월).

- 양육비 보증기금 조성에 관한 법안(1984년 4월).

- 유급 공동교육휴가에 관한 법안(1984년 6월)

〈선택〉 협회는 TV 방송 프로그램을 제작하기도 했으며, 1984년 3월과 1985년 1월에 방영됐다.

〈선택〉 협회는 1986년 4월 9일에서 11일까지 유네스코 본부에서 "여성과 미디어"라는 주제로 세미나를 진행했는데, 여성이 처한 현실과 여성의 의사소통 수단이라는 유네스코의 주요 활동 및 관심사와 깊은 관련이 있는 주제였다.

'이슬람 베일 문제'에서 〈선택〉 협회는 1989년 10월부터 무슬림 여성의 복종과 소외의 상징인 히잡 착용을 격렬히 반대했으며, 1989년 11월 28일 파리 집회를 주도하면서 다음과 같이 외쳤다.

"여성의 존엄성을 위하여!"

"정교분리 원칙을 지켜라!"

〈선택〉 협회는 설립 초기의 목표를 달성해나가는 동시에 정치 분야에서 여성이 온전한 자리를 확보할 수 있도록 힘썼다. 1982년 선거 여성 할당제 도입에 관한 선거법 수정안을 발의해 통과시키는 한편(1982년 7월 28일 도입됐으나 1982년 11월 18일 헌법위원회의 헌법 불합치 결정으로 아쉽게도 폐기되고 말았다), 모든 수준의 권력 및 정치적 대표성에서 여성과 남성이 동등한 세상을 위해, 모두가 평등한 민주주의를 위해 투쟁하고 있다.

여성의 대의

옮긴이 **이재형**

한국외국어대학교 프랑스어과 박사 과정을 수료하고 한국외국어대학교, 강원대학교, 상명여자대학교에서 강의했다. 이후 전문 번역가로 활동하면서 수많은 프랑스 양서를 국내에 소개해왔다. 옮긴 책으로 《17일》《꾸뻬 씨의 시간 여행》《꾸뻬 씨의 사랑 여행》《그리스인 조르바》《세상의 용도》《가벼움의 시대》《달빛 미소》《하늘의 푸른 빛》《세월의 거품》《인간 불평등 기원론》《사회계약론》《법의 정신》 등이 있으며, 지은 책으로 《프랑스를 걷다》가 있다.

여성의 대의

초판 1쇄 인쇄 2021년 9월 24일
초판 1쇄 발행 2021년 10월 4일

지은이 지젤 알리미
옮긴이 이재형
펴낸이 조민호

펴낸곳 안타레스 유한회사
출판등록 2020년 1월 3일 제2020-000005호
주소 서울시 마포구 신촌로2길 19 마포출판문화진흥센터 314호
전화 070-8064-4675　팩스 02-6499-9629
이메일 antares@antaresbook.com
블로그 blog.naver.com/antaresbook　포스트 post.naver.com/antaresbook
페이스북 facebook.com/antaresbooks　인스타그램 instagram.com/antares_book

한국어판 출판권 ⓒ 안타레스 유한회사, 2021
ISBN 979-11-91742-00-8 03330

GISÈLE HALIMI
La cause des femmes